Am Rande von Atlantis

ERIKA DÜHNFORT

AM RANDE VON ATLANTIS

VON IRISCHEN HEILIGEN, HELDEN UND DRUIDEN

VERLAG FREIES GEISTESLEBEN

CIP-Kurztitelaufnahme der Deutschen Bibliothek

Dühnfort, Erika:
Am Rande von Atlantis: von irischen Heiligen, Helden und Druiden /
nach alten Quellen erzählt von Erika Dühnfort. –
Stuttgart: Verlag Freies Geistesleben, 1982.

ISBN 3-7725-0764-6

Einband: Walter Krafft

Herstellung: Greiserdruck Rastatt

INHALT

ATLANTIS

Atlantis – ein mächtiges Reich soll es gewesen sein, das sich weithin erstreckte dort, wo heute der Atlantische Ozean in Flut und Ebbe zwischen den Küsten Europas, Afrikas und Amerikas brandet. Wer weiß noch etwas von diesem Lande, das vor Tausenden von Jahren untersank? Plato berichtet in seiner Schrift «Timaios», was etwa zweihundert Jahre vor ihm Solon, der Gesetzgeber Athens, bei den ägyptischen Priestern zu Saïs erfahren hatte. Seit diesem Gespräch zwischen Solon und dem Eingeweihten zu Saïs sind zweieinhalb Jahrtausende vergangen. Damals erzählte der Priester dem Athener von der Insel Atlantis, die größer gewesen sei «als Asien und Libyen zusammen». Machtvolle Könige hätten dort geherrscht; ihre Eroberungszüge seien bis nach Ägypten und Athen hin gegangen. Dann aber habe es einmal gewaltige Erdbeben und Überschwemmungen gegeben, und «während eines schlimmen Tages und einer schlimmen Nacht» sei die ganze Insel Atlantis im Meer versunken. Der Ägypter meinte, das Ganze habe sich neuntausend Jahre vor seiner Zeit zugetragen.

Die Bibel nennt im Alten Testament den Namen Atlantis nicht, doch was sie als die Sintflut schildert, ist wohl Erinnerung an das gleiche Geschehen, von dem zu Saïs der Weise Solon Kunde erhielt. Und was Solon berichtet, was die Bibel darstellt, sind nicht die einzigen Flutsagen, in denen Völker sich zurückerinnern.

Daß Land und Meer auf unserer Erde nicht immer so verteilt waren wie heute, das wissen die Forscher, die den Werdegang unseres Planeten zu ergründen suchen, sehr wohl. Wie es aber ausgesehen haben mag auf einem untergegangenen Erdteil – wie sollen sie das erfahren? Selbst wenn es gelänge, den gesamten Meeresgrund zwischen Afrika und Amerika sorgfältig zu untersuchen und abzusuchen oder gar zu graben in ihm, so könnte es dennoch sein, daß keine Spuren und Reste sich fänden vom großen atlantischen Reich. Sind doch selbst dort, wo nicht seit zwölf- bis fünfzehntausend Jahren ein Weltmeer alles zudeckt, die Grabungsergebnisse aus solch fernen Vergangenheiten höchst spärlich und die seltenen Funde mehr oder weniger zufällig gemacht worden. Zudem läßt sich auch ganz anderes denken, daß nämlich die Kontinente – der europäische, der afrikanische und der amerikanische – im Zuge von Erdbeben und Überschwemmungen sich voneinander lösten und auseinandertrifteten. Die Küstenformen von Südamerika und Afrika könnten darauf hindeuten. Wo aber wäre dann Atlantis gewesen?

Gewiß wäre es unzutreffend, wollten wir uns das Reich von Atlantis auch nur annähernd so vorstellen wie irgendeine aus Dokumenten oder archäologischen Funden bekannte Natur- und Kulturwelt. Es entzieht sich allem, was uns vertraut ist. Von Atlantis konnten und können nur die Seher wissen, vor deren Schauen auch das fernste Vergangene mehr oder weniger deutlich emportauchen kann. Was jedoch in solcher Weise wahrgenommen wird, war von jeher nur schwer zu beschreiben. So erklären sich die Unterschiede zwischen den Flutsagen der Völker. Vielleicht schauten auch die einzelnen Seher von dem einen großen Geschehen jeweils etwas anderes, so wie ja schon ein Berg anders aussieht, je nachdem ob man ihn von Süden oder Norden, von Osten oder Westen her betrachtet, ob man ihn im Winter oder im Sommer erblickt. In ihrem Kern sind sie gewiß alle wahr, diese Sagen und Mythen, die von einer großen Flut berichten, in der ein gewaltiges Land unterging.

Und einen Fleck Erde gibt es, ein Gebiet am Rande des alten Atlantis, dort hat sich bis auf unsere Tage manches erhalten, was so anders ist, so verschieden von allem, was man sonst kennt und erfährt, daß man die Empfindung hat: Hier ist noch Atlantis, ein allerletzter schwacher Abglanz davon, ein fernes Ahnen. Der Erdenfleck, auf den das zutrifft, ist die Insel Irland; ferner gehören hinzu einige Gegenden vom Westen Schottlands und Britanniens und in gewisser Hinsicht auch die Bretagne.

In vielen irischen Geschichten nimmt das Erinnern, das Rückerinnern an aufeinanderfolgende Verwandlungen, an immer neue Anfänge und Niedergänge einen breiten Raum ein. Nichts ist dabei fest umrissen und bestimmt in diesen Erzählungen, alles nebelt und fließt und gleitet. Und die Helden, die darin auftreten, haben so große Kraft, so viel Macht über Wasser und Wind, über Stein und Feuer, daß man in dem, was sie vollbringen, etwas zu spüren meint von Zeiten und Zuständen, wo alles ganz anders war als heute, von Vergangenheiten, in denen Menschen – anders geartete als wir heute sind – über ungeheure Lebenskräfte verfügten und die Naturkräfte so kannten und beherrschten, wie heute die Zugvögel Luftströmungen und Himmelsrichtungen kennen und beherrschen. Solche Stimmung lebt in manchen der älteren irischen Geschichten, und selbst die ersten christlichen Mönche, die ersten Heiligen der Grünen Insel, tauchten in die letzten Nachklänge dieser Welten ein.

Gut ausgekannt hatten sich in ihnen noch die keltischen Priesterweisen, die Druiden. Freilich standen auch sie nicht mehr so vollständig und uneingeschränkt darin wie die Menschen frühester Erdenzeiten, aber ihr Wirken und Wissen umfaßte doch immer noch alles Lebendige in und auf der Erde, im Wasser, in den Lüften, in Sonnen- und Mondenlicht und auch im Menschen.

Es gibt aber außer den alten Geschichten noch ein anderes schmales Tor, durch das sich zuweilen ein Schimmer von dem erhaschen läßt, was Atlantis war.

Wer es unternimmt, an Irlands Küsten ausgiebig zu wandern, ohne Weg und Steg, dort, wo Halbinseln weiter als jede sonstige Landschaft Europas nach Westen in den Ozean hinausragen; wer dann nicht scheut, auf sumpfig-morastigem Boden einen Berg zu ersteigen, bis er in sechs- bis siebenhundert Meter Höhe über dem nahen Meere steht, dem kann Seltsames widerfahren. Schon bevor der Wanderer den Rücken des Berges erreicht, taucht er in Nebel ein. Von unten, von der Landstraße her, mag der wie eine breit hingelagerte Wolke aussehen. Oben auf der Höhe aber ist er etwas völlig Ungewohntes, Unbekanntes. Man taucht nicht nur in gewöhnlichen Nebel ein, wie es ihn überall gibt. In dem Augenblick, wo man die Sicht nach unten verliert, überschreitet man eine Grenze. Weit weggehoben dünkt man sich plötzlich von jedem vertrauten Alltag, von aller Zivilisation. Und dieses Erleben ergreift den Wanderer so plötzlich, daß Schrecken ihn überkommt, Zweifel, ob er je den Weg zurückfinden könne, ob die Welt, aus der er aufstieg, nicht inzwischen verschwunden, unerreichbar geworden sei, weil die so deutlich spürbare Grenze nur in einer Richtung zu überschreiten ist.

Wer dennoch weitergeht, merkt nach wenigen Schritten, daß er die Augen schließen muß, die längst geblendet sind. Zwar ist die Sonnenscheibe nirgendwo sichtbar, aber das feuchte, wogende Nebelgrau dehnt sich so durchlichtet nach allen Seiten hin aus, daß es die Augen mit großer Gewalt angreift. Die Sonne schwimmt gleichsam aufgelöst darin und blendet aus jedem feinsten Nebeltröpfchen heraus.

Auf dem Bergrücken oben stehen vereinzelt Torfbrocken, knie- bis hüfthoch. Wie ungefüge Pilze sehen sie aus. Zwischen ihnen hat der Meerwind hinweggefegt, was leichter aufzuwirbeln und mitzunehmen war. Man sieht nur ein bis zwei Schritte weit, und jedes Torfgebilde, das im ziehenden, lichtgesättigten Grau auftaucht, verwirrt zunächst, weil es Augenblicke lang riesenhaft erscheint und ohne feste Begrenzungen. Noch heftiger trifft das Erschrecken, wenn etwas Lebendiges sich nähert, ein Ungetüm, das, kommt man ihm nahe genug, als Schaf zu erkennen ist, nicht größer, als Schafe gewöhnlich sind.

Bei längerem Verweilen stellt sich ein weiteres Beunruhigendes ein. Der Verstand sagt: Du stehst auf Bergeshöhe gut sechshundert Meter über dem Meeresspiegel. – Empfindung und Gefühl sagen: Merkst du, daß du am Grunde eines Meeres gehst? Auf dem Boden eines Nebelmeeres tust du Schritt um Schritt, das Meer dehnt sich über deinem Kopfe unermeßlich hoch, seine Oberfläche kannst du mit deinem Vorstellen kaum erreichen, und wo du gehst, ist unten, ist tief, tief unten. Man vergewissert sich geschwind seiner Füße, seiner Fußsohlen, denn über dem Hinaufdenken zur Meeresoberfläche schien es unversehens möglich, daß man schwebend-schwimmend vom festen Boden weggehoben, weggetragen würde mit den ziehenden Nebelmassen.

Um dieses Erleben voll auszukosten, braucht es schon einige Standfestigkeit, ein sicheres Bewußtsein der tragenden, senkrechten Wirbelsäule, der harten Knochen. Und wie kurze Zeit man auch oben gewesen sein mag auf der Höhe des Berges – in dem Augenblick, wo man Wiesen, Felder und Hecken, Gehöfte, Straßen und Küste wieder sieht, kommt man wie von weither zurück. Man wurde gestreift von einem Nebelhauch des untergegangenen Erdteils, fühlte sich angerührt von einem allerletzten schwachen Nachhall dessen, was Atlantis war.

Den Iren, besonders denen im Westen der Insel, ist es vergönnt, öfter in dieses oder in ein ähnlich geartetes Erleben einzutauchen. So braucht es nicht zu verwundern, daß es viele Fischer, Bauern, einfache Leute gibt, die anzugeben wissen, um welche Jahreszeit eine bestimmte Landschaft ihren stärksten Zauber ausübt. «Slea Head? Ja, da müßten Sie um Weihnachten sein, zur Zeit der heiligen zwölf Nächte, dann ist es am schönsten auf den Felsen dort. Und der Himmel dann, die Farben, und das Licht – und der Wind . . .» Wohl durch das ständige Angerührtwerden von starken Elementargewalten erhielt sich die Neigung, zurückzuschauen in die Zeiten der Vergangenheit, zu erzählen, wie es uranfänglich war, als die ersten Menschen nach Irland kamen, nach der Sintflut oder gar kurz vorher.

Gewiß haben die heutigen Wissenschaftler recht, die sagen, das Bekanntwerden mit der Bibel habe in den Iren den Wunsch wachgerufen, in irgendeiner Weise sich in die alttestamentarische Vergangenheit mit einzufügen. Ebenso gewiß aber ist die Frage berechtigt, die *Christian-J. Guyonvarc'h* zu bedenken gibt: «Und wenn diese Legenden teilweise oder ganz auf vorchristlichen Untergründen ruhten, wenn sie durch das Christentum nur erweitert oder umgebildet worden wären?»

In Richtung dieser Frage kann man weitergehen und erwägen: Was war es denn, was in den Menschen auf der irischen Insel so stark, so drängend den Wunsch erweckte, zurückzublicken und das, was vielleicht einige ihrer druidischen Weisen noch geschaut hatten, für das eigene Bewußtsein in Bildern zu sichern? Was ließ sie in ihren Geschichten den Alten aufsuchen, der den Älteren nennt, der wiederum auf einen Älteren hinweist, der seinerseits einen noch Älteren kennt, bis schließlich der Älteste gefunden ist? Warum schrieben sie selbst ihren Heiligen noch zu, daß sie mit größter Freude die uralten Geschehnisse sich hätten erzählen lassen? In einem Falle ging das gar so weit, daß der Heilige sich nicht satt hören konnte und auf diese Weise das Einhalten der festgelegten täglichen Gebetsstunden gefährdet wurde. Am Ende hängt das alles doch damit zusammen, daß in diesem Randgebiet Europas das alte Reich von Atlantis noch nicht vollständig, noch nicht spurlos unterging.

VON SELTSAMEN TIEREN, EINEM LEBEN ÜBER JAHRTAUSENDE UND EINER GROSSEN KRAFT DER ERINNERUNG

Die folgenden vier Geschichten tasten mit ihren Bildern weit zurück in die Vorzeit. Obgleich sie aus Manuskripten stammen, die dem Alter nach nicht über das 12. Jahrhundert hinausgehen, sind die Geschichten selber erheblich älter als ihre ersten Aufzeichnungen.

Die Gründung des Herrschaftsgebietes von Tara

Irland war in alten Zeiten in fünf Provinzen aufgeteilt, und das stimmte fast überein mit dem, was bis in die Gegenwart hinein sich erhalten hat. Heute sind es vier Provinzen: Ulster, Connaught, Munster und Leinster. Früher kam zu diesen eine fünfte hinzu: Meath, die Mitte, mit dem Gebiet von Tara. Jede Provinz stand unter der Herrschaft eines Königs, dem König der «Mitte» jedoch, dem von Meath, kam der höchste Rang zu, die höchste Würde. Er war der «Hochkönig» und hatte seinen Sitz in Tara. Der Überlieferung nach war die Provinz Meath dadurch entstanden, daß jedes der vier übrigen Länder ein Stück seines Gebietes dafür hingegeben hatte.

Ein Historiker des 17. Jahrhunderts, *Geoffrey Keating,* beschreibt genau und sorgfältig, welche wichtigen Versammlungsorte jeweils in jedem der vier «Anteile» lagen, welche Königsburgen auch. Hier wurden die großen Jahresfeste gefeiert, woran alle Männer Irlands mit ihren Frauen teilnehmen mußten; und jedem der Feste, jeder der einzelnen Versammlungen war eine bestimmte Aufgabe, ein genau festgelegter Bereich aus der Regierung und Verwaltung von Irland zugeordnet. So stimmte man sich zum Beispiel in Tara ab über die Gesetze und Sitten und darüber, wie sie gelten sollten.

Man verglich das, was in der Erinnerung der einzelnen lebte, mit dem, was in den Annalen und Schriften aufgezeichnet war. Was von allen anerkannt und bestätigt wurde, das trugen Gelehrte in den «Psalter von Tara» ein. Sein Inhalt war verpflichtend für alle.

Zu den großen Festen und Zusammenkünften hatten die Vasallen des Hochkönigs beizutragen. Denn es brauchte nicht wenig, um die Versammelten sieben Tage und sieben Nächte hindurch zu ernähren, und es war genau festgelegt, was den einzelnen Gruppen an Speise und Trank vorgesetzt werden sollte. Könige und Gelehrte erhielten ausgewählte Früchte, gebratenes Fleisch vom Ochsen, vom Schwein und dazu noch Schinken. Für die Krieger gab es rote Fleischstücke, am Spieß gebraten; für sie sind auch die Getränke angegeben: verschiedene Sorten Bier und Molke. Die Wagenlenker, die Spielleute und das gemeine Volk, sie alle bekamen die schlechteren Stücke vom Schlachtvieh vorgesetzt, auch die Köpfe und Beine. Die Burschen und jungen Mädchen wurden wieder besser bedacht mit Fleisch vom Kalb, vom Schaf und vom Schwein. Aufgedeckt aber wurde für die jungen Leute außerhalb der großen Halle von Tara, man war der Ansicht, sie seien drinnen im Raum zu laut und lärmend.

Nun machte es den Vasallen des Hochkönigs, den Stämmen der Edlen und Angesehenen, nicht geringe Sorge, die Beköstigung für die Feste und Zusammenkünfte zu liefern. Sie wollten dem Hochkönig eine Änderung vorschlagen; damit beginnt die folgende Geschichte.

Die Männer vom Stamme der Ui Neill waren einst zusammengekommen, um sich miteinander zu besprechen. Das Herrschaftsgebiet von Tara erschien ihnen zu groß, diese Ebene, die sieben Anblicke bot, je nachdem, von welcher Seite her man sie betrachtete. Sie wünschten das Ausmaß des Gebietes einzuschränken, denn es schien ihnen kein Gewinn, daß da so viel Boden wäre ohne Haus noch Acker. Auch für den Königshof von Tara dünkte sie das nicht dienlich zu sein, und sie meinten, es sei vielleicht früher gar nicht so gewesen. Andere von den großen Familien der vier Provinzen pflichteten den Ui Neill bei. Und wie nun der Hochkönig Diarmuid, der Sohn des Cerball, die Edlen von Irland zum Festmahl in der Halle von Tara geladen hatte und alle dort versammelt waren, sagten sie, sie nähmen vom Festmahl nichts zu sich, bevor nicht noch einmal geklärt würde, wie es zur Gründung von Tara gekommen sei, wie die Grenzlegungen vor ihrer Zeit bestanden hätten und wie sie nach ihrer Zeit bis in alle Ewigkeit sein sollten. Das trugen die Edlen von Irland dem Hochkönig vor, und sie meinten, das Gebiet von Tara solle zu ihrer aller Gunsten verkleinert werden.

Diarmuid entgegnete, es sei nicht rechtens, von ihm zu fordern, daß er das Gebiet von Tara zerstückele. Dazu müsse man zuvor die Meinung eines Älteren, eines Druiden hören, nämlich die Meinung von Fiachra, dem Sohn der Stickerin.

Man sandte also Boten zu Fiachra. Er wurde geholt, um den in Tara Versammelten zu helfen, denn die Gelehrten dort waren gering an Zahl, die unkundigen Leute aber um so zahlreicher. Und dabei gab es eine große Menge von Streitpunkten und Fragen, die geklärt werden sollten.

Fiachra kam zu den Männern Irlands. Sie trugen ihm ihr Anliegen vor und baten ihn, das Gebiet von Tara unter sie aufzuteilen. Er antwortete aber, er könne keinerlei Urteil in dieser Sache fällen. Da müßten sie gehen und jemanden holen, der weiser und älter sei als er selber. «Wo ist der?» fragten die Edlen. «Nicht schwer zu sagen», antwortete Fiachra, «es ist Cennfaelad, aus dessen Kopf das Hirn des Vergessens in einer Schlacht herausgeschlagen wurde. Das ist nun schon lange her, aber seitdem bewahrt Cennfaelad alles im Gedächtnis, was er über die Geschichte von Irland je gehört hat, Wort für Wort, bis heute. Es ist ratsam, daß man ihn kommen lasse, daß er für euch entscheide.»

Man holte also Cennfaelad. Er kam, und sie trugen ihm ihre Bitte vor. Cennfaelad erwiderte: «Es schickt sich für euch nicht, mich das zu fragen, solange noch unsre fünf

Älteren in Irland sind.» Cennfaelad zählte sie alle auf. Darunter war auch Tuan, der Sohn des Cairell, jener, der in die vielen verschiedenen Gestalten eingegangen war.

Auch diese fünf wurden herbeigeholt, und man richtete an sie die Bitte, das Gebiet von Tara aufzuteilen. Aber jeder von den fünfen erklärte, daß es nicht anginge, Tara und sein Gebiet zu teilen, solange ihr Ältester, ihr Beschützer, noch fern der Versammlung weile. «Wo ist dieser denn?» fragten die Männer von Irland. «Nicht schwer zu sagen», war die Antwort, «das ist Fintan, der Sohn der Bochra, jener, der von Noah abstammt.»

Berran, ein Diener von Cennfaelad, machte sich nun auf den Weg zu Fintan. Der wohnte im Westen von Irland, in Kerry. Berran trug seine Botschaft vor, und Fintan war bereit mitzugehen.

Der alte Druide kam mit großem Gefolge einher, wie es seiner Würde entsprach. Achtzehn Gruppen von je vierundzwanzig Leuten begleiteten ihn, neun gingen vor ihm her, neun hinter ihm, und keiner war darunter, der nicht von Fintans eigener Familie gewesen wäre.

Man hieß Fintan mit hohen Ehren willkommen in der Halle von Tara, alle dort Versammelten freuten sich seiner Ankunft und waren begierig, seine Worte und seine Geschichte zu hören. Sie erhoben sich alle vor ihm und baten ihn, den Sitz des Richters einzunehmen. Fintan sagte, das wolle er erst tun, wenn er ihre Frage wüßte; dann fügte er hinzu: «Ihr braucht euch meinetwegen nicht zu bemühen, eures freundlichen Willkommensgrußes bin ich gewiß, wie jeder Sohn dessen bei seiner Nährmutter gewiß ist. Meine Nährmutter aber ist diese Insel, auf welcher ihr seid, Irland nämlich, und der Schoß dieser Insel ist der Hügel, auf dem ihr euch befindet, nämlich Tara. Darüber hinaus sind es die Früchte, die Blumen und alle Nahrung aus dem Boden dieser Insel, die mich erhalten haben von der Sintflut an bis heute. Kundig bin ich der Feste dieser Insel wie der Schlachten, der Zerstörungen wie der freundlichen Ereignisse. Ich kenne alles, was sich zugetragen hat seit der Sintflut bis zu diesem Augenblick. Sehr alt war ich schon, als der wahre Glaube mich erreichte vom König des wolkenverhangenen Himmels. Ich bin Fintan, der Lichte, und seit hier die Sintflut sich verzog, bin ich ein Weiser, hoch und edel.»

«Wohl, o Fintan», sagten die Männer von Irland, «aber sage uns, wo hast du das alles erfahren, was uns unentbehrlich ist in unserer Sache, die Gründung des Gebietes von Tara betreffend?» «Das ist nicht schwer zu sagen», antwortete Fintan. «Hört! Einst hielten wir eine große Versammlung der Männer von Irland ab um Conan, den Hochkönig.

An einem der Tage nun sahen wir, die wir dort versammelt waren, einen großen Helden kommen, der schön und mächtig war. Von Westen her kam er auf uns zu bei Sonnenuntergang. Wir staunten über die gewaltige Größe seiner Gestalt. Die Höhe seiner Schultern war die eines Waldes. Sein Wuchs war stolz und erhaben. Wir sahen Himmel und Sonne zwischen seinen Beinen hindurch. Er war eingehüllt in einen Schleier von Kristall wie in ein Gewand von kostbarem Leinen. Sandalen hatte er an den Füßen, man konnte nicht sagen, aus welchem Stoff sie gemacht waren. Ein goldgelber Haarschopf fiel ihm in Locken bis zu den Hüften herab. Er hielt Steintäfelchen in der linken Hand, einen Zweig mit drei Früchten in der rechten. Und das waren die Früchte, die der Zweig trug: Nüsse, Äpfel und Eicheln – wie am ersten Mai. Jede Frucht war grün. Der Fremde umschritt uns, die ganze Versammlung, mit seinem Goldzweig von den vielen Farben und vom Holz der Zeder. Einer von uns sagte zu ihm: ‹Komm her, daß du mit dem König sprichst!› Er antwortete: ‹Was wünscht ihr von mir?› Die Männer erklärten: ‹Wir möchten wissen, woher du gekommen bist, wohin du gehst, und welches dein Name ist.› Er sprach: ‹Ich bin in Wahrheit von Sonnenuntergang her gekommen, und ich gehe nach Sonnenaufgang. Mein Name ist Trefuilngid, das heißt: der Herr. Und diesen Namen trage ich, weil ich es bin, der den

Aufgang und den Untergang der Sonne bewirkt.› – ‹Was führt dich an ihren Untergang, wenn du an ihrem Aufgange warst?› fragten die Männer. ‹Nicht schwer zu sagen›, antwortete er, ‹ein Mensch ist heute von den Juden mißhandelt und gekreuzigt worden. Nachdem das geschehen war, ist die Sonne von ihnen weggegangen, hat nicht mehr geleuchtet für sie; und was mich hergeführt hat zum Sonnenuntergang ist, daß ich wissen will, was es auf sich hat mit der Sonne. Das ist mir kundgetan worden. Und ich bin gegangen bis dorthin, wo es westwärts kein Land mehr gibt. Das ist die Schwelle der Erde, wo die Sonne untergeht, wie das Paradies Adams die Schwelle ist, über der sie sich erhebt.› Dann fragte Trefuilngid: ‹Wie viele seid ihr auf dieser Insel? Ich würde euch gerne allesamt an einem Orte sehen.› – ‹Wahrhaftig, wir sind nicht viele an der Zahl›, sagte der König, ‹und was du wünschest, läßt sich wohl machen, aber ich denke, daß die Leute Sorge haben werden, wie sie dich während all dieser Zeit beköstigen sollen.› – ‹Macht euch deswegen keine Gedanken›, sagte der wunderbare Fremde, ‹denn der Duft dieses Zweiges, den ich in der Hand halte, wird mir als Speise und als Trank dienen, solange ich lebe.›

Trefuilngid blieb nun vierzig Tage und vierzig Nächte lang, bis alle Menschen Irlands sich um ihn in Tara versammelt hatten. Und als er sie so am selben Orte zusammen sah, sprach er zu ihnen: ‹Ich bin der wahrhaft unterrichtete Zeuge, der enthüllen kann, was verborgen ist.› Darauf begann er, uns die Geschicke Irlands zu erzählen von dessen ersten Anfängen an; und auch die Geschichte aller Rassen, die die Insel vor und seit der Sintflut eingenommen und bewohnt haben, stellte er dar. Die ersten Ankömmlinge, so sagte er, waren von Ägypten und Griechenland her eingewandert.

Bevor Trefuilngid aber daranging zu berichten, wie Irland von allem Anfang an aufgeteilt war, sprach er: ‹Laßt aus jeder der vier Himmelsrichtungen nun je sieben Männer zu mir kommen und wählt sie aus unter den weisesten, besonnensten und geschicktesten, die ihr kennt. Führt auch die Geschichtskundigen des Königs zu mir, so wie sie hier in Tara zugegen sind. Denn es ist ratsam, daß die vier Himmelsrichtungen von Irland vertreten seien, wenn es um die Zuteilung des Gebietes von Tara geht.›»

Als Fintan, der Druide, das Geschehen um Trefuilngid bis zu dieser Stelle erzählt hatte, fuhr er fort: «Nun erklärte der gewaltig Große, wie Irland aufzuteilen sei und wie es immer aufgeteilt war. Er sprach dabei zwar zu allen und ganz allgemein, mir aber trug er insbesondere auf, das Ganze weiterzugeben und zu erklären, denn ich bin fürwahr der älteste Geschichtskundige, den er in Irland fand. Ich war schon zur Zeit der Sintflut an einem Orte dieser Insel, und nach der großen Flut blieb ich zweitausend Jahre lang allein, so lange, wie Irland verlassen war. Seitdem bin ich Zeitgenosse eines jeden Eroberergeschlechtes gewesen, das sich des Landes bemächtigte, ich war es bis zu dem Tage, wo Trefuilngid kam. Daher erkannte er in mir den Ältesten unter den Menschen von Irland, und er fragte mich: ‹O Fintan›, sagte er, ‹wie ist die Insel aufgeteilt worden, und was hat man jedem Teile zugeordnet?› ‹Das ist nicht schwer zu sagen›, antwortete ich, ‹zum Westen gehört das Wissen, zum Norden der Kampf, zum Osten das Gedeihen, zum Süden die Musik und zur Mitte die Herrschaft.› – ‹So ist es wahr und wahrhaftig›, sagte Trefuilngid, ‹so ist es gewesen, und so soll es für alle Zeiten sein.› – Dieses Wort ließ er den Männern von Irland für immer. Mir aber, Fintan, dem Sohn der Bochra, gab er einige Beeren von dem Zweig in seiner Hand, und ich legte sie in den Boden Irlands an Stellen, die mir günstig erschienen, wo ich meinte, die Beeren könnten dort keimen und wachsen. Und fünf heilige Bäume sproßten aus diesen Beeren auf: Der Baum von Tortu – er wurde eine Esche; die Eibe von Ross, die Eiche von Mugna, die Esche von Dathe und die Esche von Uisnech. Und ich blieb und erzählte den Menschen Irlands die alten Geschehnisse, bis ich die fünf heiligen Bäume überlebt hatte.»

Nachdem Fintan seine Erzählung vor Diarmuid und den Männern von Irland so weit geführt hatte, fällte er die Entscheidung über die Grenzziehung des Gebietes von Tara, er sagte: «Es bleibe alles so, wie ihr es vorgefunden habt; wir wollen nicht gegen die Anordnungen handeln, die Trefuilngid uns gegeben hat, denn er war ein Engel Gottes oder Gott selber.»

Darauf begleiteten die Edlen von Irland Fintan nach Uisnech, und auf dem Hügel von Uisnech, der in Irlands Mitte liegt, sagten sie einander Lebewohl. Fintan aber richtete in ihrer Gegenwart eine Steinsäule mit fünf Seiten an der höchsten Stelle des Hügels auf und teilte jeder der fünf Provinzen Irlands eine der Seiten zu. So sind der Hügel von Tara und der Hügel von Uisnech in Irland wie die beiden Nieren im Leibe eines wilden Tieres.

Fintan bezeichnete noch die Grenzen, die den einzelnen Provinzen ihre Größe gaben, lobte die Straßen, die aus jeder von ihnen nach Uisnech hinführten, und sagte zuletzt: «Vollkommen ist die Aufteilung Irlands im Zeichen der Fünf.»

Wie alt aber war Fintan, als er von den Edlen Irlands Abschied nahm? Schwäche überkam ihn, nachdem er heimgekehrt war in seine Behausung. Er sah die Zeichen des Todes auf sich zukommen, und wie er merkte, daß Gott die Zeit für gekommen hielt, sein Leben nicht weiterhin durch Wandel der Gestalt fortdauern zu lassen, da sprach Fintan: «Ich bin geboren – gesegnet war ich – fünfzig Jahre vor der Sintflut. Der strahlende Himmelskönig hat mir gewährt, daß mein Schicksal fortdauerte über fünftausend und fünfhundert Jahre bis jetzt. Im ersten Boot, das nach Irland hinfand, kam ich von Osten her. Ich bin der Sohn der Bochra mit dem schönen Haar, die von Noah abstammt, dem Sohn des Lamech. Ich danke Gott, daß er mich alt und weise werden ließ, ihm danke ich, der den herrlichen Himmel geschaffen hat.»

So endete Fintan sein langes Leben. Aus der Hand des

Bischofs Erc empfing er die Kommunion. Der Geist Patriks und der Geist Brigits nahten sich und waren zugegen bei Fintans Tod. Den Ort jedoch, wo er begraben wurde, kennt man nicht, und viele nehmen an, daß seine sterblichen Überreste an einen verborgenen und himmlischen Ort gelangten, gleich wie Elias und Enoch zum Paradiese geführt wurden. Dort erwartet er seine Auferstehung, dieser weise Alte mit dem langen Leben, nämlich Fintan, Sohn der Bochra, die aus der Nachkommenschaft von Noah stammte.

Die Geschichte von Tuan, dem Sohn des Cairell

Als Fintan, der Druide, der Irlands Boden vor der Sintflut schon betrat, nach fünftausendfünfhundert Jahren den Tod herankommen fühlte, sprach er aus, er wisse, daß Gott ihn nun nicht länger durch Wandel der Gestalt werde fortdauern lassen. Das nämlich war die Art gewesen, wie Fintan die großen Alterserschöpfungen immer wieder zu neuer Jugend hatte hinführen können. Und nicht anders erging es dem zweiten sehr alten Menschen von Irland: Tuan, Sohn des Cairell. Freilich, Fintan stand an Altersrang über ihm, denn Tuan war nicht vor der Sintflut nach Irland gekommen, sondern erst unmittelbar danach. Und wie Fintan einiges aus seiner Geschichte dem Hochkönig und den versammelten Edlen erzählt, so beschreibt Tuan die Wandlungen seines Lebens dem heiligen Finnian von Moville, der im 6. Jahrhundert lebte. Er tut es nicht leicht und nicht gleich, der Heilige muß erst «gegen» oder «auf» den Tuan fasten, wie es im Irischen heißt. Das Fasten auf einen – meistens höhergestellten – Menschen war ein wichtiges und im irischen Rechtsgefühl voll anerkanntes Mittel, um etwas zu erreichen oder zu erzwingen. So erklärten ja auch in der vorangegangenen Geschichte die Edlen von Irland, sie würden vom Festmahl keine Speise anrühren, bevor nicht der Hochkönig auf ihr Anliegen eingegangen wäre. Er weiß, was das bedeutet, in diesem Falle neben anderem auch, daß das Fest nicht den gewohnten Lauf hätte nehmen können. So läßt er dann die Älteren und den Ältesten kommen, damit über das Herrschaftsgebiet von Tara gültig entschieden werde.

In der Geschichte von Tuan geht es nur um das Erzählen, das St.

Finnian hören möchte. Freilich geschieht damit gleichzeitig und wie zufällig dann auch der Zusammenschluß der alten, heidnischen Welt mit der des frühen Christentums. Das Uralte, Gewesene wird dem Heiligen gleichsam anvertraut und übergeben.

Nachdem St. Finnian schon weiten Gebieten von Ulster das Evangelium gebracht hatte, suchte er eines Tages einen reichen Krieger auf. Der hatte dem Heiligen seine Burg nicht öffnen wollen. Da fastete St. Finnian einen ganzen Sonntag gegen den Ulstermann, denn der Glaube dieses Mannes erschien ihm nicht gut, und er wollte mit ihm reden.

Bald aber mochte der Heilige gemerkt haben, daß der Sinn des Kriegers sich gewandelt hatte, denn er sagte zu den Mönchen, die ihn begleiteten: «Ein guter Mann wird zu euch kommen, und er wird euch laben mit den Geschichten von Irland.»

Am anderen Morgen in der Frühe kam der Ulstermann wirklich. Er sah nun aus wie ein verehrungswürdiger Diener Gottes, und er wurde freundlich willkommen geheißen. Er lud die Mönche ein, mit ihm zu kommen, und nachdem alle gemeinsam die Morgengebete gesprochen hatten, bat Finnian den Mann, er möge sagen, wer er sei.

«Ich gehöre zu den Ulsterleuten», sagte er, «ich bin Tuan, der Sohn des Cairell, der von Partholon abstammt.» Partholon aber war einer der ersten Bewohner von Irland gewesen.

«So kannst du uns aus den alten Zeiten erzählen», meinte Finnian, «sowohl deine eigenen Abenteuer als auch die Geschicke dieser Insel.» Und nach einigen Einwänden und Bedenken begann Tuan schließlich:

«Es hat», sagte er, «fünf Eroberungen von Irland gegeben seit der Sintflut. Doch war die Insel während einer Zeit von dreihundertzwölf Jahren nach der großen Flut nicht bewohnt. Dann kam Partholon, der Sohn von Sera, und bemächtigte sich des Landes. Er war ausgezogen mit vierundzwanzig Paaren. Die Kunst, die ein jeder von ihnen verstand, war nicht groß. Sie besiedelten Irland und vermehrten ihre Rasse auf die Zahl von fünftausend. Da breitete sich zwischen zwei Sonntagen eine Seuche aus, so heftig, daß alle starben mit Ausnahme eines einzigen, denn so ist es immer bei einem Unglück, einer entkommt, um später davon zu erzählen. Dieser eine war ich», sagte Tuan. «Zweiundzwanzig Jahre lang blieb Irland leer. Ich zog in dieser Zeit von Hügel zu Hügel, von Felsen zu Felsen und suchte mich vor den Wölfen zu schützen. Schließlich drückte das Alter mich schwer, ich lebte in den Felsen, in den Einöden, ich konnte mich nicht mehr rühren und hielt mich in verborgenen Höhlen auf.

Damals nahm Nemed mit seinen Leuten Irland in Besitz. Ich sah sie kommen, ich erspähte sie von den Felsen herab, auf die ich vor ihnen floh. Ich hatte lange Haare und Nägel, war altersschwach, grau, nackt, elend und unglücklich. Eines Nachts aber, als ich im Schlummer lag, sah ich, daß ich die Gestalt eines Hirschkalbes annahm. Nun lebte ich in dieser Erscheinung, war jung und guter Laune. Auf dem Kopf wuchsen mir zwei Geweihstangen mit sechzig Enden, und ich wurde der Herrscher über die Hirsche Irlands. Eine große Herde von Hirschkühen war immer um mich, welchen Weg ich auch nehmen mochte. So verbrachte ich meine Zeit, während Nemed und seine Kinder Irland bewohnten. Diese Rasse vermehrte sich so stark, daß sie anwuchs auf viertausenddreißig Paare. Schließlich aber starben sie alle.

Wieder zwangen Alter und Schwäche mich nieder, ich floh weit vor Menschen und Wölfen. Eines Tages befand ich mich auf der Schwelle meiner Höhle. Ich erinnere mich dessen noch gut, ich wußte und merkte, daß ich von einer Gestalt in eine andere überging. Ich nahm die Erscheinung eines Wildebers an. Jung war ich und frischen Mutes. Ich war der König der Wildschweinherden von Irland und streifte durch mein Gebiet im Lande von Ulster. Dort hielt ich mich auch auf in den Zeiten meiner Altersschwäche und Gebrechlichkeit. Denn immer am selben Orte wechselte ich die Erscheinung. Daher begab ich mich auch diesmal wieder zu diesem Ort, um das Neuwerden zu erwarten.

Semion, der Sohn von Stariath, bemächtigte sich darauf dieser Insel. Von ihm kamen die Fir Domnaun, die Fir Bolg und die Galuin. Sie bewohnten Irland eine Zeitlang. Dann überkamen mich Hinfälligkeit und Alter, mein Geist war müde, und ich war nicht mehr fähig, all das zu tun, was ich zuvor getan hatte. Aber ich war allein in den finsteren Höhlen, in den einsamen Felsen. Ich ging dorthin, wohin ich immer gegangen war. Ich erinnerte mich aller Erscheinungsformen, unter denen ich zuvor gelebt hatte. Ich fastete drei Tage, wie ich es jedesmal gemacht hatte, bevor ich in eine Verwandlung ging. Ganz kraftlos wurde ich da. Doch plötzlich nahm ich die Gestalt eines mächtigen Falken an. Nun hatte ich wieder frisches Leben, konnte tun, wonach mir der Sinn stand, und war munter und fröhlich. Ich schickte mich an, über ganz Irland zu fliegen, und wußte: Alles würde ich entdecken. Da sagte ich: ‹Heute bin ich ein Falke, war gestern noch Eber, wunderliche Wandelbarkeit. Gott ist der Freund, der mich gestaltet hat. Ich war unter den Herden der Wildeber, wenngleich ich heute in den Vogelschwärmen mich tummele. Ich weiß, was daraus werden wird und daß ich eine andere Gestalt tragen werde.›

Beothach, der Sohn von Jarbonel dem Seher, nahm darauf diese Insel ein und herrschte über die Rassen, die hier wohnten. Von ihm kommen die Tuatha De Danann her, deren Ursprung die Weisen nicht kennen. Aber es scheint, daß sie in großer Schar vom Himmel gekommen sind, denn ihre Klugheit ist groß und ihre Weisheit über alles Maß.

Lange Zeit blieb ich in der Gestalt des Falken, und ich habe alle Rassen überlebt, die Irland eingenommen haben. Die Söhne des Mil bemächtigten sich der Insel mit Gewalt, sie besiegten die Tuatha De Danann. Damals trug ich noch die Gestalt des Falken, unter der ich lange blieb, und ich hauste in der Höhlung eines Baumes über dem Fluß. Sobald ich nicht flog, fühlte ich wiederum Müdigkeit in der Seele.

So fastete ich neun Tage lang. Schlaf überfiel mich, und ich nahm die Gestalt eines Lachses an. Gott versetzte mich in den Fluß, und dort gefiel es mir. Kraftvoll war ich und wohlgenährt. Behende entschlüpfte ich allen Gefahren und Fallen: der Hand des Fischers, den Fängen der Falken, den Anglerspeeren. Noch trage ich die Narben, die jeder von diesen mir zufügte.

Einmal indessen, als Gott, mein Helfer, dachte, daß es an der Zeit wäre, als alle Tiere mir nachstellten, als alle Fischer von allen Seen mich kannten, da fing mich der Fischer von Cairell, dem König dieses Landes, und er trug mich zur Königin, die es nach Fisch gelüstete. Ich erinnere mich noch gut: Der Mann legte mich auf den Rost und briet mich. Die Königin verzehrte mich ganz allein, ich war in ihrem Leibe. Ich weiß noch von der Zeit, die ich in ihrem Leibe verbrachte, in meinem Gedächtnis blieb alles, was in dem Hause vor der Königin gesprochen wurde, und alles auch, was damals in Irland geschah. Ich entsinne mich des Tages, da das Wort mir kam wie jedem Menschen, und was je in Irland sich ereignet hatte, das war mir bewußt. Ich war ein Druide, ein Seher, und man gab mir den Namen Tuan, Sohn des Cairell.

Schließlich kam Patrik und brachte den Glauben nach Irland. Sehr alt war ich inzwischen geworden. Ich ließ mich taufen, doch habe ich schon vorher und ganz allein aus mir an den König der Elemente geglaubt.»

So erzählte Tuan. Finnian und seine Schar blieben eine volle Woche bei ihm, um Gespräche mit ihm zu führen. Bevor Tuan mit Finnian gesprochen hatte, hatte er sich mit Patrik unterhalten und hatte ihm prophezeit. Mit Columcille hatte er gesprochen. Dem Finnian prophezeite er vor allem Volke.

Finnian schlug Tuan vor, er solle bei ihm bleiben, doch das wollte dieser nicht. Bevor er schied, sagte er zu dem Heiligen noch: «Dein Haus wird berühmt sein bis an den Jüngsten Tag.» Mit dem Hause meinte Tuan St. Finnians Kloster.

Die Abenteuer von Leithin, der grauen Adlermutter

Es war zu der Zeit, als in Irland Kieran von Clonmacnoise lebte, der edle Heilige. Er bat eines Tages seine Mönchsbrüder, Dachstroh für die Kirche zu holen. Es war gerade Sonnabend, und die, zu denen er sprach, waren Sailmin und Maolan. Gott ergebene Männer waren sie beide, all ihr Eifer ging dahin, dem Herrn der Elemente zu dienen. Manche Wunder waren durch Maolan geschehen, und groß waren Weisheit und Frömmigkeit des Sailmin, der auch der melodienreiche genannt wurde.

Die beiden Mönchsbrüder fuhren den Shannonfluß entlang, bis sie Cluain Doimh erreichten. Dort schnitten sie so viel von den Binsen – weiß am Stengelgrund und grün an der Spitze – wie ihr kleines Boot fassen konnte. Doch bevor sie noch ihre Arbeit beendet hatten, hörten sie die Stimme der Klosterglocke, wie sie erklingt zur Stunde der Sonntagsvesper. Da beschlossen sie, den Ort, an dem sie waren, nicht zu verlassen, bis der Morgen des Montags anbräche; den Sonntagabend wollten sie feiern, dem König des Sonntags zu Ehren, danach wollten sie sich zur Ruhe legen. Und wie sie es beschlossen hatten, so führten sie es aus.

Nun geschah es aber, daß Frost und Schnee über das Land kamen mit schneidender Kälte; Wind und Sturm erhoben sich und die Mönche hatten weder Bett noch Dach noch Feuer, sich zu schützen. Hätte nicht Gottes Gnade sie bewahrt, sie wären nach solcher Nacht am Morgen nicht mehr lebendig gewesen, so tobte und toste der Sturm, die Gewalt des Unwetters erschreckte und bedrängte sie mit solcher Heftigkeit, daß sie sich nicht eines frommen Liedes, nicht eines Gebetes zu erinnern wußten. Auch konnten sie weder schlafen noch ruhen, alle ihre Sinne waren ihnen verwirrt, denn niemals noch hatten sie dergleichen erlebt, solchen Sturm, solches Unwetter, solch giftige Kälte die Nacht hindurch und endlich solche Bitternis eines Morgens, wie der war, der auf diese Nacht folgte.

Wie sie da nun so hockten, hörten sie in der Höhe über ihren Köpfen eine leise, wehklagende, kummervolle Unterhaltung. Von einem mächtigen Felsenriff herab drang sie zu ihnen. Und trotz allen Elendes und aller Angst, die sie erlitten hatten, achteten und lauschten sie auf das Gespräch. Wäre es aber nicht wegen ihrer Tugend und ihrer Heiligkeit gewesen, so würde kein Wort ihnen verständlich gewesen sein. Denn die da miteinander sprachen, waren eine Adlermutter und ihr Junges. Der Name der Adlermutter war Leithin, das heißt: die Graue. Beide klagten, das Junge jammerte vor Kälte und Frost, und es fragte Leithin: «Sag, war je ein Morgen wie dieser, eine Nacht wie die eben vergangene? Erinnerst du dich, je zuvor von ähnlichem Kunde empfangen zu haben?» «Ich erinnere mich nicht», entgegnete Leithin, «jemals gehört oder gesehen zu haben, daß dergleichen geschehen sei, seit die Welt erschaffen wurde.» – «Es gibt aber wohl solche, die sich erinnern können», sagte der junge Vogel. «Wer sind diese?» fragte die Graue. «Das ist der Schwarzbehufte von Ben Gulban, der großmächtige Hirsch, der so alt ist, daß er die Sintflut sah; er besitzt das älteste aller Gedächtnisse von Irland.»

«Wie willst du das mit Sicherheit wissen?» fragte die Graue, «willst du mich gar auf die Reise treiben an solchem Morgen? – Dennoch, und ob dieser Hirsch gleich weit entfernt sein mag von mir, ich werde versuchen, ihn zu finden. Ich will sehen, ob ich von ihm irgend etwas erfahren kann.»

Damit erhob die Adlermutter sich. Zwar war sie kaum imstande, zur Höhe aufzusteigen wegen der Macht des Unwetters, noch konnte sie sich niedrig halten wegen der großen Wasserfülle überall. Aber, wenngleich es ihr nicht leicht fiel, flog sie doch stetig dahin. Niemand könnte beschreiben, was alles sie sah an Elend und Unglück auf ihrem Wege zum Berge Ben Gulban, wo sie nach dem Schwarzbehuften äugte. Und bald fand sie den schmalköpfigen, schnellfüßigen Hirsch, wie er sich scheuerte an einem kahlen Eichenstumpf. Leithin ließ sich auf einer Ecke des Stumpfes nieder, begrüßte den Hirsch in dessen eigener Sprache und fragte ihn, ob er der Schwarzbehufte sei. Der Hirsch antwortete, der sei er. Da sprach Leithin:

«Schwarzbehufter Hirsch du
auf Ben Gulbans Höh,
springest leicht und sicher
hin an Moor und See.

Seit die Fenier fielen,
hetzet dich kein Hund,
friedlich kannst du grasen
auf der Täler Grund.

Weit reicht dein Erinnern.
Hast du je gesehn
eine Nacht wie diese
über Irland gehn?»

Der Hirsch antwortete:

«Adler, grau und weise,
nie bin ich erwacht
zu solch trübem Morgen
nach solch schlimmer Nacht.»

«Was ist dein Alter, Schwarzhuf, kannst du es mir sagen?» fragte die Adlermutter.

«Ich werde dir's erzählen», antwortete der Hirsch. «Ich erinnere mich an die Zeit, als diese Eiche ein kleiner Schößling war. Am Fuße des jungen Eichbäumchens wurde ich geboren und lag dort auf weichem Mooslager, bis ich ein mächtiger Hirsch geworden war. Und weil ich hier groß wurde, blieb dieser Ort mir teuer für alle Zeit. Ich sah die Eiche emporwachsen und sich ausweiten zu einem Riesen unter den Bäumen. Alle Abende, wenn ich den Tag über umhergestreift war, pflegte ich herzukommen und meinen Rücken am Stamm der Eiche zu scheuern. Dann legte ich mich bei ihr nieder bis zum nächsten Morgen. Auch wenn es heiß herging beim Jagen, flüchtete ich mich zu ihr. So lebten wir miteinander, bis ich der großmächtige Hirsch geworden war, dieser Baum aber der nackte, verdorrte Stumpf, den du jetzt siehst. So sah ich wohl fünfhundert Jahre ins Land kommen und sah sie vorübergehen. Nie aber gab es darin eine solche Nacht wie die letztverflossene, und nie hörte ich auch jemals jemanden von einer Nacht erzählen, die dieser geglichen hätte.»

Nachdem sie das vernommen hatte, flog Leithin, die Adlermutter, zu ihren Jungen zurück, und kaum hatte sie den Horst erreicht, fragte das zweite Junge sie: «Hast du herausgefunden, wonach du dich erkundigen wolltest?»

«Das habe ich nicht», antwortete Leithin, und sie begann zu klagen über alle Kälte und Beschwerlichkeiten, die sie hatte ertragen müssen, zuletzt jedoch sagte sie: «Wüßtest du noch jemanden, bei dem ich etwas über die Sache erfahren könnte?»

«Ich weiß schon jemanden», sprach der junge Vogel, «nämlich den Schwarzen Rufer von Kilbarry, vom Kloster Berachans, des Heiligen.»

«Nun wohl, so mache ich mich auf, ihn zu suchen», sagte Leithin. Zwar war es weit bis zu Berachans Kloster, doch die Graue ruhte nicht, bis sie den Ort erreicht hatte. Sie schaute sich um, beobachtete sorgfältig alle Vögel, und zuletzt erblickte sie einen, der sah wunderbarer und stolzer aus als alle anderen. Er hatte die Größe einer Amsel, war aber weiß wie ein Schwan. Sobald Leithin seiner ansichtig wurde, fragte sie ihn, ob er der Rufer von Kilbarry sei. Der Vogel antwortete, der sei er. Die Adlermutter wunderte sich, es dünkte sie seltsam, daß eine Amsel weiß sein sollte. Sie sagte:

«Süß ist dein Singen, stolzer Rufer von Kilbarry! Oft hast du deinen Ruf erschallen lassen durch die dunklen Wälder über ganz Irland hin. Im Osten hattest du dein Nest, in der Kirche, die Brigit segnete, und wenig Mühe machte es dir, hierher zu kommen in die Klostersiedlung von Berachan. O sage mir, wunderlicher Rufer, und überdenke dein ganzes Leben, erfuhrst du je einen Morgen, der dem gestrigen gleich gewesen wäre?»

Die weiße Amsel antwortete: «Wohl reicht mein Leben dreihundert Jahre vor die Zeit von Berachan zurück, doch nie sah ich solch einen argen Morgen wie den gestrigen, auch keinen, der ihm gleichkäme; und niemanden hörte ich je sagen, daß er solch einen Morgen erlebt hätte.»

Da war die Adlermutter bekümmert und sorgenvoll, denn was sie gehört hatte, diente ihr wenig. Sie flog zu ihrem Nest zurück.

«Was hast du uns zu berichten?» fragte das Junge.

«Mögest du ohne Glück sein und ohne günstiges Geschick, weil du mich auf die Reise triebst», antwortete die Graue. «Ich habe nicht mehr Neuigkeiten für dich als zuvor und trug nichts heim als Müdigkeit.»

Wie sie das sagte, gab Leithin dem jungen Adler einen kräftigen Schlag mit ihrem Schnabel vor Verdruß über alles Elend und Übel, das sie auf ihrem Weg erlitten hatte. Eine Weile später aber sagte die Adlermutter:

«Es ist ein Kummer und ein Jammer für mich zu denken, irgend jemand in Irland wüßte von einer schlimmeren Nacht als die gestrige es war, und mir bliebe das unbekannt.»

«Nun, es gibt wirklich einen, der weiß», sagte wiederum

dasselbe Adlerjunge. «Das ist Goll, der blinde Salm von Assaroe. Wenn irgend jemand in der Welt etwas darüber weiß, so weiß er es gewiß.»

«Es ist wahrlich hart für mich, den Weg zu fliegen, von dem du sprichst», sagte die Graue. «Doch möchte ich für mein Leben gern etwas über die Sache erfahren.»

Und wenngleich die Adlermutter weit zu fliegen hatte bis zur Nordküste von Donegal, so ließ sie sich doch nicht nieder, bevor sie Assaroe erreicht hatte. Dort begann sie, die Gewässer zu beäugen und scharf zu prüfen, bis sie den Salm nahe der Furt stehen sah. Sie grüßte ihn und sagte:

«Herrlich ist es hier, o Goll, dir geht es nicht wie mir, unsere Kümmernisse sind nicht dieselben. Angenehm ist dein Leben, in viele Ströme wagtest du dich hinein. Von weither bin ich zu dir gekommen, o Blinder von Assaroe, weil ich wissen möchte, wie weit dein Gedächtnis zurückreicht oder wieviele Jahre dein Alter zählt.»

Der Salm antwortete: «Mein Gedächtnis, das ist ein lang zurückreichendes, in Zahlen ist das nicht leicht zu sagen. Auf dem Lande oder im Gesträuch gibt es niemanden wie mich, auch keinen, der mir gleichkäme, es gibt da nur mich allein. Ich weiß noch – es ist keine scharf umrissene Erinnerung – aber ich weiß noch von den alles verändernden Schauern der Sintflut.»

«Nun», sagte Leithin, «mein Anliegen, mit dem ich zu dir komme, ist, dich zu fragen: Erinnerst du dich, je einen Morgen wie den gestrigen gesehen zu haben?»

«Wohl sah ich solchen Morgen», sagte Goll. «Ich erinnere mich daran, wie die Sintflut kam, ich erinnere mich auch an die Ankunft von Partholon, an die der Fir Bolg und der Tuatha De Danann, an die der Fomorier und an die der Milesier, und ich weiß noch gut, wie Irland sich dieser Scharen wieder entledigte, sie hinauswarf.

Und eines Morgens gedenke ich, der schlimmer war als der, von dem du sprichst, nicht zu reden von den gewaltigen Schauern, aus denen die Sintflut stürzte.

Die große Flut ließ nur vier Männer und vier Frauen übrig, nämlich Noah und sein Weib, Sem, Cam und Japhet mit ihren Frauen, denn das war in Wahrheit die Besatzung der Arche. Und kein Mann der Kirche berichtet, daß Gott irgendeinen Menschen außer diesen vier Paaren davor errettete, in den Fluten umzukommen. Dennoch aber erzählen weise Männer, daß Gott weitere vier am Leben erhielt, die das Wissen, die Stammesherkünfte und die weltumfassenden Abstammungen in ihrem Gedächtnis bewahrten, denn Gott wollte nicht, daß die Geschichten der Völker verblaßten. Deshalb ließ er Fintan übrig im Süden gegen Sonnenuntergang, daß er alles bewahre, was den Westen betrifft. Ein anderer hielt die Herrschaft im Norden, ein dritter und ein weiterer hielten sie im Süden. Diese vier blieben lebendig außerhalb der Arche, und ich weiß von ihnen allen. Und, du Graue, nie sah ich einen Morgen, der dem gestrigen an zerstörerischer Kraft gleichgekommen wäre – außer einem. Und der war schlimmer als der Morgen, von dem du sprichst, schlimmer auch als jeder Morgen, den es vorher je gegeben hatte. Das war so:

Ich stand eines Tages in diesem Gewässer und sah einen wunderbar vielfarbigen Schmetterling mit purpurroten Tupfen in der Luft über mir. Ich sprang hoch, ihn zu fangen, und bevor ich wieder herunterkam, war das Wasser unter mir eine einzige Eisfläche geworden, die mich festhielt, als ich zurückfiel. Es kam ein Raubvogel herzu, und wie der mich hilflos liegen sah, griff er mich gierig giftig an und hackte mir das Auge aus dem Kopf. Hätte nicht mein Gewicht ihn gehindert, würde er mich weggetragen haben. Das Auge warf der Vogel weg.

Dann begannen wir miteinander zu kämpfen, bis das Eis aufbrach durch die Heftigkeit des Kampfes und durch die Wärme des roten Blutstromes, der aus meiner Augenhöhle quoll. Und wie durch alles das die Eisdecke aufgerissen war, gelang es mir unter Mühen, zurückzutauchen ins Wasser. So also verlor ich mein Auge, und ich versichere dir, du

Graue, das war bei weitem der schlimmste Morgen, den ich je sah, schlimmer noch als der Morgen, von dem du sprachst.»

Während im Norden von Donegal der blinde Salm dies alles der Adlermutter erzählte, hockten die beiden Mönche immer noch unter dem Felsen, der den Adlerhorst trug. Sie beratschlagten miteinander und entschieden, die Rückkehr der Adlermutter abzuwarten, daß sie erfahren möchten, was sie berichte. Schließlich aber setzten ihnen Mühsal und Pein von der Kälte und Qual der Nacht so arg zu, daß sie ihren Entschluß, bis zu Leithins Rückkehr auszuharren, nicht durchhalten konnten. Der Mönch Maolan sagte:

«Ich bitte den allmächtigen Herrn, dazu die ganze Dreieinigkeit, daß sie die Adlermutter Leithin mit der Kunde, die sie erhält, nach Clonmacnoise kommen lassen, um auch Kieran davon zu berichten.» Damit machten die Mönche sich auf den Heimweg.

Goll der Salm aber, nachdem er seine Erzählung beendet hatte, fragte die Adlermutter:

«Wer war es, der dich anstiftete, auf die Suche zu gehen nach meinem Wissen?»

«Es war das zweite unter meinen Jungen», antwortete Leithin.

«Das ist schlecht», meinte nun Goll, «denn das ist der Vogel, der älter ist als du und vielleicht älter auch als ich. Es ist der, der mir das Auge auspickte, und wenn er dich in diesen Dingen hätte weise machen wollen, so wäre ihm das ein Leichtes gewesen. Dieser Vogel ist die alte Krähe von Achill, vom Nordwesten Irlands. Ihre Krallen sind stumpf geworden vor Alter, und seit sie nicht mehr genügend Lebenskraft und Macht hat, sich mit dem Nötigen zu versorgen, ersann sie einen anderen Weg, sich Nahrung zu verschaffen. Sie fliegt von einem Nest zum anderen, erdrückt und tötet eines jeden Vogels Brut und frißt sie dann. So wirst auch du von deinen Jungen keines mehr lebend antreffen. Und, liebe Freundin, beste Freundin, die ich je sah, wenn du wenigstens Glück hättest, die Krähe bei deiner Heimkehr lebendig zu fangen! Dann denke an alle Streiche, die sie dir gespielt hat, räche deine Jungen, räche dich für deine mühevollen Reisen und Wanderflüge und denke schließlich auch daran, mein Auge zu rächen.»

Leithin nahm Abschied von Goll und machte sich eilends auf den Heimweg. Sie flog so schnell, wie ihre Flügel sie tragen wollten, denn nun schien es ihr gewiß, daß sie die Jungen nicht mehr lebendig anträfe in ihrem Horst. Und guten Grund hatte sie, so zu fürchten, denn wirklich fand sie nur noch den Nestplatz, auf dem ihre Jungen gewesen waren; die Krähe von Achill hatte sie alle gefressen. So hatte die Adlermutter durch den Botengang zuletzt alle ihre Jungen verloren. Die alte Krähe aber war auf und davon, nachdem sie den Horst ausgeräubert hatte, so daß Leithin ihrer nicht habhaft werden konnte und auch nicht wußte, welchen Weg die Krähe geflogen war.

Das Gebet des Mönches Maolan aber bewirkte, daß es Leithin nun jeden Montag nach Clonmacnoise zog. Dort ließ die Adlermutter sich auf der Spitze des hohen runden Glockenturmes nieder und zeigte sich dem heiligen Vater Kieran. Sie erzählte ihm von ihrem Kummer und von dem Verlust, den sie wegen ihrer Wanderflüge erlitten hatte. Darauf sagte Kieran, er wolle Leithin eine Belohnung zukommen lassen und ein Entgelt für ihr Erzählen. Jedesmal nämlich, wenn ihre Abenteuer erzählt würden bei Sturm und strömendem Regen, solle über der Zeit des Erzählens der Himmel blau werden und sich aufklaren zu gutem Wetter.

Die Adlermutter antwortete, sie habe es gleich verstanden, daß sie ihre Jungen und ihr Nest nicht von Kieran zurückbekommen würde. Und da das nicht sein könne, sei sie erfreut, daß sie ihre Reisen und Wanderflüge doch nicht umsonst gemacht habe. Und darauf erzählte die Graue alles, was sie erlebt hatte, von Anfang bis Ende, geradeso, wie wir es dargestellt haben.

Das sind die Abenteuer von Leithin, der grauen Adlermutter.

Die Geschichte von Leithins Abenteuern kann aus mehreren Gründen als eine besonders wertvolle und aufschlußreiche angesehen werden, darum sei ihr ein kurzes Nachwort gewidmet.

In vier Manuskripten auf Mittelirisch ganz gleich erzählt, reicht sie in den Aufzeichnungen nicht hinter das Jahr 1788 zurück. Dennoch darf man sie wohl als eine der sehr alten und wissenden Geschichten ansehen. Neben dem Anschluß an die Welt der irischen Heiligen, der neueren Datums sein dürfte als die eigentliche Erzählung, zeigt die Geschichte – darin anderen gleichend – die Bereitschaft und Entschlossenheit der Iren, neben der biblischen Tradition auch andere Überlieferungen gelten zu lassen. Außer den Menschenpaaren in der Arche überlebten vier weitere Menschen die Sintflut, damit sie – nach Gottes Willen – im Westen, Süden und Norden erinnernd bewahren und weitererzählen könnten, was sich zutrug. Für Irland insbesondere war Fintan diese Aufgabe zugefallen.

Das Thema «Gab es je –» oder «Sahst du je eine Nacht wie diese, einen Morgen wie diesen?» hat wohl für die Kelten von altersher einen eigenen, bedeutungsvollen Klang gehabt. In Shakespeares Schauspielen taucht es wiederholt und mit unterschiedlichen Situationen verknüpft auf. So in «Macbeth»:

Lenox:	Der dunkle Vogel schrie die ganze Nacht durch: Man sagt die Erde bebte fieberkrank.
Macbeth:	Es war 'ne rauhe Nacht.
Lenox:	Mein jugendlich Gedächtnis sucht umsonst Nach ihres gleichen.

Im «Kaufmann von Venedig» in der Liebesszene zwischen Lorenzo und Jessica heißt es siebenmal hintereinander: «In solcher Nacht . . .», und nach dieser Einleitung folgen Erinnerungen an Troilus, Thisbe, Dido, Medea, bis die Liebenden bei Jessica und Lorenzo, bei ihren eigenen Herzen, ankommen.

In «König Lear» beherrscht die Wendung «In dieser Nacht –», «Solche Nacht –» gar die 1., 2. und 4. Szene des dritten Aufzuges. Es ist die Stelle, wo der wahnsinnige König über die Heide irrt.

Im Gedächtnis der Bewohner des irischen und britannischen Inselbereiches blieb offenbar neben dem Sintflutgeschehen ein anderes Erleben eingeschrieben, nämlich das von einer ungeheuer plötzlichen Verwandlung der Welt. Wo eben noch lebendiges Wasser war und in Lüften ein vielfarbiger Schmetterling, starrt im nächsten Augenblick hartes Eis, und von oben her droht der Angriff eines Raubvogels. Die Tiere, die in dieses Geschehen handelnd einbezogen werden, sind Salm und Krähe. Der «Salm oder Lachs der Weisheit» ist in alten irischen Geschichten ein wohlvertrautes Wesen. Diesem alten Salm der Weisheit wird nun ein Auge ausgehackt, so daß er seitdem der blinde Salm heißt. Ein Raubvogel führt den Stoß, und zwar nicht einer der besonders scharfblickenden, kein weithin ziehender Falke, kein Adler, der sich kreisend in große Höhen hinaufschraubt, sondern eine gewöhnliche Krähe. Und Blut, die Flüssigkeit, die im Menschen zu jenem «ganz besondren Saft» wird, der mit dem innersten und eigensten Wesen eines jeden einzelnen zusammenhängt (weshalb denn auch Teufelsverschreibungen mit Blut zu geschehen haben), Blut, das aus der leeren Augenhöhle des Salmes quillt, vermag das Eis aufzubrechen. Hinzu kommt die Gewalt des Kampfes zwischen Fisch und Vogel. Der Salm kann – erblindet – weiterleben. Das Räuberische der von oben her gierig zustoßenden Krähe tritt – gepaart mit List und Verstellung – noch einmal besonders hervor, wenn sie selbst die Adlermutter um Horst und Junge bringt.

In der Menschheitsgeschichte hat es Einschläge und Verwandlungen des Bewußtseins von großer Schärfe und Heftigkeit gegeben. Ein solches Geschehen stellt die Genesis dar, wenn sie Eva und Adam vom Baum der Erkenntnis essen läßt. Sie «wissen» danach vom Bösen und Guten, und dieses Wissen konnte nicht zusammengehen mit dem Leben im Paradiese. Immer schwindet von weisheitsvoller Verbindung mit der Götterwelt etwas hin, wenn zufassende, zustoßende Verstandeskraft sich bildet. Das ist selbst in der Entwicklung des Kindes zu erkennen. Als Schwund des mythologischen Bewußtseins bezeichnet man es da.

Um 3000 vor Christus vollzog sich eine besonders markante Umwandlung dieser Art. Im Zweistromland fanden aus jener Zeit Ausgräber in den fünfziger Jahren unseres Jahrhunderts unter anderem den Kopf, das Marmorantlitz einer Priesterin. Wer es anschaut, kann es kaum ohne Betroffenheit tun. In einem Gesicht von großer Schönheit fällt vor allem der schmerzliche Zug um den Mund auf, der Ausdruck von wissendem Entsagen und Verzichten. Ein Tor zur Götterwelt schloß sich hart und schnell, alte Weisheit verlor von ihrer Seherkraft, mit verletzender Deutlichkeit und Schärfe gewann die Welt des nüchtern Gegenständlichen an Bedeutung. Davon scheint dieses Antlitz zu sprechen. Einer der Zweistromland-Ausgräber, *Walter Andrae,* gab dem Marmorbild den Namen «Hohe Frau von Uruk».

Eine weitere Tatsache gehört wohl in den gleichen Zusammenhang. Von den Altertumsforschern ist aus mancherlei Anzeichen bemerkt worden, daß Grundlegendes beim Übergang vom 4. in das 3. vorchristliche Jahrtausend sich geändert hat, etwa – wiederum in Mesopotamien – im Verhältnis der Menschen zur Götterwelt, die auch selber eine andere wurde um diese Zeit, und ebenso in der Beziehung der Lebenden zu den Toten. Eine Weltveränderung geschah. Der Schmerz darüber hallt unter anderem deutlich wider in Gilgameschs Totenklage für den Freund Enkidu.

In der alten irischen Geschichte lebt die gleiche Stimmung. Das ist unmittelbar wahrzunehmen, wenn man die Erzählung des blinden Salmes aufnimmt und ihre Bilder vergleicht mit dem Eindruck, den das Antlitz der «Hohen Frau von Uruk» hervorruft. Beide weisen auf den Verlust von Unwiederbringlichem hin. Man darf wohl annehmen, daß sie bei aller äußeren Verschiedenheit auf die gleiche Tatsache aus der Geschichte der menschlichen Bewußtseinsentwicklung hinweisen.

Was die Fili unternahmen, als ihnen eine der großen Geschichten nicht mehr ganz erinnerlich war

Die Fili waren die Dichter, die an Wissen und Können den Druiden nahestanden. Zu ihren wichtigen Aufgaben gehörte es, die großen Geschichten Irlands durch Jahrhunderte zu bewahren und sie getreu und ohne Veränderungen wiedererzählen zu können. Man scheute sich, sie aufzuschreiben. Die Schriftzeichen, die Druiden und Fili kannten, waren die Ogamzeichen. Doch wurden diese nur in besonderen Fällen eingesetzt, denn sie galten als zauberkräftig und nicht geschaffen festzuhalten, was im Gedächtnis der Menschen lebendig fortbestehen sollte.

Die Iren liebten ihre alten Geschichten und wollten, daß sie voller Leben blieben, deshalb sollten sie allein dem gesprochenen Wort anvertraut werden, nicht aber dem geschriebenen. Das änderte sich erst, als mit der Einrichtung von Klöstern und Klosterschulen der Wunsch und die Notwendigkeit auftauchten, Bücher zu haben, Abschriften des Buches der Bücher, der Psalmen wie der Evangelien. Da bildete sich bald dann auch die Gepflogenheit heraus, Irlands alte Geschichten aufzuschreiben. Im selben Augenblick aber ließen Kraft und Zuverlässigkeit des Gedächtnisses nach. Von solcher Übergangssituation und ersten Unsicherheiten berichtet die nachfolgende Geschichte. Sie läßt zugleich erkennen, welche Bestürzung ihr Bewußtwerden bei den Hauptbeteiligten hervorrief.

Wie groß über Jahrhunderte und Jahrtausende hinweg die Treue der Überlieferung bei den irischen Geschichtenerzählern gewesen war, das zeigte sich unter anderem, als am Ende des vorigen Jahrhunderts Joseph Jacobs seine «Celtic Fairy Tales» sammelte. Manche Geschichte aus ältesten Zeiten tauchte in ihnen jugendfrisch wieder auf. Ähnliches konnte Märchen- und Geschichtenliebhabern in Irland noch begegnen bis zur Mitte unseres Jahrhunderts.

Ein Meister unter den Fili von Irland war Senchan Torpeist. Der Sage nach lebte er im 7. Jahrhundert n. Chr. Es beunruhigte ihn, als er merkte, daß er eine der berühmten alten Geschichten, nämlich die vom Rinderraub und von den Kämpfen, die aus ihm entstanden waren, nicht mehr vollständig wußte. So rief er alle Dichter Irlands zusammen, um zu sehen, ob es ihnen gemeinsam gelänge, den ganzen Rinderraub, der eine weitläufige und lange Erzählung ist, wieder in das Gedächtnis zurückzurufen. Doch jeder der Fili mußte gestehen, daß ihm nur noch Bruchstücke bekannt waren, niemand wußte mehr das Ganze.

Nun fragte Senchan seine Schüler, wer von ihnen bereit sei, auf die Suche zu gehen nach der «Táin»; so hieß die Geschichte nach dem ersten Wort ihres Titels «Táin Bó Cuailnge». Senchan meinte, ein Gelehrter habe die Táin weggetragen zu einem Ort in Munster, um sie dort auf Pergament zu schreiben, und bei ihm könne man sie wohl lernen. Seinen Segen versprach Senchan jedem, der es versuchen wolle.

Zwei Dichter machten sich nun gleich auf die Wanderung nach Osten, einer der beiden war Senchans eigener Sohn Muirne. Es gingen aber wohl noch andere mit ihnen, denn es heißt, als der Weg gegen Abend am Grabe eines alten irischen Helden vorüberführte, seien alle außer Muirne weitergewandert, um eine Unterkunft für die Nacht zu suchen.

Muirne blieb allein zurück auf der Grabstätte des Helden Fergus Mac Roig, von dem erzählt wurde, er sei siebenmal so groß gewesen wie die übrigen Krieger seiner Zeit.

Und als der Sohn Senchans nun in großer Einsamkeit vor dem hoch aufgerichteten Grabstein, dem Menhir, saß, begann er, den Stein anzusingen, als wäre es der vor Jahrhunderten dort bestattete Fergus selber.

Und wie Muirne sang, bildete sich ein dichter Nebel, der hüllte den Singenden ein, so daß er zu keinem seiner Begleiter mehr hingelangen konnte. Drei Tage und drei Nächte lang dauerte der Nebel an. Darin erschien Muirne der Held Fergus, wie er zu seinen Lebzeiten gewesen war. In prächtigem Wagen kam er daher, angetan mit grünem Gewand und rotbesticktem Kapuzenmantel; am Gürtel trug er ein Schwert mit goldenem Knauf, sein Haar war braun.

Und Fergus begann, Muirne die Geschichte vom Rinderraub zu erzählen, die ganze Táin, von Anfang bis Ende, so wie man sie in Irland zu seinen, des Fergus Zeiten, noch gekannt hatte. Wie nach drei Tagen und drei Nächten die Nebelwolke wich, da wußte Muirne die Geschichte lückenlos, es fehlte ihm kein Stückchen mehr daraus.

Mit seinen Begleitern, die ihn nun auch endlich wiederfinden konnten, machte er sich gleich auf den Rückweg zu seinem Vater, und Senchan hörte zusammen mit den Fili Irlands voll Freuden die Táin, wie Muirne sie jetzt erzählen konnte.

KÖNIG CONCHOBARS GEBURT UND TOD, UND WAS DIE DRUIDEN VON CHRISTUS SAGTEN

Dem König von Ulster, Eochaid, wurde eine Tochter geboren, und er übergab sie zwölf Ziehvätern zur Erziehung. Wegen ihrer Sanftheit wurde sie Assa genannt, das heißt die Leicht-Umgängliche.

Im Süden von Irland lebte Cathbad, der Druide, der zugleich ein Krieger war. Er sammelte um sich eine Schar von drei mal neun Männern, mit denen stieß er in der Einöde auf eine Schar, die ebenso stark war wie seine eigene. Zunächst kam es zum Kampf, doch endlich schlossen die beiden Scharen sich ermüdet zusammen, denn hätten sie das nicht getan, so würden sie sich gegenseitig getötet haben, da keine der anderen an Zahl oder Kraft überlegen war. Sie zogen unter Cathbads Führung nach Ulster hinein. Es fügte sich, daß sie dort die zwölf Ziehväter Assas bei einem Gelage antrafen. Cathbad und seine Männer schlugen die zwölf, die Königstochter blieb allein am Leben.

Sie eilte zu ihrem Vater und bat ihn, er möge den Tod ihrer Ziehväter rächen. Eochaid, der König, wußte aber nicht, gegen wen er zum Kampfe ausziehen sollte, denn niemand konnte ihm sagen, wer die Tat begangen hatte. Assa jedoch ließ es keine Ruhe. Sie sammelte dreimal neun Männer um sich, stellte sich an ihre Spitze und begann, das Grenzgebiet von Ulster zu verheeren. Wohin sie kam, fragte sie, ob man umherziehende Banden gesehen hätte, deren Spuren sie verfolgen könnte. Und so kriegerisch und rachedurstig war Assa geworden, daß die Menschen sagten, sie trüge ihren Namen nun zu unrecht, nicht Assa sei sie mehr, die Leicht-Umgängliche, sondern Nessa, die Nicht-Umgängliche.

Einst rastete sie mit ihrer Schar in einer einsamen Gegend, und während ihr Gefolge die Speisen zubereitete, ging die Königstochter, die nun Nessa hieß, zu einem klaren Wasser, um darin zu baden. Da geschah es, daß auch Cathbad mit seiner Bande zu diesem Ort kam. Er sah die Königstochter im Wasser stehen, ohne ihre Waffen, die entfernt von ihr am Ufer lagen. Geschwind trat Cathbad zwischen die Badende und die Waffen und bedrohte das Mädchen mit dem Schwert. Um ihr Leben zu retten, versprach Nessa dem kriegerischen Druiden, Frieden mit ihm zu schließen und sich ihm zu vermählen.

Beide entließen nun ihre Scharen und machten sich auf den Weg zum König, zu Nessas Vater. Der schenkte Cathbad ein Stück Land und eine Burg. Nahe bei der Burg floß ein Bach vorüber, der Conchobar hieß.

Einmal wurde Cathbad in der Nacht von einem starken Durst gequält. Nessa suchte im ganzen Haus, fand aber nichts zu trinken. Da ging sie hinunter zum Bach Conchobar, schöpfte von seinem Wasser und ließ es durch einen Schleier hindurch in den Trinkbecher fließen. Sie brachte den Becher ihrem Mann. Doch wie nun ein Licht angezündet wurde, zeigte sich, daß zwei Würmer im Wasser schwammen. Da ward Cathbad zornig, und er zwang sein Weib, dieses Wasser selber zu trinken. Nessa trank zwei große Schlucke und schluckte mit jedem einen Wurm hinunter. Davon ward sie schwanger.

Einige Zeit danach begab Cathbad sich mit Nessa auf die Reise, um den König zu besuchen, der Fachtna Fathach hieß, das bedeutet «der Weise». Sie kamen in eine Ebene, und dort überfielen die Frau des Druiden die Wehen der

Geburt. Da sagte Cathbad zu ihr: «Wenn es in deiner Macht stünde, o Weib, das Kind in deinem Leibe erst spät in der Nacht zur Welt zu bringen, so würde dieser Sohn einst König von Ulster oder von ganz Irland werden und hochberühmt. Denn zur gleichen Zeit wird im Osten ein herrliches Kind geboren, ein Herrscher über die ganze Welt, nämlich Jesus Christus, der Sohn des lebendigen Gottes.»

«Ich werde es zwingen», antwortete Nessa, «falls nicht das Kind mir zur Seite herausspringt, soll es nicht vor der Stunde zur Welt kommen, die du nennst.»

Daß Nessas Sohn zur selben Stunde geboren werden sollte wie Jesus Christus im Morgenland, das hatten sieben Seher bereits sieben Jahre zuvor verkündet; selbst den Stein, auf dem es geschehen würde, hatten sie geschaut.

Nessa ging über die Wiese am Ufer des Flusses Conchobar, und dort setzte sie sich auf einer Steinplatte nieder. Als in der Nacht die Geburtsschmerzen sich einstellten, sang der Druide dem Kinde eine Prophezeiung. Großes Königtum verkündete er ihm: «Rot werden dieses Königs Waffen sein», so sang Cathbad, «in allen Kämpfen wird er Großes vollbringen. Den Tod wird er finden, indem er den Gott der Barmherzigkeit rächt.»

Und die junge Frau gebar das hochberühmte Kind, den Sohn, dessen Herrlichkeit über Irland erstrahlen sollte. Die Steinplatte, auf der das geschah, blieb erhalten. Das Kind aber hielt bei seiner Geburt in jeder Hand einen Wurm. Wie es sich bewegte, rollte es gegen den Fluß hin und der spülte ihm über den Rücken, bis Cathbad das Kind ergriff und ihm den Namen gab, den der Fluß trug: Conchobar.

Cathbad nahm den Knaben auf seinen Schoß und sang ihm ein Lied, worin er ihn «Sohn des edlen Cathbad» nannte und «Sohn von Nessa, der Starken».

Der Druide Cathbad zog das Kind auf, und später gewann Conchobar das Königtum über Ulster. Das konnte geschehen wegen des Ranges seiner Mutter, die eine Königstochter war, wegen der Kunst und Kraft seines

Vaters, der ein Druide war, und wegen Conchobars eigener Tüchtigkeit.

Wie aber kam es dazu, daß Conchobar – nach seines Vaters Weissagung – den Gott der Barmherzigkeit rächte und dabei seinen Tod fand? Das ist bald erzählt.

Mes-Gegra, ein König der Provinz Leinster, war einst im Zweikampf an einer Furt getötet worden. Der Held der Ulster, Conall Cernach, hatte ihn erschlagen, um den Tod seiner Brüder zu rächen, die kurz zuvor in einer Schlacht zwischen Ulster- und Leinster-Leuten gefallen waren. Sterbend sprach Mes-Gegra zu Conall: «Lege meine Würde zu deiner Würde.»

Conall wollte den Kopf des Besiegten mit nach Ulster nehmen, doch war der dem Wagenlenker zu schwer, er konnte ihn nicht tragen. Da ließ Conall den Wagenlenker das Gehirn aus dem Schädel herausnehmen und ließ es ihn, mit Kalk vermischt, zu einem Ball formen. So kehrten beide heim zur Königsburg Emain, wo man Conall als Besieger des Leinster-Königs erfreut begrüßte.

Einst, als einige Krieger in Emain Macha sich ihrer Heldentaten rühmten und unter dreien von ihnen ein gewaltiger Wettstreit aufkam, ließ Conall, einer von den dreien, sich Mes-Gegras Hirnkugel bringen, und die übrigen zwei mußten zugeben, daß sie solches nicht aufzuweisen hätten. König Conchobar bekräftigte das. Da die Männer bei diesem Wettstreit aber trunken waren, ließen sie den Ball aus Mes-Gegras Hirn achtlos auf einer Bank liegen. Besser wäre es gewesen, der König hätte diese Nachlässigkeit nicht geduldet!

Am nächsten Tag kamen die Narren des Königs, sahen das Gehirn auf der Bank liegen, nahmen es fort und spielten Ball damit. Ein Mann aus Connaught, Cet, Sohn des Magach, entriß ihnen die Kugel. Er wußte nämlich, daß Mes-Gegra geweissagt hatte, er selber werde seinen Tod rächen. Das konnte nur gegen die Leute von Ulster sich wenden, daher trug Cet den Ball fortan am Gürtel immer bei sich, wenn er gegen die Krieger von Ulster in den Kampf zog.

Und wirklich, in einer Schlacht zeigte sich die Wahrheit von Mes-Gegras Weissagung. Cet legte das Hirn in seine Schleuder und schoß die Kugel dem König Conchobar tief in den Kopf hinein.

Fingen, des Königs Arzt, kam zu ihm. Fingen war ein Druide und ein großer Seher. Bei einem tödlich verwundeten Krieger hatte Fingen einst, als er die erste Wunde sah, sogleich erkennen können, daß es eine Kriegerin gewesen war, die sie schlug, nicht ein Krieger. Auch beim Anschauen der übrigen Wunden und Narben wurde ihm offenbar, was für ein Mensch sie dem Verletzten jeweils zugefügt hatte. Wenn Fingen den Rauch betrachtete, der aus einem Hause aufstieg, vermochte er zu sagen, wie viele Kranke darin lagen und welcher Art die Krankheiten waren, an denen sie litten. Auch die Seufzer eines Kranken konnten schon genügen, dem Druiden die Art der Krankheit zu enthüllen.

Als Fingen sah, was Conchobar widerfahren war, sprach er: «Wird der Stein aus deinem Kopf herausgeholt, mußt du augenblicklich sterben. Wird er jedoch daringelassen, kann ich dich heilen, nur bleibst du gebrechlich.»

Die Männer von Ulster sagten: «Besser ist für uns des Königs Gebrechlichkeit als sein Tod.»

Da heilte Fingen den Kopf und nähte die Wunde mit einem Goldfaden, denn von dieser Farbe waren Conchobars Haare. Darauf erklärte der Arzt, der König müsse sich künftighin hüten, er dürfe nicht in Zorn geraten, nicht zu Pferde steigen und reiten, nicht in Liebesglut und -leidenschaft entbrennen und nicht laufen. Sieben Jahre lebte Conchobar in dieser Gefährdung; niemals mehr konnte er seine Waffen führen, alle Zeit verweilte er ruhig auf seinem Sitz.

So blieb es bis zu dem Tage, an dem plötzlich ein großer Sturm zu brausen begann; alle Elemente waren in Aufruhr, Himmel und Erde bebten und die Sonne verfinsterte sich.

«Was ist das?» fragte Conchobar seinen Druiden. Der sagte: «Himmel und Erde empören sich über das große Unrecht, das zu dieser Stunde im Morgenlande geschieht. Jesus Christus, der Sohn Gottes, wird unschuldig ans Kreuz geschlagen. Es ist jener, der geboren wurde in der Nacht, in der auch du zur Welt kamst.»

Da erhob Conchobar sich in großem Zorn und rief: «Tausend Bewaffnete sollen durch mich fallen zur Verteidigung des Christus!»

Er sprang nach seinen zwei Speeren und schwang sie stolz mit solcher Wucht, daß sie zerbrachen. Darauf ergriff er sein Schwert und fällte damit den Wald, der sich um ihn herum ausdehnte, bis an Stelle des Waldes eine Ebene entstanden war.

«So werde ich den Christus rächen an denen, die ihn gekreuzigt haben, wenn ich ihrer nur habhaft werden kann», rief Conchobar. Doch sein Wüten trieb ihm das Hirn Mes-Gegras aus dem Kopf und sein eigenes Gehirn dazu, so daß er tot zu Boden fiel. Weil er aber auf diese Weise starb, sagte man von ihm:

«Conchobar war einer von denen, die an Christus glaubten, bevor der Glaube nach Irland kam», und man meinte, Gott habe ihn zu sich in den Himmel genommen.

Später, um das Jahr 500, lebte der heilige Buite in Erin. Ihm offenbarte Gott, wo die Kugel mit dem Hirn Mes-Gegras geblieben war. Buite holte den Stein und machte ihn zu seinem Kopfkissen, und auf ihm lag Buites Haupt auch, als er in der Nacht des siebten Dezembers im Jahre 521 starb, nachdem Gott ihn noch hatte wissen lassen, daß zur gleichen Stunde der heilige Columcille geboren würde.

VON DER GELTUNG DES WORTES IM ALTEN IRLAND

Der Eid bei Himmel und Erde

Alexander der Große hat die Kelten, die nördlich seines makedonischen Reiches lebten, einmal gefragt, was sie am meisten fürchteten. Ihre Antwort lautete: «Nichts. Wir fürchten nur eines: daß der Himmel auf uns fallen könnte.»

Stolz klangen diese Worte. Sie entlockten dem weisen Aristoteles, dem Lehrer des Alexander, die Bemerkung: «Man muß schon närrisch oder stumpfsinnig sein, um nichts zu fürchten, nicht Erdbeben und nicht Sturm, wie es von den Kelten gesagt wird.»

Nun war aber die Versicherung, die die Donaukelten dem Alexander gaben, keineswegs leere Prahlerei. Daß die keltischen Krieger harte Kämpfe, selbst solche gegen große Übermacht, unerschrocken wagten, daß sie ihnen furchtlos entgegengingen, davon berichtet Julius Cäsar. Er hatte die Gallier im Gebiet des heutigen Frankreich nur nach vielen Kriegen besiegen können.

Zum anderen aber ist es wahr, daß die Kelten die Gewalt des Himmels fürchteten, des Himmels samt seinen Gestirnen, samt Sonne und Mond. Und was sie dem Alexander nicht sagten oder was dieser nicht verstand, gehört noch hinzu. Ebenso große Furcht wie vor dem Himmel empfanden die Kelten vor Erde, Wasser und Luft. Sie kannten die Riesenkräfte, die im gestirnten Himmel wie in den Elementen der Erdenwelt leben. Deshalb setzten die Druiden ihr großes Wissen und magisches Können ein, um auf die Elemente zu wirken, um sie zu bändigen, zu besänftigen und den Menschen dienstbar zu machen, soweit das eben gehen wollte.

Und etwas anderes gab es, das vor allem die Kelten im alten Irland zwar nicht fürchteten, das sie aber mit großer Achtung und Behutsamkeit behandelten; das war das Wort. Auch ihm schrieben sie besondere Macht zu. Das galt in erster Linie für die magischen Sprüche und Gesänge, die allein den Druiden und den Fili bekannt waren. Allermeist wurden diese an die Naturgewalten hingesprochen oder hingesungen. In ihnen begegnete die Macht des Wortes der Macht der Elemente.

Das gleiche galt aber auch schon von jedem ernsten, feierlichen Wort, das mit den Naturkräften in Zusammenhang stand. Und der es sprach, brauchte nicht ein Druide zu sein.

Wenn die Menschen im alten Erin einen Schwur taten, so riefen sie für gewöhnlich den Gott ihres Stammes als Zeugen dafür an, daß sie gewillt seien, das Beschworene zu halten. Ungewöhnliches Gewicht aber bekam solch ein Schwur, wenn er nicht im Namen eines Gottes getan wurde, sondern im Namen der Naturgewalten, der Elemente. Mochte den alten Kriegern und Helden sonst auch manches prahlerische Wort von den Lippen springen, mochten viele Erzählungen mehr aus der Freude am Fabulieren und am Phantasiespiel fließen als aus dem Bemühen, wahrheitsgetreu zu berichten – sobald die Kraft des Wortes und die der Elemente in feierlichem Schwur zusammengefügt wurden, ließ man Vorsicht walten. Und alle Menschen vertrauten dem Eid, der in solchem Sinne gesprochen wurde.

In der Geschichte vom Rinderraub sucht König Conchobar auszudrücken, wie ernst es ihm ist mit dem Entschluß, die geraubten Kühe zurückzubringen. Er sagt: «Der Himmel ist über uns, die Erde unter uns, das Meer umgibt uns von allen Seiten; wenn nicht der Himmel mit seiner Sternenflut auf die Erde fällt, wo wir leben; wenn die Erde nicht auseinanderbirst; wenn nicht das weite wilde Meer sein blaues Reich verläßt und sich über das pflanzenbedeckte Antlitz der Welt ergießt; wenn dies alles nicht geschieht, dann werde ich jede Kuh in ihren Stall und zu ihrem Bauernhof zurückführen.»

Einmal hat ein irischer König vergessen, was er in solcher Weise geschworen hatte. Das war Loegaire, der zu Patriks Zeiten als Hochkönig in Tara herrschte. Nachdem der Heilige im Wettstreit mit den Druiden des Königs viele große Wunder vollbracht hatte, war der Hochkönig zuletzt Patriks Freund geworden, und er hatte sich immer wieder Rat bei ihm geholt. Das ging so über Jahrzehnte hin.

Da fiel es dem König eines Tages ein, mit seinem Heer in das Land von Leinster zu ziehen und von den Leinsterleuten die Zahlung eines Tributs zu fordern. Die jedoch waren entschlossen, dem Verlangen Loegaires nicht nachzukommen, es erschien ihnen ungerecht. Darum versammelten sie sich und stellten sich in einer Schlacht den Eindringlingen entgegen. Die Leinsterleute siegten: König Loegaires Heer unterlag, er selber wurde gefangengenommen. Da blieb dem König nichts anderes übrig, als den Männern von Leinster feierlich zu versprechen, zeit seines Lebens nie mehr einen Tribut von ihnen zu verlangen. Das beschwor Loegaire mit einem Eid, und als seine Bürgen nannte er dabei die Sonne und den Mond, das Wasser und die Luft, den Tag und die Nacht, das Meer und die Erde. Da vertrauten die Leute von Leinster dem Wort des Besiegten und gaben ihn frei.

Nun wagte König Loegaire manches, weil er meinte, sein Leben könne nicht leicht gefährdet werden. Ihm war nämlich geweissagt worden, daß er zwischen Erin und Alba den Tod finden würde. Seitdem begab er sich nie mehr aufs Meer hinaus, und er dachte, auf diese Weise wäre er sicher.

Eines Tages unternahm er es erneut, kriegerisch gegen Leinster zu ziehen. Entgegen seinem Versprechen stellte er die gleiche Tributforderung wie das erste Mal. An den Schwur dachte er nicht mehr. Die Bürgen aber, die Loegaire damals bei seinem Eid aufgerufen hatte, die hatten den Schwur nicht vergessen. Wie der König nun mit seinem Heer durch Leinster zog, merkte er nicht, daß der Weg ihn in eine Ebene führte, an deren Rändern zwei Hügel lagen; von denen hieß der eine Erin, der andere Alba. Und wie König Loegaire sich zwischen den beiden Hügeln befand, brachten Sonne und Luft und die anderen Schwurzeugen es dahin, daß er starb. Denn zu der damaligen Zeit konnte niemand sich mit einem Eidbruch über die Elemente hinwegsetzen, das ließen sie nicht zu. So verhängten sie auch über König Loegaire die gerechte Strafe.

Das Zwiegespräch der beiden Weisen

Nicht allein in Eid und Druidenspruch offenbarte sich die Macht des Wortes. Ein berühmter Wettstreit in Worten ist erhalten geblieben, in dem es um nichts Geringeres ging als um die höchste Dichterwürde, die dem einen oder dem anderen der beiden Wortführer zuerkannt werden sollte. Dieses Zwiegespräch ist lang und in vielem recht verschlüsselt und rätselhaft. Es läßt erkennen, daß die Menschen Irlands damals nicht in genau umrissenen Verstandesbegriffen dachten, sondern ganz und gar in Bildern. Eines reiht sich ans andere, und aus der Art, in der sie gesetzt und gefügt werden, konnten die beiden Sprechenden erkennen, wie weit jeder von ihnen eingeweiht war in die Dichtkunst und in das Sehertum. Denn diese beiden waren im alten Irland noch eng miteinander verbunden. Zu dem Streitgespräch aber kam es so:

Adnae, der Sohn des Uthider, war wegen seines Wissens und seiner hohen Dichtkunst der Ollav von Irland. Wie es unter den irischen Königen stets nur einen einzigen Hochkönig gab, so auch nur einen Ollav unter allen Fili, allen Dichtern.

Adnae hatte einen Sohn, Nede mit Namen. Der fuhr über das Meer nach Schottland, um dort Wissen zu erwerben bei Eochu, einem weisen Lehrer. Bei ihm blieb Nede, bis er großes Wissen erlangt hatte.

Eines Tages machte der Jüngling sich auf und wanderte zum Meeresstrand hinaus, denn die Dichter meinten, daß der Rand eines Gewässers immer ein Ort sei, an dem Wissen sich enthülle. Da vernahm Nede ein Raunen in der Meereswoge, einen Sang voller Klage und Traurigkeit. Das dünkte ihn seltsam. Er sprach einen Zauber, einen Bannspruch über die Woge, daß sie ihm offenbare, was geschehen sei. Und nun verstand der Jüngling, daß die Woge die Totenklage sang um seinen Vater Adnae. Sie klagte, Adnae sei gestorben, sein Ollavgewand sei an Ferchertne gegeben, der habe an Nedes Stelle den Platz des oberste File in Irland eingenommen.

Der Jüngling kehrte zurück zu seinem Lehrer Eochu und erzählte ihm alles, was er erlebt hatte. Da sprach Eochu: «Geh du nun in dein Land. Was wir beide, du und ich zusammen, wissen, das hat nicht Platz an einem Ort. Denn dein Wissen zeigt mir klar, daß du an Erkenntnis ein Ollav bist.»

Nede begab sich auf die Reise nach Irland, und er ruhte nicht, bis er den Elfenhügel von Emain Macha erreicht hatte. Wie er dort ankam, trug er über seinem Haupte einen Silberzweig, denn so pflegten die «anruth» zu gehen, die Fili, die den allerhöchsten Rang noch nicht erreicht hatten. Über dem Gelehrtesten, dem Ollav, sah man einen Goldzweig, alle übrigen Dichter gingen unter einem Zweig von Bronze.

Nede näherte sich Emain Macha, und seine drei Brüder waren bei ihm. Es begegnete ihnen Bricriu, jener, der den Namen «Giftzunge» trug, weil er sich freute an jedem Streit, den er unter den Menschen hervorlocken konnte. Bricriu sagte zu den Brüdern, wenn sie ihm ein Entgelt gäben, wolle er dafür sorgen, daß Nede der Ollav von Irland würde. Nede gab Bricriu ein Purpurgewand mit Stickereien von Gold und Silber. Darauf lud dieser ihn ein, sich auf dem Sitz des höchsten File niederzulassen. Doch dann meinte er plötzlich, es gehe nicht an, daß einer den Platz des Gelehrten von Emain Macha einnehme, der noch keinen Bart trüge.

Nede nahm eine Handvoll Gras, sang einen zauberkräftigen Spruch darüber, und danach hafteten die grünen Halme solcherart auf seinem Gesicht, daß jeder glaubte, sie seien ein Bart. Dann legte er das Gewand des Ollav an, das hatte drei Farben, nämlich schillernde Vogelfedern in der Mitte, am unteren Rande – nach außen zu – einen breiten Streifen von weißer Bronze, und oben trug es reine Goldfarbe.

Nun suchte Bricriu eilends den Ferchertne auf und sagte zu ihm: «Es wäre schlecht, o Ferchertne, wenn du deines Amtes als Ollav von Irland beraubt würdest. Ein ehrbarer junger Mann hat deinen Sitz in Emain Macha eingenommen.» Zornig machte Ferchertne sich auf zum Palast. An der Schwelle blieb er stehen, die Hand auf dem Stock, und er sagte: «Wer ist dieser Dichter? Wer kleidet sich in das Gewand der Herrlichkeit? Soviel ich sehe, ist er noch ein Schüler, Gras dient ihm als Bart.» Das sprach Ferchertne, weil er als gelehrter File den Zauber leicht durchschaute. – Nede antwortete:

«Ehrwürdiger Alter, ganz weise ist ein Weiser,
der den Irrtum richtigstellt.
Dem Unwissenden ist der Wissende ein Vorwurf.
Sehr dünn aber scheint mir der Vorwurf,
der einen jungen Menschen trifft,
den man nicht zuvor nach seiner Kunst befragte.
Gehe gerechter vor, Meister!
Du gestehst mir allzu mager das Weideland
der Unterrichtung zu.
Falsch zeigst du die Sache auf.
Ich habe den Trunk des Wissens zur Genüge in mich aufgenommen von einem guten Manne, der reich an Schätzen ist.»

Ferchertne entgegnete:

«Eine Frage, du belehrender junger Mann, woher bist du gekommen?»

Nede antwortete:

«Das ist nicht schwer zu sagen: von der Ferse eines Weisen,
von einem Zusammenfluß der Weisheit,
von den Vollkommenheiten der Güte,
vom Glanz des Sonnenaufgangs,
von den neun Haselsträuchern der Dichtkunst,
vom Umkreis der Herrlichkeit,
durch die man die Wahrheit erfährt,
und durch die der Trug untergeht;
wo man Farben sieht,
durch die man Gedichte neu belebt.

Aber du, mein älterer Bruder, von wo bist du
gekommen?»

Ferchertne sprach:

«Das ist nicht schwer zu sagen: entlang den Säulen des Alters,
entlang den Flüssen von Leinster,
längs des Feenhügels der Frau von Nechtan,
aus dem Arme der Frau des Gottes Nuada,
entlang dem Lande der Sonne,
entlang den Wohnungen des Mondes,
längs der Nabelschnur der Jugend (wo das Weisewerden beginnt).
Eine Frage, du belehrender junger Mann: was ist dein Name?»

Nede antwortete:

«Nicht schwer zu sagen: Sehr-klein, Sehr-groß,
Sehr-strahlend, Sehr-hart;
Glut des Feuers,
Feuer des Wortes,
Dröhnen der Erkenntnis,
Schwert des Gesanges,
Festigkeit der Kunst mit der Glut des Feuers.
Aber du, mein älterer Bruder, welches ist dein Name?»

Ferchertne sprach:

«Das ist nicht schwer zu sagen:
Der den Vorbedeutungen am nächsten ist,
der Meister, der erklärt, was gesagt wird und was gefragt wird.
Weisheitserforscher,
Webfaden der Kunst,
Gefäß der Dichtkunst,
Fülle des Meeres.
Eine Frage, du belehrender junger Mann: welche Kunst übst du aus?»

Nede antwortete:

«Das ist nicht schwer zu sagen:

das Erröten in der Gemütsruhe,
das Setzen des Stachels ins Fleisch,*
das Auslöschen der Furcht,
das Hinwegscheuchen der Ehrfurchtslosigkeit,
das Ernähren der Dichtkunst,
die Erforschung des ruhmvollen Namens,
die Kunst, der Weisheit zu huldigen,
die Kunst für jeden Mund,
das Ausstreuen der Erkenntnis,
die Schlichtheit des Wortes
in einer kleinen Kammer,
die Kunst vom Ufer der Weisheit,
von der Fülle des Lehrens,
die Kunst, Geschichten wohl zu fügen,
Königen zur Lust.»

So ging das Gespräch im Hin und Wider noch eine Weile weiter. Schließlich stellte Ferchertne die Frage:

«O belehrender junger Mann, wessen Sohn bist du?»

Nun gab Nede zu erkennen, daß er letzten Endes dem alten Götterstamm der Tuatha De Danann entsprang, er sagte:

«Ich bin ein Sohn der Dichtkunst,
Dichtkunst ist Tochter des Sinnens,
Sinnen ist Tochter der Versenkung,
Versenkung ist Tochter des Wissens,
Wissen ist Tochter des Forschens,
Forschen ist Tochter des Großen Wissens,
Großes Wissen ist Tochter der Großen Erkenntnis,
Große Erkenntnis ist Tochter des Schauens,
Schauen ist Tochter der Geisteskraft,
Geisteskraft ist Tochter der Weisheit,
Weisheit ist Tochter der drei Götter der Dana.»

Es scheint, daß am Schluß des langen Zwiegespräches Adnaes Sohn als der Überlegene sich erwiesen habe, oder

---

* Mit diesem Bilde wurde angespielt auf die Schärfe und Spitzfindigkeit eines Spottgedichtes.

die beiden Dichter erkannten einander als ebenbürtig . Doch ließ Nede dem anderen als dem Älteren den Vortritt, ließ ihn zunächst den Sitz des obersten Dichters von Irland, des Ollav, einnehmen.

DIE HELDEN UND DIE HEILIGEN

Wer vor die Frage gestellt würde, ob die Iren seit den ersten nachchristlichen Jahrhunderten ihre Helden oder ihre Heiligen mehr geliebt hätten, und wer diese Frage aufgrund der überlieferten Geschichten und Legenden beantworten sollte, der käme in arge Bedrängnis. Auffallend oft werden in alten und ältesten Aufzeichnungen Heilige und Helden miteinander in Zusammenhang gebracht, zuweilen über Jahrhunderte weg, wenn etwa Finn Mac Cool (3. Jahrhundert) das Kommen Columcilles (6. Jahrhundert) voraussagt. Man gewinnt den Eindruck, daß zunächst vor allem anderen den Iren daran lag, daß ihre Großen des Schwertes und des Glaubens sich gegenseitig kennen, schätzen und lieben lernten. Das spiegelt sich bereits in den Geschichten, die von König Conchobars Geburt und Tod erzählen, wenngleich darin noch kein Heiliger auftreten konnte; sie verknüpfen aber des Königs Lebenszeit und Schicksal unmittelbar mit dem irdischen Leben des Christus Jesus.

Und ein weiterer der großen irischen Könige «glaubte, bevor der Glaube nach Irland kam». Das war Cormac Mac Art, der im 3. Jahrhundert nach Christus lebte. Von ihm wird gesagt: Es war in der Welt kein König so groß wie er. Weder vor noch nach seiner Zeit kam einer, der ihm gleich gewesen wäre an Weisheit und Beredsamkeit, an Herrschaft und königlicher Macht, an Kraft und Glanz des Königtums. Aus Irland machte er ein Land der Verheißung, so daß es dort zu Cormacs Zeiten weder Diebstahl noch Gewalttat gab, niemand brauchte seine Herden zu bewachen, und keiner litt Not, weil es ihm an Nahrung oder an Kleidung gefehlt hätte. Doch Krieg und Kampf konnte auch dieser glanzvolle König nicht verhindern; um die Herrschaft zu behaupten, ließ Cormac sich zu fragwürdigen Handlungen hinreißen, und da er zudem durch einen Speerwurf, der seinem Sohne gegolten hatte, ein Auge verlor, mußte er den Königssitz räumen. Denn ein altes irisches Gesetz forderte, daß der König in Tara frei sei von leiblichem und moralischem Fehl.

Da zog Cormac sich zurück in ein Haus, das er am Boyne-Ufer errichten ließ. Dort schrieb er die Gesetze und die königlichen Rechte von Irland auf. Und es heißt, in dieser Zeit sei Cormac dahingekommen, sich von den Lehren der Druiden abzuwenden und ein Christ zu werden, bevor noch von irgendwem das Christentum in Irland verkündet wurde.

Die Druiden haben das nicht gerne gesehen, sie bewirkten, daß Cormac an einer Salmgräte erstickte. Der König hatte gebeten, nicht an derselben Stätte beigesetzt zu werden wie seine heidnischen Vorgänger, also nicht über den Fluß hinüber nach Brugh gebracht zu werden. Entgegen diesem Wunsch versuchten die Krieger, den Toten zum anderen Ufer zu fahren und ihn in den Königsgräbern zu bestatten. Doch dreimal schwoll der Fluß mächtig an, die Strömung trieb die Boote zurück, und schließlich mußten die Männer ihr Vorhaben aufgeben. Sie begruben Cormac in Rosnaree, und legten ihn so, daß sein Gesicht nach Osten gewendet war, der aufgehenden Sonne zu.

Aber nicht allein ihre ruhmreichen Könige Conchobar und Cormac wollten die Iren in Gemeinsamkeit und Übereinstimmung mit dem Christentum wissen, sie gingen in diesem Wunsch noch weiter, weiter zurück auch in der Zeit. Sie ließen selbst den Sonnenhelden Cuchulainn aus mythologischer Vergangenheit herüberreichen in die geschichtliche Zeit, ins 5. Jahrhundert, damit er dem heiligen Patrik begegnen könne. Freilich war das nur mit Hilfe eines Wunders möglich, und das sei hier erzählt.

Patrik bemühte sich einst, Loegaire, der damals König von Irland war, zum Glauben zu bringen. Der König aber erklärte, er wolle nur dann an Gott glauben, wenn Patrik Cuchulainn wieder zum Leben erwecken und ihn herbeischaffen könne. Loegaire wünschte Cuchulainn zu sehen, wie er ihm von den Erzählungen her bekannt war, und er wollte sprechen mit ihm.

Ein Engel Gottes ließ Patrik wissen, er solle mit dem König bis zum folgenden Tage dort verweilen, wo sie sich gerade aufhielten, nämlich auf dem Walle der Burg Temair. An diesem Orte werde Cuchulainn zu ihnen kommen.

Und so geschah es. – Aber selbst nach diesem Erleben meinte der König Loegaire, das Zusammentreffen mit Cuchulainn sei zu kurz gewesen, als daß es ihn schon zum Glauben bringen könne. Patrik erwiderte: «Gott ist es möglich, Cuchulainn auch ein zweites Mal herkommen zu lassen.»

Kaum hatte der Heilige das gesagt, so fuhr auch schon ein Wagen über die Ebene daher, darauf standen Cuchulainn und sein Wagenlenker Laeg. Der Held bekümmerte sich zunächst wenig um den König Loegaire, vielmehr wandte er sich dem Heiligen zu, begrüßte ihn und bat: «Nimm mich mit dir in die Länder der Lebenden zu deiner Schar von Menschen, die glauben!» Dem König aber riet Cuchulainn: «Glaube auch du an Gott und an den heiligen Patrik, sonst könnte es sein, daß die Erde dich verschlingt.»

Loegaire begehrte jedoch vor allem, von Cuchulainn etwas zu hören über die großen Gefahren und Abenteuer, die er Zeit seines Lebens bestanden hatte. Bereitwillig begann der Held zu erzählen; doch nachdem er sämtliche Kriege mit ihren Schrecken geschildert hatte, fügte er hinzu: «Aber alles, was ich zu Wasser oder zu Lande erduldet habe, war leichter als eine einzige Nacht in der Hölle. Und die Hölle werden die Ulter erleiden und auch du, König Loegaire, wenn ihr den Glauben nicht annehmen wollt. Höret auf Patrik und folgt ihm. Er ist es, der mich nach langer Zeit auferweckte und mit Pferden und Wagen hat kommen lassen.»

So mahnte Cuchulainn den König. Darauf bat er den Heiligen noch einmal: «Nimm mich auf in die Schar deiner Gläubigen!» – König Loegaire blieb verstockt, daher traf ein, was Cuchulainn ihm vorausgesagt hatte: die Erde verschlang ihn. Dem Helden Cuchulainn aber verhieß Patrik: «Da du glaubst, wirst du von Gott aufgenommen werden in seinen Himmel.»

König Conchobar entbrennt in Zorn über den Tod, den der Gott unschuldig zu erleiden hat, er will Christi Kreuzigung rächen. – König Cormac Mac Art wendet sich in Altersweisheit und über einer beschaulichen Gedankenarbeit dem zu, was erst nach seinem Tode von Menschen verkündet wurde in Irland. – Cuchulainn wird von Patrik heraufbeschworen aus dem Jenseits, daß er Zeugnis gebe von der Höllenpein, einer Vorstellung, die den Kelten und insbesondere den Iren völlig fremd war. – In allen drei Geschichten wird das Neue, das Christentum, dargestellt als das Große, Mächtige, dem Könige und selbst der Göttersohn Cuchulainn sich fraglos und ohne Widerspruch beugen. (Cuchulainns Vater war der alte Lichtgott Lugh selber.)

Das Ganze sieht anders aus dort, wo den ersten Heiligen jene Helden gegenübergestellt werden, denen in der Liebe und im Gedächtnis der Iren ein besonders langes Leben beschieden war. Das sind die Männer der Fianna-Schar, die Fenier mit dem größten ihrer Anführer Finn Mac Cool. Von ihnen sagt *Eleanor Hull,* eine gute Kennerin der keltischen Sagen und Legenden, in den zwanziger Jahren unseres Jahrhunderts: «Alte Leute in Irland, die die Nationalsprache (das Gälische) sprechen, können die Geschichten von Finn und seinen Kriegern noch erzählen, selbst wenn sie Cuchulainn . . . vergessen haben; auch in Schottland erinnert man sich seiner noch gut, die alten Leute tragen Erzählungen und Lieder von Finn vor, wenn sie an langen Winterabenden rund um das Feuer beisammensitzen.»

Auch den Männern der Fianna, den Feniern, gestand man in Erin und Alba zu, daß sie die Lehre von Christus und vom dreieinigen Gott als das Rechte, Gültige, als eine Wahrheit erkennen konnten – in Vorausschauungen oder durch ein gnadenvoll verlängertes Leben, das einigen Feniern ermöglichte, dem heiligen Patrik noch zu begegnen. Eines aber wollte den Iren nicht in den Sinn: Es schien ihnen undenkbar, daß die letzten von Finns Männern fromm und fraglos eine Größe über ihrer Größe, eine Kraft über ihrer Kraft, einen Ruhm über ihrem Ruhm hinnehmen könnten, und seien es gleich Größe, Kraft und Ruhm von himmlischer Herkunft.

Wer waren die Fenier? Ihrer Schar konnte niemand von ererbten oder sonstigen Anrechten her angehören. Sie stand außerhalb aller Familien- oder Stammeszusammenhänge. Ob sie in Raum und Zeit je existiert habe, diese Frage wird auf seiten der Forscher von den einen ebenso heftig verneint, wie sie von den anderen entschieden bejaht wird. Tatsache ist, daß die Schar der Fianna in vielen Zusammenhängen auftaucht in der Zeit, die unter die Königsherrschaft des Conn von den hundert Schlachten fällt, der von 123–157 n. Chr. regiert haben soll. Ihre Glanzzeit erlebten die Fenier, als

Finn Mac Cool sie anführte, das war insbesondere im dritten Jahrhundert, zur Zeit, als Cormac Mac Art herrschte (227-266). Finn war ein Schwiegersohn des Königs, freilich kein sehr glücklicher, was sein Verhältnis zu der schönen Königstochter Grainne anging. Doch das ist eine Geschichte für sich.

Von den in alten Dokumenten immer wiederkehrenden Erwähnungen her gäbe es keinen Grund, die geschichtliche Wirklichkeit der Fianna anzuzweifeln. Was die Wissenschaftler mißtrauisch machte und macht, sind die übernatürlichen Fähigkeiten, die man den bedeutendsten Feniern, insbesondere aber Finn selber zuschrieb. Immer wieder gerieten sie «unversehens», wie es heißt, in Elfen- und Feenbereiche hinein, erfuhren Wunderbares oder Schreckliches von Zwergen und Riesen, von Hexen oder greulichen Ungeheuern.

Finns Geburt und Kindheit gleichen in einigen Zügen denen des Parzival. Wie der Sohn der Herzeloide wird auch der von Muirne erst nach dem Tode des Vaters geboren. Beide wachsen sie in der Verborgenheit auf, in einem Walde. Doch – anders als Parzival – ist Finn von Anfang an bedroht durch den Clan Morna. Goll Mac Morna nämlich hatte die Herrschaft über die Fianna an sich gerissen, die Cool, der Vater von Finn, innegehabt hatte. Einen Sohn des Cool wünschte Goll nicht heranwachsen zu sehen, er spürte und stellte dem Kinde nach. So konnte der Knabe auch nicht von seiner Mutter gepflegt und erzogen werden. Das war in Irland, wo man die Erziehung durch Pflegeeltern kannte, nichts Ungewöhnliches.

Einige Überlieferungen sagen, eine Schwester des Cool, «Schnellfuß» geheißen, habe sich tief im Walde in der Krone eines Baumes ein Haus errichten lassen, an dem keine Spur vom Schlag eines Beiles oder einer Axt zu sehen gewesen sei. Dorthin sei sie mit dem Kinde gezogen. Anderen Berichten nach waren es drei Frauen, Druidinnen, die den Knaben Finn aufzogen. Übereinstimmend aber heißt es in allen Erzählungen, daß es eine harte Schule gewesen sei, die Schnellfuß oder auch die drei Frauen dem Kinde zukommen ließen. Sie ruhten nicht, bis Finn schneller, unhörbarer und geschickter laufen, bis er leichter und ausdauernder schwimmen und tauchen konnte als jeder andere. Und der Sohn des Cool war ein gelehriger Schüler.

Die wichtige Gabe des Sehertums und der Weissagung aber erwarb Finn sich nicht durch seine Pflegerinnen, sondern bei einem Fischer am Boynefluß. In diesem Punkt stimmen die meisten Geschichten in den Grundzügen überein, sie unterscheiden sich lediglich in Einzelheiten.

In der schönsten Überlieferung wird erzählt, Finn habe am Boyne-Ufer einen File, einen Dichter, aufgesucht, um bei ihm zu lernen. Damals habe der Junge noch den Namen Demne getragen. Der File hoffte seit langem, den Lachs der Weisheit zu fangen, denn er kannte die Prophezeiung, Finn würde diesen Fisch einst essen und danach würde ihm auch das Verborgene enthüllt und erkennbar sein. Der Name des Dichters aber war Finn Eces, so konnte er meinen, die Weissagung ziele auf ihn.

Und der Lachs der Weisheit wurde gefangen. Nun sollte der Knabe Demne ihn für seinen Lehrmeister braten und achtgeben, daß keine Blase sich höbe in des Fisches Haut. Mit aller Sorgfalt versah der Junge sein Amt, und als er eine Blase sich bilden sah, drückte er sie mit seinem Daumen nieder. Der Lachs aber war heiß, Demne verbrannte sich den Daumen und steckte ihn in den Mund, um den Schmerz zu lindern. So kam die Weisheit in Finns Zahn und in seinen Daumen, und wann immer er späterhin an seinem Daumen kaute, wußte er das Verborgene und Zukünftige und konnte auch die Sprache der Tiere verstehen.

Der Dichter erkannte, daß die Prophezeiung nicht ihn selber gemeint hatte, sondern seinen Schüler. Er ließ ihn den ganzen Lachs der Weisheit essen und sagte dem Jungen, daß er nicht länger Demne heißen könne, sondern nun den Namen Finn tragen müsse; und so geschah es.

Eine andere Überlieferung meint, die wunderbare Gabe sei Finn zugekommen, als er einst die Tür zu einem shíd, einem Elfenhügel, offen gefunden habe und eintreten wollte. Da kamen die drei Töchter vom Hüter des Weisheitsquelles eilends herbei, um die Tür vor ihm zu verschließen. Eines der Elfenmädchen trug ein Gefäß in der Hand, das war voll von dem wunderbaren Wasser des Quells. Bei dem Kampf um die Tür quetschte Finn seinen Daumen und steckte ihn zur Schmerzlinderung in den Mund. Über allem

Hin und Her spritzte gleichzeitig etwas von dem Wasser in Finns Gesicht und Mund, und auf diese Weise kam das Sehertum ihm zu, wann immer er in Zukunft seinen Daumen kaute.

Es ist leicht einzusehen, daß es Forschern unserer Zeit schwerfallen muß, derartige Geschehnisse mit einem Menschen zu verknüpfen, der wahr und wahrhaftig gelebt haben soll. Doch wie immer dem auch sei, eines ist gewiß, daß nämlich Finn und die Fianna in Herz und Gemüt und phantasieerfülltem Bewußtsein der Iren und Schottländer jahrhundertelang soviel Wirklichkeit besaßen, wie man sie sich als Mensch von Fleisch und Blut nur wünschen kann.

Weit bekannt waren die neun Bedingungen, die jeder erfüllen mußte, die Prüfungen, die er zu bestehen hatte, wenn er in die Gemeinschaft der Fianna aufgenommen werden wollte. Das erste:

Er mußte die Angehörigen seines Stammes lossagen von der Verpflichtung, seinen Tod zu rächen, und sie mußten geloben, niemanden deswegen anzuklagen.

In dieser Bedingung wird deutlich, wie weitgehend ein Fenier sich aus den Blutsbanden löste. Im zweiten, dritten Jahrhundert nach Christus war das in Nordeuropa etwas sehr Ungewöhnliches.

Das zweite: Der Bewerber mußte ein File, ein Dichter, sein und wohl unterwiesen in den zwölf Büchern der Dichtkunst.

Drittens grub man ein Loch in den Erdboden, dahinein wurde der Prüfling bis zum Gürtel gestellt. Man gab ihm seinen Schild und einen armlangen Haselstock. Nun suchten neun Krieger gleichzeitig, ihn mit ihren Wurfspießen zu treffen. Wurde er verwundet, hatte er die Prüfung nicht bestanden.

Die fünfte bis siebte Bedingung: Die Haare des Bewerbers wurden in mehrere Zöpfe geflochten, und so mußte er durch einen der großen Wälder des Landes rennen. Seine Verfolger gaben ihm nur einen Baum Vorsprung. Wurde er von ihnen eingeholt, hatten die Waffen in seiner Hand gezittert, hatte ein Zweig unter seinen Tritten geknackt, ein Ast einen einzigen seiner Zöpfe in Unordnung gebracht, so wurde er nicht aufgenommen in die Fianna.

Achtens mußte er, ohne im Laufen langsamer zu werden, unter einem Ast in Höhe seines Knies durchkriechen und ebenso über einen solchen springen, der in Höhe seiner Augenbrauen lag.

Die neunte und letzte Bedingung: Er mußte im Lauf einen Dorn aus seiner Ferse entfernen können.

Einer Schar von Kriegern mit solchem Können durften die Menschen Irlands wohl Vertrauen entgegenbringen. Es heißt, die

Fenier seien vor allem zu Hilfe gerufen worden, wenn feindliche Scharen von See her sich näherten. Als Entgelt hatten die Beschützten den Männern der Fianna Unterkunft und Lebensunterhalt zu gewähren vom Herbst bis zum Frühjahr. Mit dem beginnenden Sommer zog die Schar wieder zu Kampf und Abenteuer aus, und während der warmen Jahreszeit stand ihr allein das Jagdrecht in Irland zu.

Der größere Teil der Fianna blieb lediglich «die Schar». Aus ihr aber ragten einzelne heraus, mit denen die Iren in Empfinden und Bewußtsein allezeit umgingen, als gehörten sie zu ihrer Verwandtschaft oder seien bewunderte Zeitgenossen. Außer Finn und seinem Gegenspieler Goll Mac Morna zählten dazu vor allem: Finns Sohn Oisin und sein Enkel Oskar, ferner Diarmuid, der Schöne, dem Finns Weib, die liebliche Grainne, allzu sehr gewogen war, und schließlich noch Caeilte.

Aus der Zeit um 1175 n. Chr. gibt es eine Erzählung mit dem Titel «Das Gespräch der alten Männer», wobei man die eine Seite der Gesprächspartner sogar «die sehr alten» oder «die uralten Männer» nennen müßte. Denn es begegnen in der Geschichte die Fenier Oisin und Caeilte, deren Heldentaten dem dritten Jahrhundert angehören, dem heiligen Patrik, der im fünften Jahrhundert lebte. Diese dem heutigen Bewußtsein allzu verwunderliche Tatsache hat im Empfinden der Iren nie eine Ungereimtheit oder gar eine Schwierigkeit bedeutet. Sie gaben sich voll dem Vergnügen hin mitzuerleben, wie die alten Fenier und der große Heilige miteinander durch Irland wandern, wobei Oisin oder Caeilte dem staunenden und freudig interessierten Patrik jeweils erzählt, was in alten Zeiten an den einzelnen Orten sich zugetragen hat, hauptsächlich im Zusammenhang mit den Taten der Fianna. Mit den beiden Helden ziehen noch einige der alten Krieger. Das erste Zusammentreffen von Caeilte und Patrik wird so geschildert:

Patrik feierte gerade die Messe, lobsang dem Schöpfer und sprach den Segen aus über der Hügelbefestigung, in der Finn Mac Cool gewesen war, nämlich in Drumderg. Die Mönche sahen Caeilte und seine kleine Schar herannahen, und Furcht erfaßte sie vor den gewaltig großen Männern mit ihren riesigen Wolfshunden. Man erkannte sofort: Diese Menschen waren nicht aus derselben Zeit wie die Kirchenmänner.

Da erhob Patrik sich, und wie die großen Männer näher kamen, besprengte er sie mit Weihwasser. Über den Köpfen der Fenier hatten allezeit und bis zu diesem Augenblick Legionen von Dämonen sich aufgehalten, die entflohen nun in alle Richtungen über die Hügel in die äußersten Winkel des Landes. Darauf setzten die gewaltigen Männer sich nieder. Patrik fragte den Caeilte nach seinem Namen, und immer noch waren die Mönche des Staunens voll, wenn sie die Fenier anschauten; denn die Größten aus Patriks Schar reichten den Kriegern nur bis zum Gürtel oder höchstens bis zur Schulter, und das, als die Fenier saßen!

Caeilte war seinem Namen nach dem Patrik freilich kein Unbekannter, und so bat er ihn gleich um einen Dienst. Der Heilige war überzeugt, daß der Fenier sich im Gebiete von Drumderg besser auskennen müsse als er selber, daher fragte Patrik ihn nach einem klaren Quell, aus dem er Wasser zur Taufe schöpfen könnte. «Edler und gerechter Mann», antwortete Caeilte, «was du wünschst, das habe ich für dich.» Er nahm des Heiligen Hand in seine große und führte ihn zu einem durchsichtigen, funkelnden Wasser, an dessen Rändern Kresse und Ehrenpreis in Hülle und Fülle wuchsen. Das war der «Quell der zwei Frauen», und der Fenier stimmte ein Loblied an auf die Güte dieses Wassers und auf die Kraft der Kräuter, die in seinem Umkreis wuchsen.

Als sie zurückgekehrt waren, fragte Patrik seine Mönchsbrüder: «Wie steht es, hat unser Mahl, unsere Verpflegung uns schon erreicht?» – «Das hat sie», antwortete einer der Bischöfe. «Verteilt alles», sagte Patrik, «und gebt eine Hälfte davon den neun großen Kriegern, diesen Überlebenden von der Fianna.» Da erhoben sich die Bischöfe, die Priester, die Psalmensänger, und sie segneten das Mahl; darauf verzehrten sie von Speise und Trank zur vollen Genüge, doch so, wie es dem Wohl ihrer Seelen diente.

Nun wollte Patrik wissen: «Nicht wahr, Finn Mac Cool war ein guter Herr?» Und Caeilte pries ihn: «Wären die braunen Blätter, die der Wald zu Boden streut, Gold, wäre die weiße Woge lauter Silber – Finn hätte all das hingegeben.» Patrik fragte weiter: «Wer war es oder was, das euch so aufrecht hielt in eurem Leben?» Da antwortete Caeilte: «Wahrheit war in unseren Herzen, Kraft in unseren Armen, und was wir sprachen, das führten wir aus.»

Mit wachsender Freude und unverhohlenem Vergnügen ließ der Heilige sich im weiteren nun berichten von den goldenen Bechern und Trinkhörnern, die die Fianna besaßen, von ihren berühmten Pferden und ihren noch berühmteren Hunden, und zwischendurch brach Patrik immer wieder in den Ruf aus: «Erfolg und Segen seien dir beschieden, Caeilte! Was du erzählst, erquickt mir Geist und Gemüt!» Schließlich aber fügte er sorgenvoll hinzu: «Brächte all das nur nicht eine Minderung meines Pflichteifers, eine Vernachlässigung des Gebetes mit sich!»

Früh am Morgen, als der Heilige sich angekleidet und auf die Wiese hinausbegeben hatte, gesellten sich seine beiden Schutzengel zu ihm. Die fragte er nun gleich, ob es ihm vor Gott wohl zustehe, daß er die Erzählungen der Fianna anhöre. Übereinstimmend und nachdrücklich antworteten die Engel: «Heiliger Mann Gottes, nicht mehr als ein Drittel aller Geschichten können diese Krieger erzählen wegen ihrer Gedächtnislücken und ihrer Vergeßlichkeit. An dir aber ist es, alles das sorgfältig aufschreiben zu lassen. Denn in kommenden Zeiten wird es für Geringe wie Edle kurzweilig sein, diesen Geschichten zu lauschen.»

Nachdem die Engel das gesagt haben, verlassen sie den Heiligen. Der aber kann in der Folge ohne Gewissensbisse Caeilte weiterhin zuhören. Bisweilen fügt er seinen begeisterten Ausrufen nun hinzu: «Für alle Zukunft sind deine Erzählungen und du selbst uns teuer, Caeilte!» Oder: «Eine gute Geschichte ist es, die du uns da erzählt hast. Wo ist Brogan, der Schreiber?» Und nachdem der sich gemeldet hat: «Hier bin ich, heiliger Mann», fährt Patrik fort: «Die Geschichte werde aufgeschrieben von dir!» Was Brogan auf der Stelle ausführt. Insgesamt sind es an die zweihundert einzelne Geschehnisse, die von den Feniern berichtet werden.

Darunter findet sich auch die Geschichte von Finns erstem Auftreten in Tara, und wie es kam, daß ihm dabei gleich die Herrschaft über die Fianna zufiel. Schon in diesem Auftakt zu Finns Taten und Schicksalen mit der Fianna-Schar spielt die Welt der Elfen eine entscheidende Rolle. Überdies erzählt Caeilte alles, was sich damals zutrug, diesmal nicht dem heiligen Patrik, sondern einer Versammlung in einem Feenhügel, in den man ihn hineingebeten hatte.

Der Feen-Hügel wurde allabendlich heimgesucht von einem Zaubervogel, der hatte einen eisernen Schnabel, sein Schwanz war lauter Feuer, und er richtete jedesmal argen Schaden an. Ein feindlicher Elfenkönig schickte diesen Vogel, denn auch die Welt der Elfenhügel war nicht ohne Kämpfe und Kriege. Ein ganzes Jahr hindurch gelang es niemandem, das böse Treiben des Vogels zu enden. Caeilte aber brachte ihn durch einen meisterhaften Wurf zu Boden. Darüber herrschte große Freude; der Herr des befreiten Elfenhügels legte einen Speer in Caeiltes Hand und sagte zu ihm: «Caeilte, mein Herz, nun prüfe, welcher Speer das ist und wem aus der Fianna er einst gehörte.» Caeilte entfernte die Schutzhülse vom Speer und die Hüllen, und er erblickte im Schaft dreißig Nieten aus arabischem Gold. «Das ist der Speer von Fiacha Mac Congha», rief er, «und mit seiner Hilfe geschah es, daß Finn, der Sohn des Cool, sich die Führung über die Fianna von Irland erwarb. Denn damals pflegte Aillen Mac Midhna, der Elfenkönig, nordwärts zu kommen, nach Tara. Jedesmal trug er eine Harfe in seiner Hand, und wenn sie erklang, fiel jeder, der die Musik hörte, augenblicklich in Schlaf. Hatte Aillen aber solcher Art alle eingelullt, so blies er Feuer aus seinem

Munde. Alljährlich am feierlichen Samain-Tage kam er in dieser Weise heran, und durch seinen Atem ließ er Tara mit allem, was dazugehörte, in Flammen aufgehen. Das ging schon dreiundzwanzig Jahre hindurch so. In diese Zeit fiel der Tod von Cool, und nachdem er gestorben war, wurde die Führung über die Fianna Goll Mac Morna übertragen, bei dem sie zehn Jahre lang blieb. Aber ein Sohn war zur gegebenen Zeit dem Cool geboren worden, das war Finn. Bis zum Alter von zehn Jahren war er notgedrungen ein Landstreicher und ein Vogelfreier. In diesem seinem zehnten Jahre wurde Taras Fest veranstaltet vom König Conn von den hundert Schlachten. Und als ganz Irland trank und sich vergnügte in der großen Halle, achteten alle, die dort waren, auf nichts, bis da einer zu ihnen kam, der noch ein Bürschchen war und dazu von buntem Aussehen. In Gegenwart von Conn von den hundert Schlachten und von Goll Mac Morna setzte er sich auf einen Platz, wo er Irlands vornehmste Männer um sich hatte. Nun war eines der Vorrechte, die zum Fest von Tara gehörten, daß für die Zeit von sechs Wochen – so lange nämlich, wie die Menschen beschäftigt waren mit dem Fest – niemand wagen durfte, eine Fehde zur Sprache zu bringen.

Der König von Irland schaute den Jungen an; weder er noch irgendeiner sonst in der Halle kannte den Ankömmling. Dem König wurde sein Trinkhorn gebracht, und er legte es in des Knaben Hand. «Wessen Sohn ist dies?» fragte er. «Ich bin Finn, der Sohn des Cool, der Sohn jenes Kriegers, dem einst die Oberherrschaft über die Fianna gehörte. Und, König von Irland, ich bin gekommen, dein Freund zu werden und in deinen Dienst zu treten.» – Conn sprach: «Bursche, du bist der Sohn eines Freundes und eines Getreuen.» Darauf erhob sich der Jüngling und versprach dem König von Irland Dienst und Treue. Conn nahm ihn bei der Hand und wies ihm den Platz nächst seinem Sohne Art zu, und für eine Weile gaben die beiden sich dem Trinken und dem Vergnügen hin.

Später dann stand der König von Irland auf; ein glattes, blankes Trinkhorn war in seiner Hand, und er sagte: «Ihr Männer von Irland, wenn ich unter euch einen fände, der bis zum Anbruch des morgigen Tages Tara zu schützen vermöchte, daß Aillen Mac Midhna es nicht niederbrennen könnte, – zu seinem rechtmäßigen Erbe, sei es groß oder gering, würde ich diesem verhelfen.»

Die Männer von Irland indessen hörten die Worte stumm und schweigend an, denn sie wußten wohl, daß bei der klagenden Elfenweise, bei den feinen, süß tönenden Klängen, die der wunderbare Elfenmann aus den Saiten seiner Harfe hervorlockte, selbst Frauen in Kindsnöten und am ganzen Leibe verwundete Krieger vom Schlaf überwältigt wurden.

Finn erhob sich jetzt und sprach zum König von Irland: «Wer wird mir Sicherheit geben? Wer wird mir Bürge sein für die Erfüllung deines Versprechens?» Conn antwortete: «Die Könige der Provinzen von Irland und mein Meisterdruide mit seinen Druiden.» Alle, die der König genannt hatte, traten in die Bürgschaft ein, und Finn nahm es in seine Hand, Tara mit allem, was zu ihm gehörte, zu sichern bis zum Anbruch des nächsten Tages.

Nun war in des Königs Gefolge einer, der Cool, dem Vater des Finn, in seiner Jugend treu gedient hatte. Fiacha Mac Congha war sein Name. Er sprach zu Finn: «Höre, Bursche, nimm einmal an, ich verschaffte dir einen gewissen Speer mit tödlicher Kraft, einen solchen, mit dem nie ein Fehlwurf getan wurde – welche Belohnung würdest du mir geben?» – «Welchen Lohn verlangst du?» fragte Finn. «Ein Drittel dessen, was zu jeglicher Zeit deine rechte Hand dir glücklich gewinnt, sei mein, dazu noch ein Dritteil deines tiefsten Vertrauens, und daß ich einer der drei Ratgeber sein darf, die dir am nächsten stehen.» – «Es sei dir gewährt», sagte Finn und gab sein Wort.

Nun unterwies Fiacha ihn: «Sobald du die Elfenmusik hörst, süß klingendes Saitenspiel und sanft hauchende Flöte, dann streife von des Speeres Spitze die Hülle und halte die

Waffe gegen deine Stirn oder an eine andere Stelle deiner Haut; so wird die entsetzliche Wirkung der Waffe unmöglich machen, daß Schlaf dich überkommt.»

Und Finn brach auf in Gegenwart der Männer von ganz Irland, um Tara zu bewachen; keiner von den Söhnen Mornas noch irgendwer sonst in Taras Mauern wußte, daß Fiacha Mac Congha ihm Schild und Speer gegeben hatte. Und Finn machte den Rundgang um Tara. Nicht lange, da hörte er eine klagende Weise, und gegen seine Stirn preßte er die flache Speerspitze mit ihrer schrecklichen Kraft. Aillen ließ sein Saitenspiel erklingen, wie er es immer tat, bis alles ringsum in Schlaf gesunken war. Dann – um Tara zu vernichten – blies er aus seinem Mund eine Feuerflamme.

Doch dem Brande hielt Finn den leuchtendroten, mit Fransen besetzten Mantel entgegen, den er trug. Und anstatt waagerecht ins Weite hinein ihren Weg zu nehmen, fiel die Flamme durch die Luft senkrecht nieder. Sie riß dabei den vierfach gefalteten Mantel mit sich und drang sechsundzwanzig Spannen tief in die Erde hinein. «Feuerhügel» ist daher der Name der Erhebung und «Manteltal» der des angrenzenden Tales. Als Aillen Mac Midhna gewahr wurde, daß sein Zauberplan durchkreuzt war, kehrte er eilends zurück zu seinem Feenhügel. Doch Finn folgte ihm dorthin, legte seinen Finger in den Riemen des Speeres, und als Aillen eben durch die Türe in den Feenhügel eintrat, traf ihn im wohlgezielten, sicheren Wurf der Speer in den Rücken und trieb ihm das Herz aus dem Leibe. Dann schlug Finn ihm das Haupt ab, trug es nach Tara zurück, setzte es auf einen Pfahl, und dort blieb es, bis die Sonne am Himmel über den Hügeln und Tälern des Landes aufstieg.

Da kamen mit ihrem König die Menschen von Irland auf Taras grünes Feld, wo Finn war. Finn sagte: «König, du siehst das Haupt des Mannes, der Tara im Feuerbrand zu vernichten pflegte, dazu auch seine Flöte, seine Harfe und all seine Musik. Ich meine, daß Tara mit allem, was zu ihm gehört, gerettet ist.»

Der Versammlungsplatz füllte sich mit den Männern von Irland, und es wurde beratschlagt, was weiter geschehen sollte. Der Plan, den man schließlich annahm, war dieser: Die Oberherrschaft über Irlands Fianna, die Cool, des Knaben Vater, bis zu seinem Tode gehabt hatte, sollte Finn übertragen werden.

«Nun, Goll Mac Morna, mein Herz», sagte Conn von den hundert Schlachten, «was wählst du dir? Willst du Irland verlassen oder deine Hand in Finns Hand legen?» Goll gab die Antwort: «Mein Wort und mein Versprechen: Ich will meine Hand in Finns Hand legen.»

Zu dieser Zeit pflegten die Zauber Glück zu bewirken, Gutes war geschehen, alle Führer der Fianna erhoben sich, ihre Hände in Finns Hand zu legen; als erster von allen aber streckte Goll Mac Morna die seine hin. Das tat er, damit die anderen aus der Schar der Fianna keine Scham fühlen sollten, wenn sie es taten.

Der Anführer der Fianna aber blieb Finn, bis er selber den Tod fand.

– Nachdem Caeilte dieses alles berichtet hatte, schenkte der Herr des Elfenhügels ihm den zauberkräftigen Speer.

Durch dieses Geschenk wird erinnerte und erzählte Vergangenheit unmittelbar angeknüpft an die Gegenwart des Erzählenden. Das geschieht mehrere Male in dem «Gespräch der alten Männer». Denn für das Empfinden und Denken der Iren konnte es selbstverständlich nicht angehen, daß zum Beispiel Patrik nur in die Lage des Zuhörenden versetzt würde, in die Rolle dessen, der Vergangenes anschaut. Der Heilige läßt es sich nicht nehmen, zwischendurch einige der kraftvollen Wunder zu vollbringen, wie sie zu ihm gehören. So erweckt er einen toten Jüngling wieder zum Leben; er läßt mit Hilfe seines Stabes aus einem Felsen drei Quellen aufspringen, die Heilkraft besitzen für Leib und Seele; einem Jüngling, der alle Merkmale eines Königssohnes aus dem Elfenreiche an sich trägt, und der sich auch zu erkennen gibt als einer, der den Tuatha De Danann, dem alten Götterstamm, angehört, verhilft Patrik zu Recht und Erbe. Er bewirkt, daß den mißgünstigen und boshaften Bruder dieses Jünglings die Erde verschlingt.

Patrik scheut keineswegs zurück vor Berührungen mit «other world», der wunderbaren Welt der Elfen und Feen, die den Helden der Fianna so vertraut waren. Nur einmal kommen ihm leise Bedenken:

Auf seinen mannigfachen Wegen durch Irland war der Heilige mit seiner Begleitung für die Zeit eines ganzen Jahres von Caeilte getrennt gewesen. Schließlich treffen sie eines Tages auf einem Wiesenhügel wieder zusammen. Patrik ist begleitet von dreimal fünfzig Bischöfen, ebenso vielen Priestern, ebenso vielen Diakonen und von dreimal fünfzig Psalmensängern. Caeilte kommt mit seinen acht alten Feniern und mit Cascorach, dem Spielmann.

Patrik und die Seinen überfallen den Helden gleich mit Fragen. Sie wollen wissen, was alles er erlebt hat, seit sie einander nicht gesehen haben. Bereitwillig erzählt Caeilte. «Wo ist Brogan, der Schreiber?» ruft Patrik. «Hier bin ich», meldet dieser sich, und der Heilige gibt ihm den Auftrag: «Durch dich werde alles aufgeschrieben, was Caeilte berichtet hat aus der Zeit, seit er bei dem Menhir auf dem Hügel von Usnech uns verließ, bis zur gegenwärtigen Stunde.»

Nun fällt Patrik auf, daß unter den Feniern einer ist, den er noch nicht kennt. «Caeilte, mein Herz», fragt der Heilige, «wer ist dieser hübsche Jüngling mit dem lockigen Haar und den dunklen Augenbrauen, der das Musikinstrument bei sich hat?» – «Das ist Cascorach», antwortet Caeilte, «ein Sohn des Spielmanns von den Tuatha De Danann. Er ist gekommen, um von mir die Fianna-Geschichten zu hören.»

«Das ist ein guter Weg, den er gewählt hat», sagt Patrik, «und du, Caeilte, bist für ein außerordentliches Vorrecht am Leben geblieben, daß du die Zeit des Glaubens und der Heiligen erlebst und den König von Himmel und Erde kennenlernst. – Du aber, Cascorach, spiele uns etwas, lasse uns ein Stück deiner Spielmannskunst und -macht hören!»

«Das soll wahrlich geschehen», antwortete Cascorach, «und nie zuvor habe ich es getan für jemanden, dem ich lieber zu Willen gewesen wäre als dir, du heiliger Mann Gottes.»

Cascorach nahm seine Harfe, stimmte sie und spielte eine Weise, deren Lieblichkeit mit nichts zu vergleichen war, was Patrik und seine Männer je gehört hatten (ausgenommen die Harmonie der Gesänge und Lobpreisungen für den König von Himmel und Erde!). Ein Hauch von Schlummer und Schlaf senkte sich auf alle hernieder.

Als der Spielmann geendet hatte, erbat er von Patrik seinen Lohn. «Nach was für einer Belohnung steht dir der Sinn, mein Herz?» fragte der Heilige. «Für mich selbst wünsche ich die himmlische Seligkeit», antwortete der Musikant, «denn Besseres gibt es nicht. Ferner sei Glück meiner Kunst beschieden und all denen, die sie nach mir ausüben werden.» Patrik sprach: «Dir selbst werde der Himmel zuteil! Die Kunst aber, die du ausübst, sei eine von den dreien, für deren Gedeihen man in Irland bis in die spätesten Zeiten sorgen soll. Wie mißgünstig und verdrießlich immer das Wesen eines Menschen sein möge, laß den Spielmann musizieren, laß ihn Geschichten vortragen, und alle Knauserigkeit wird hinschwinden. Allezeit mögen die, welche deine Kunst ausüben, zu den Genossen von Königen zählen, und alles Glück sei ihnen beschieden, solange sie nicht träge werden in ihrem Beruf.»

Nun ließ auch Brogan der Schreiber sich hören: «Ein gutes Stück deiner Kunst war es, das du uns gegeben hast.» – «Gut war es in der Tat», meinte Patrik, «bis auf einen leisen Ton von Elfenzauber, der darin mitschwang. Von ihm abgesehen, könnte nichts den himmlischen Harmonien näherkommen als diese Weise.» Dem setzte Brogan entgegen: «Wenn Musik im Himmel ist, warum sollte sie nicht auch auf Erden sein? Deshalb wäre es unrecht, Musikantentum und Dichtkunst zu verbannen.» – «Und niemals werde ich dergleichen sagen», beeilte sich Patrik zu beteuern, «ich will lediglich einschärfen, daß wir uns ihnen nicht im Übermaß hingeben dürfen.»

Nach alledem braucht es nicht zu verwundern, daß Caeilte sich samt seinen Mannen – schon kurze Zeit nach dem ersten Zusammentreffen mit Patrik – taufen läßt. Er schenkt dem Heiligen dafür dreimal fünfzig Unzen Gold, die er vom Rande seines Schildes loslöst. Dieses Gold ist um so kostbarer, als es Finns letzter Sold war, den er Caeilte gab. Später, als auch der alte Oisin, Finns Sohn, dem heiligen Patrik begegnet, tauchen noch Finns goldener Becher auf und sein Schwert. Das Schwert wird dem König von Irland zum Geschenk gemacht, den goldenen Becher jedoch bekommt der heilige Patrik.

In diesem Geist also begegnen die Helden und die heiligen Männer einander im «Gespräch der alten Männer», aufgeschrieben um das Jahr 1175. Je weiter es ins Mittelalter hineinging, desto mehr verschoben sich Ansehen und Bewunderung, die man in Irland den Alten zollte, insgesamt wieder zugunsten der Helden, der Fenier. Besonders reizvoll haben spätere Erzähler Dialoge zwischen Finns Sohn Oisin und dem heiligen Patrik gestaltet. Jeder Geschichtenerzähler, der dieses Namens wert gewesen ist, hat solche Zwiegespräche in vielen hundert Versen auswendig gewußt, die in späteren Zeiten dann noch in zahllosen Manuskripten weiterexistierten. Diese Dialoge stellen einen Oisin vor, der nichts Höheres gelten lassen will als die Fianna, und der meint, den Feniern gegenüber müsse selbst Gott in seiner Macht und Größe sich erst bewähren. – Da gibt es Verse solcher Art:

Fänd man Oskar, meinen Sohn,
mit Gott im Kampfe, hart und lang,
und ich säh Oskar auf dem Gras,
dann sagt ich, daß ihn Gott bezwang.

Da ist offensichtlich an ein ehrliches Messen der Kräfte gedacht, mit oder ohne Waffen, wie es zum Tagewerk der Fenier gehörte. – Die nächste Strophe heißt dann:

Warum sollt Gott wohl besser sein
und ihr, der frommen Mönche Schar,
als Finn, der Fenier großer Held,
so schön und edel, wie er war?

Ein besonders handfestes Zwiegespräch, in dem der alte Oisin ebenso einfältig wie schwer bekehrbar auftritt, trägt den Titel

«Oskar mit dem Dreschflegel». Die Geschichte wurde nach mündlicher Überlieferung aufgeschrieben von *Douglas Hyde,* dem fachkundigen und unermüdlichen Sammler von Erzählungen, der neben solcher Tätigkeit später immerhin das Amt des ersten Präsidenten der Republik Irland zu versehen hatte. Alle Motive der Erzählung weisen in sehr alte Zeiten zurück.

Sankt Patrik kam nach Irland, und er traf Oisin in Elphin, da schleppte er Steine. «Oisin», sagte der Heilige, «laß mich dich taufen.» – «Oh, wozu wäre mir das gut?» fragte Oisin. – «Oisin!» sagte Patrik, «wenn du dich nicht taufen läßt, wirst du in die Hölle kommen, wo die übrigen Fenier sind.» – Da antwortete Oisin: «Wenn Diarmuid und Goll lebten, und er, der der König der Fenier war, und wenn diese drei zusammen zur Hölle gehen müßten, sie brächten den Teufel samt seiner Schmiedeesse auf ihren Rücken heraufgetragen.»

«So hör doch, o grauhaariger und närrischer Oisin, denk an Gott, beuge das Knie und laß dich taufen!»

«Patrik», sprach Oisin, «warum hat Gott all die vielen Menschen verdammt?»

«Weil der verbotene Apfel gegessen wurde», entgegnete Patrik.

«Hätte ich gewußt», meinte Oisin, «daß euer Gott so engherzig war, alle wegen eines Apfels zu verdammen, wir hätten drei Pferde und einen Maulesel mit Äpfeln schwer beladen zu Gott in den Himmel geschickt.»

Und wieder sagte Patrik: «So höre doch, o grauhaariger und närrischer Oisin, denk an Gott, beuge dein Knie und laß dich taufen.»

Eine Ohnmacht überkam Oisin, und der Heilige dachte schon, Finns Sohn würde nun sterben. Doch Oisin kam wieder zu sich und sagte:

«O Patrik, taufe mich!» So sprach er, weil er in der Ohnmacht geschaut hatte, was ihm bevorstand.

Der Speer war in Patriks Hand, und er stieß ihn in Oisins Fuß, daß die Erde sich rot färbte mit Blut. «Du bist sehr verletzt», sagte der Heilige zu Oisin. «Oh, gehört das nicht zu meiner Taufe?» fragte Oisin. – «Ich hoffe zu Gott, daß du jetzt gerettet bist», sagte Patrik, «denn du hast dich der Taufe unterzogen.»

«Patrik», meinte Oisin, «könntest du nicht dafür sorgen, daß die Fenier aus der Hölle kommen?» Dort hatte er sie nämlich während seiner Ohnmacht geschaut.

«Das kann ich nicht», entgegnete Patrik, «wer in der Hölle ist, der ist nicht wieder herauszubringen.»

«Patrik», sprach Oisin, «könntest du mich denn an den Ort hinbringen, wo Finn und die Fenier von Irland sind?» – «Auch das kann ich nicht», antwortete Patrik, «nicht so viel wie eine summende Stechmücke, ja, nicht das kleinste Fünkchen eines Sonnenstrahles könnte unter meinem Schilde verborgen mit mir gehen, ohne daß es dem großen Himmelskönig bekannt würde.»

«Kannst du den Feniern denn Erleichterung ihrer Pein verschaffen?» fragte Oisin zuletzt. Da betete Patrik, er bat Gott, den Männern der Fianna die Höllenqualen zu mildern, und schließlich versicherte er Oisin, Erleichterung sei den Helden gewährt worden, und so sähe sie aus: Oisins Sohn Oskar erhielt einen Dreschflegel, an dem wurde als frischer Riemen eine grüne Binse befestigt. Darauf füllte man Oskar die Hand mit grünem Sand, den warf er auf den Boden. Und so weit, wie der Sand reichte, konnten die Teufel ihm nicht folgen. Vielmehr sobald sie über den Fleck hinüberkommen wollten, wo der Sand lag, war es Oskar möglich, den Teufeln nachzujagen und sie mit dem Dreschflegel zu schlagen. Oskar und alle Fenier waren auf der einen Seite vom Sand, die Teufel aber auf der anderen; so ist es für immer geblieben. Das gewährte Gott den Feniern auf Patriks Wunsch. – Und der Riemen an dem Dreschflegel ist seitdem und bis heute noch nie entzweigegangen.

DIE DRUIDEN UND DIE HEILIGEN

Wenn die alten Überlieferungen an keiner Stelle von ernsthaften Spannungen zwischen den heidnischen Helden und den Heiligen berichten, so ist das noch einigermaßen zu verstehen. Wie aber sah es aus in den Fällen, wo die Druiden den ersten Verkündern des neuen Glaubens gegenübertraten? Hier waren beide Gruppen Verwalter desselben Bereiches; mußte bei ihrem Zusammentreffen nicht eine der beiden unterliegen, so wie in feindlichem Begegnen der Schwächere schließlich einem triumphierenden Sieger unterliegt? Manches in den Legenden von Patrik wie von Columcille scheint darauf hinzudeuten. Ein vorschneller Schluß an dieser Stelle ergäbe aber kein wahrheitsgetreues Bild.

Zunächst muß auffallen, daß es in Irland, während dieses sich im Zuge der Christianisierung zur «Insel der Heiligen» entwickelte, keinen einzigen Märtyrer gegeben hat. Diese Tatsache kann man in ihrer Bedeutung kaum hoch genug einschätzen. Sie dürfte – bedenkt man die Christianisierungsgeschichte in den verschiedenen Ländern – ein absoluter Einzelfall sein. Wie konnte er zustandekommen? Welche Bedingungen lagen einer solchen Entwicklung zugrunde?

In seinem umfassenden Werk über das Druidentum weist *Chr.-J. Guyonvarc'h* nachdrücklich auf die Sonderstellung hin, die Irland, die grüne Insel, im Vergleich zu anderen Gebieten der keltischen Kultur eingenommen hat. Das alte Gallien wie große Teile des alten Britannien hatten lange Zeit unter den bestimmenden Einflüssen der römischen Herrschaft und Kultur gestanden. Mehr oder weniger stark war das alles auch bis an die Welt der keltischen Götter herangedrungen und an die mit ihnen verbundene Religion; dort hatte es verändernd eingewirkt. Keine römische Legion aber hatte Irlands Boden je betreten, kein Schattenwurf römischer Gottheiten schob sich hier zwischen Mythologie und Priestertum der Kelten einerseits und die Verkündigung des Christentums andererseits. Ganz rein trafen beide aufeinander.

In den Legenden der irischen Heiligenleben spiegelt sich vieles von dieser Ausnahmesituation wider, doch muß man, um sie richtig lesen und verstehen zu können, manches hinzunehmen, was von den Druiden und ihrem Wirken in solchen Texten berichtet wird, deren Inhalte in vorchristliche Zeiten zurückreichen. Ferner muß man bedenken, was sich ausspricht in der Tatsache, daß «viele der irischen (zum Christenglauben) Bekehrten dem gelehrten Stande der Druiden, der Dichter, der ‹Juristen› (Brehons) angehörten» *(D. C. Pochin Mould)*. Das Studium, dem die Druiden sich unterzogen, dauerte über zwei Jahrzehnte, das der Dichter mindestens zwölf Jahre, das der Rechtsgelehrten nicht weniger. Diese alle wußten also sehr wohl, was sie taten, wenn sie ihr großes Wissen und Können hinübertrugen ins Christentum, in die Klosterschulen und in das Mönchswesen. Und nicht nur stellten sie innerhalb der großen Schar der Bekehrten lediglich eine Gruppe unter anderen dar. *Le Roux* und *Guyonvarc'h* führen im Hinblick auf die Verhältnisse in Irland aus: «. . . die ersten Bekehrten waren nicht – wie in Rom und in Gallien – die Einfachen und Armen, sondern Angehörige des Priesterstandes (also Druiden) und Fili (Dichter) von höchstem Rang. Sie sind es gewesen, die die Bekehrung der Könige nachgezogen haben, dann die der Krieger und schließlich die der restlichen Bevölkerung.»

Zu einer derart ungewöhnlichen Entwicklung konnte es kommen, weil das Wesen der druidischen Lehren Züge enthielt, auf die das Christentum nicht wie ein Feindliches auftraf, sondern als ein Vertrautes, Verwandtes. Versuchen wir zu fassen, woran das lag.

Le Roux und *Guyonvarc'h* schreiben diesen Gleichklang vor allem einer Tendenz zum Monotheismus zu, den sie in der keltischen Religion sehen, ferner der Anerkennung, die das Christentum der Handarbeit, dem Handwerk zollte als dem Ausüben von Tätigkeiten, die Dienstleistungen für andere Menschen, für die Gemeinschaft, in besonderem Maße ermöglichten. Schon in mythologischen Texten wurden in Irland die Handwerke unter die Künste gezählt, wurden von göttlichen Wesen zu ihrem Können gerechnet und von ihnen beherrscht.

Ein drittes muß man aber wohl noch hinzuzählen, das zugleich Verständnis für den eigenartigen Charakter der irischen Heiligenlegenden wecken kann. Dieses dritte liegt in dem besonderen Verhältnis, das die Iren zum Kosmos, zur Erde, zu den Elementen hatten.

In der Dichtung vom Rinderraub, der Taín, die noch ganz aus einer vorchristlichen Welt stammt, wird der Meisterdruide Cathbad in der folgenden Weise vorgestellt:

«Wer ist dieser dort unten, o Fergus?» fragte Ailill, «Ich weiß es», antwortete Fergus, «das ist der Urgrund der Weisheit, der Meister über die Elemente, der Zugang zum Himmel; er blendet die Augen, er ergreift die Kraft des Fremdlings durch die Geistesstärke der Druiden, es ist Cathbad, der liebenswürdige Druide mit den Druiden von Ulster rings um sich her.»

«In der Weisheit gründen», das bedeutete zugleich, in das Wirken der Elemente beherrschend eingreifen zu können; und der Himmel, zu dem der große Druide ein Zugang ist, hat nichts zu tun mit jüdischen oder konfessionell-christlichen Himmelsvorstellungen. Gemeint sind vielmehr die kosmischen Räume, in denen Sonne, Mond und Sterne kreisen; jedoch werden diese nicht als bloße äußere Wahrnehmungen betrachtet, die Druidenpriester studierten sie ihren geistigen Qualitäten nach. *Rudolf Steiner* hat verschiedentlich darauf hingewiesen, daß bei den Steinsetzungen in Irland und England, bei den Dolmenkammern wie bei den Steinkreisen (auch in der Bretagne) die Schattenräume und Schattenwürfe das Wesentliche gewesen seien für die Beobachtungen der Druiden. In dem, was zwar durch das Sonnenlicht zustandekam, worin aber dessen äußerer Schein nicht mehr enthalten war, habe der Druidenpriester zum Beispiel genau die jahreszeitlichen Änderungen der Sonneneinstrahlung studieren können, und das nicht etwa nur nach Winkelhöhe und Stundendauer, sondern gerade den qualitativen Verschiedenheiten nach. Auch heute noch weiß jeder Bauer, dessen Äcker nicht auf ebenem Grunde liegen, daß dem Sonnenlicht am Morgen andere Kräfte innewohnen als am Nachmittag, auch wenn der Einfallswinkel des Lichtes jeweils der gleiche ist. Ein Feld am Hang, den die Morgensonne bescheint, erhält andere Kräfte als ein solches auf der Abendseite. Und die steigende Sonne im Frühling kann jeder, der sein Empfinden aufmerksam prüft, als durchaus verschieden von der sich neigenden im Herbst erkennen, auch wenn die Tagesbögen absolut gleich sind. Gegenüber dem, was den Druiden in dieser Hinsicht erfahrbar war, können solche Beobachtungen aber nur als ganz grobe, oberflächliche gelten.

Bei dem Arzt-Druiden Fingen, jenem Arzt, der unter anderem die Schädelwunde König Conchobars heilte, gründete das große Können, das man ihm nachrühmte, ja auch auf dem Durchschauen des äußerlich Wahrgenommenen bis hin zu den Tiefen, wo im Unsichtbaren die bestimmenden Kräfte wirken.

In einer Legende, die die heilige Brigit als den mit großer Heilerkraft begabten Menschen schildert, ist es ihr Schatten, von dem diese Kraft ausgeht. Der Mann, der seine kranke Mutter auf dem Rücken zu der Heiligen hinträgt, setzt sie in deren Schatten nieder, und augenblicklich ist die Leidende gesund. Im Bilde eines solchen Wunders lebt noch das Erinnern an uraltes, abgedämmertes Wissen aus Zeiten, in denen die druidische Kultur in voller Blüte stand.

Was nun die Macht der Druiden über die Elemente angeht, so unterrichten uns darüber viele Darstellungen, die in den altirischen Geschichten enthalten sind. Eine ist die folgende:

Als Ratgeber und Helfer ihres Königs hatten die Druiden von Leinster alle Wasser in der Provinz Munster gebunden und gebannt, denn die Menschen von Leinster lagen im Krieg mit denen von Munster. Da begaben sich die Munsterleute zu dem Ort, wo Mog Ruith, ihr großer Druide, weilte. Der sprach zu ihnen: «Wenn ihr meint, es sei an der Zeit, daß ich euch helfe, so sagt mir, welcher Unterstützung ihr bedürft in der Notlage, in der ihr euch befindet.» – «Verschaffe uns Wasser», sagten sie. Der Druide forderte seinen Schüler Cennmhar auf: «Bringe mir meine magischen Lanzen!» Man gab sie ihm. Sie verdunkelten die Luft und den Himmel, und allen Munsterleuten schien es, als breche ein reißender Wildbach zu ihren Füßen auf.

Nun wies Mog Ruith seinen Schüler an: «Grabe an der Stelle, wo die Lanzenspitzen in den Boden eingedrungen sind.» – «Was wird meine Belohnung sein?» fragte Cennmhar. «Der Fluß wird deinen Namen tragen», antwortete der Druide.

Darauf fing der Schüler an, die Erde aufzugraben und Wasser zu suchen. Mog Ruith sang derweil eine zauberkräftige Weise, die begann mit den Worten: «Sei gegrüßt, erquickende Flut . . .» Als er geendet hatte, durchbrach das Wasser die Erdenkruste mit mächtigem Getöse, so daß alle die größte Mühe hatten, sich davor zu retten. Als er das

Wasser kommen hörte, und noch bevor alle anderen das geringste Geräusch davon vernahmen, sprach feierlich der Druidenschüler Cennmhar Verse, die fingen an mit den Worten «Volles Gefäß . . .»

Nachdem die Edlen von Munster von der Gabe des Druiden getrunken hatten, sprach Mog Ruith zu allen, die an dem Ort versammelt waren: «Trinket das, damit eure Kraft, eure Willensstärke und euer kriegerisches Vermögen euch aufs neue zukommen, auch eure Festigkeit und eure Würde.» Da drängten alle sich zum Wasser, in Trupps und in Gruppen, und sie tranken reichlich, bis sie ganz gesättigt waren, Menschen, Pferde und Rinder, und das Wasser reichte für sie alle. Danach trennten die Wasser sich, sie verteilten sich überall dorthin, wo Menschen waren. Schließlich flossen sie davon in die Täler, zu den Wasserläufen und den Quellen des Gebietes von Munster und befreiten diese aus der Erstarrung, die auf ihnen lag durch die Sprüche der Druiden von Leinster.

Ein andermal beraubte der Mundschenk der Tuatha De Danann, der ein Druide von hohem Können war, die feindlichen Fomorier allen Wassers. Jeden der zwölf größten Seen Irlands rief er bei dessen Namen auf und bewirkte, daß die Fomorier in ihm keinen Tropfen fanden, mochte der Durst, mit dem sie herangekommen waren, noch so groß sein. Die Seen nämlich ließen ihr Wasser in die zwölf ältesten Flüsse Irlands ausfließen. Auch diese rief der Druide dann auf, da waren sie einer wie der andere für die Fomorier verborgen und unauffindbar. Dagegen versorgten sie die Menschen von Irland mit erfrischendem Trank, so reichlich, daß es ihnen genügt hätte, selbst wenn sie sieben Jahre hindurch hätten kämpfen müssen.

Die Herrschaft über das Feuer gehörte noch enger in den Machtbereich der Druiden als diejenige über das Wasser; sie stand ihnen gleichsam kraft ihres Amtes zu. Zweimal im Jahresverlauf, beim Samainfest (1. November) und beim Fest von Beltaine (Anfang Mai) wurden heilige Feuer entzündet. Nicht nur mußte das Holz dafür sorgfältig ausgesucht und vorbereitet sein, es mußte auch in besonderer Weise geschichtet werden. In Brand gesetzt wurde es dann von den Druiden, die dazu große Feuergesänge anstimmten.

Im «Glossaire de Cormac», einem Bericht aus dem zehnten Jahrhundert, heißt es gar, die Druiden hätten die Feuer durch ihre magische Kraft und durch ihre Gesänge entzündet.

Während das Samainfeuer stärker den Charakter eines Opferfeuers trug, entbrannten die Druiden am Beltainefest zwei Feuer. Zwischen ihnen hindurch trieb man die Herden, um sie zu feien und zu schützen gegen Seuchen und andere Krankheiten. Die Bedeutung des Samain- wie des Beltaine-Feuers wurde dadurch hervorgehoben, daß – bevor sie aufloderten – jede Flamme, jede Glut auf den Herdstellen des Landes gelöscht sein mußte. Es war eines der Gebote, die zu brechen man sich scheute, weil schwere Strafen drohten.

Neben diesen heiligen Festesfeuern gab es «druidische Feuer», die ihre Beherrscher einsetzten, um das Heer des Königs zu stärken und um dem feindlichen Heer zu schaden. Das vollzog sich vorwiegend durch den weissagenden Charakter, der diesen Feuern eignete, und der bei glücklichen Vorzeichen den Kampfesmut entfachte, bei ungünstigen ihn lähmte. In einem Fall geht aus der Anweisung des Druiden genau hervor, daß zu einem solchen druidischen Feuer das Holz der Eberesche notwendig war, und es mußte zudem in ganz bestimmter Form aufgeschichtet werden. Geschah das nun gleichzeitig bei einander feindlich gegenüberstehenden Heeren, so gab den letzten Ausschlag die Überlegenheit an magischer Kraft, die der eine Druide über den anderen besaß.

Die Beherrschung des Luftelements ermöglichte den Druiden, Winde zu wecken und Stürme zu entfesseln. Richteten diese sich gegen ein Boot auf hoher See, so gab es für die Mannschaft, die das Boot steuerte, ein einfaches Mittel, um zu erkennen, ob ein natürlicher Sturm oder ein druidischer sie bedrohte. Der durch magische Kraft hervorgerufene Sturm reichte nur bis zur Spitze des Mastes, darüber hinaus war die Luft ruhig.

Wiederholt knüpfte Shakespeare in seinen Dichtungen an altes Druidenwissen an, so auch in seinem Schauspiel «Der Sturm». Der mit magischen Sprüchen vertraute Prospero beauftragt Ariel, ein Elementarwesen, ein Schiff im Sturm sinken zu lassen, dabei gleichzeitig aber bestimmte Rücksichten genau zu beachten. So durfte zum Beispiel bei dem Schiffsuntergang niemand ertrinken.

Ariel: Heil, großer Meister! Heil dir, weiser Herr!
Ich komme, deinen Winken zu begegnen.
Sei's Fliegen, Schwimmen, in das Feuer tauchen,
Auf krausen Wolken fahren: schalte nur
Durch dein gewaltig Wort mit Ariel
Und allen seinen Kräften.

Prospero: Hast du, Geist,
Genau den Sturm vollbracht, den ich dir auftrug?
Ariel: In jedem Punkt . . .

Selbst das feste Erdreich setzte der Macht der Druiden keinen Widerstand entgegen. Und auch diesmal ist es der kundige Mog Ruith, der im Zuge einer Belagerung einen Hügel hinschwinden läßt, auf dem das feindliche Heer sich niedergelassen hatte; das wird so erzählt:

Mog Ruith begann, gegen den Hügel zu blasen. Da konnte keiner der Krieger des Nordens sich in seinem Zelte halten, so stark war der Sturm. Und die Druiden wußten nicht, woher der Sturm kam. Während Mog Ruith in dieser Weise gegen den Hügel anblies, sprach er zwischendurch diese Worte: «Ich wende, ich wende um . . .» Da verschwand der Hügel, er war vollkommen eingehüllt in schwarze Wolken und in einen Wirbelwind von Nebel. Darüber erfaßte den größten Teil des Heeres heftiges Entsetzen. Schreie ertönten ringsum, Pferde und Wagen gerieten in wildes Durcheinander, und der Lärm zerbrechender Waffen erfüllte die Luft, als der Hügel an seinem Grunde auseinanderbarst.

Bei ihrem Wirken in die Elemente hinein standen den Druiden unterschiedliche, genau bestimmte Beschwörungsformeln und -handhabungen zur Verfügung, im wesentlichen waren es vier. Eine davon, der Glam Dicinn, war offenbar auch für den Sprechenden selber nicht ganz gefahrlos. Ein Text aus dem 14. Jahrhundert beschreibt, wie ein oberster Druide, ein Ollam, ihn unter Mitwirkung von sechs Druiden geringerer Grade gegen einen König anwandte. Die sieben standen dabei auf einem Hügel, mit ihren Rücken gegen einen Weißdornstrauch gewendet. Der Wind blies aus Nord. Jeder der sieben hielt in seiner Hand einen Schleuderstein und einen Weißdornzweig. Über diese Dinge weg sang jeder gegen den König und seinen Haushalt eine Strophe des Zaubers. Der Ollam sang die erste, die anderen folgten der Reihe nach. Zuletzt legte jeder seinen Stein und seinen Zweig auf der Wurzel des Weißdornstrauches nieder. Nun mußte es sich zeigen, ob die Sieben richtig gehandelt hatten, als sie ihre magische Kraft wider den König wendeten. Waren sie im Unrecht, so würde der Hügel sie allesamt verschlingen; war jedoch der König im Unrecht, so war er es, den die Erde verschlang – mit Weib und Sohn, mit Roß und Waffen, mit Rüstung und Hund.

Und noch ein anderer Zauber sei erwähnt, den die Druiden ausüben konnten. Er wird «die Hecke des Druiden» genannt. Diese ist in ihrer genaueren Beschaffenheit nicht bekannt. Jedenfalls aber stellte sie eine magische Schwelle, eine Begrenzung dar, die zu überschreiten todbringend sein konnte.

Was haben nun all diese seltsam anmutenden «Zauberpraktiken» oder – ernsthafter gefragt – was hat die wichtige Rolle, die die Elemente im Leben und Wirken der Druiden einnahmen, mit dem Wesen des Christentums zu tun? Daß diese Zugehörigkeit für das Empfinden der Menschen im alten Irland bestand, daß sie ihnen selbstverständlich war, wird bezeugt durch eine Tatsache, die nur auf den ersten Blick geringfügig erscheint: Die frühen Christen der grünen Insel gaben Christus den Namen «Herr der Elemente».

In dieser Bezeichnung spricht sich aus: Er, der Christus, ist der Eine, der über allem steht, was die Druiden im einzelnen beherrschen und handhaben können, er ist der «Hochkönig» in diesem Reich, und alle anderen können ihm nur dienen.

Man muß sehen, daß das eine andere als die übliche Anschauung ist von dem Gott, der zur Erde kam und Mensch wurde. Und weiter gilt es zu beachten, daß diese Anschauung nicht zufällig in Irland auf dem Boden des alten Druidentums sich bildete.

Aus seinen Forschungen heraus stellte *Rudolf Steiner* verschiedentlich dar, daß die Menschwerdung Christi jahrhundertelang von den Menschen Irlands und Südwestenglands in anderer Weise empfunden worden sei als im Orient und im ganzen übrigen Europa. Aus dem sorgfältigen Beobachten des Lichtes von Sonne und Mond, einem Beobachten, das durchdrang bis zu den geistigen Qualitäten dieses Lichtes; ferner aus ihrer ungewöhnlichen Vertrautheit auch mit den Kräften der Elemente sei den Druiden die Kenntnis von umfassenden Veränderungen im Raum zwischen Himmelsgewölbe und Erde erwachsen, als der Gott sich von der Sonne her der Erde näherte. Den Druiden Irlands sei das Kommen Christi bekannt gewesen, genauso wie sein Kreuzestod auf Golgatha. Die Kunde davon sei ihnen aus ihrem Umgang mit den Kräften der Natur erwachsen.

Wer eine solche Aussage zumindest einmal als Denkmöglichkeit annehmen kann, für den zeigt sich manches, was von den Druiden Irlands wie von seinen Heiligen berichtet wird, in hellerem Licht, fügt sich sinnvoller zueinander. So gewinnt z. B. die Erzählung über Geburt und Tod des Königs Conchobar eine neue Bedeutung.

Das, was auf der irischen Insel, aber auch in Wales, im Kreise der Artusritter, sich zunächst herausbildete, bezeichnete Steiner einmal als ein «vorchristliches» und «gleichsam heidnisches Christentum», heidnisch insofern, als es die Naturkräfte in starkem Maße mit einbezog. Einige nachchristliche Jahrhunderte hindurch sei der neue Glaube in den bezeichneten Gegenden von solcher Art gewesen.

Gewiß war das Druidentum zur Zeit von Christi Geburt nicht mehr im Besitze seiner vollen Kraft. Und ebenso gewiß enthalten sowohl die alten heidnischen Texte wie die Vitae der ersten irischen Heiligen manches befremdlich Anmutende, vielleicht sogar Fragwürdige. Diese Einsicht braucht aber dennoch den Blick auf die großen Zusammenhänge nicht zu verstellen. In ihnen wird deutlich: Die Druiden kannten den Christus, bevor die erste Mitteilung vom Orient her zu ihnen drang; sie kannten ihn als den «Herrn der Elemente».

Als nun Mönche kamen, die auf dem Wege über Gallien, zum Beispiel im Umkreis des Martin von Tours, von dem Geschehen in Galiläa erfahren hatten, da mußte, was sie erzählten, einerseits an längst Bekanntes anrühren. So erklärt sich das völlige Fehlen von Blutzeugen, von Märtyrertum.

Andererseits aber wollten die Druiden sicher gehen: Ist Er, von dem da berichtet wird, wirklich Derjenige, den wir im Kosmos und in der Natur wahrnahmen? Die Druiden, die Fili auch, waren es gewohnt, miteinander ihre geistigen Kräfte zu messen, und sich dadurch, einer dem anderen, auszuweisen. Ein solches «Give the word!» brachten sie nun als Erwartung auch den Heiligen entgegen. Und da diese demselben geistigen und kulturellen Umkreis entstammten wie die Druiden, erkannten sie die Herausforderung als berechtigt an und nahmen sie voll auf.

In besonderem Maße betrifft das Patrik, den Streitbaren unter den Heiligen. Er wußte, was er tat, wenn er sein erstes Erscheinen vor Druiden, Hochkönig und Königen in Tara von Flammen umlodert sein ließ, wenn er wider das strenge Verbot ein Osterfeuer entzündete auf Slane-Hill. Die Legende macht deutlich, daß den Druiden die geistige Kraft, die hinter diesem Feuer stand, sofort erkennbar wurde. Ihrem Wesen nach war ihnen diese keineswegs fremd. Das gesamte Schauspiel dieser Begegnung zwischen Patrik und den Druiden läßt durch seinen Verlauf sehr verständlich erscheinen, was *Guyonvarc'h,* zusammenfassend gleichsam, dazu schreibt: «Wenn wir nicht aus der Heiligengeschichte wüßten, wer Sankt Patrik ist, so würden wir ihn für einen Druiden halten, und der Christus wäre ebenfalls ein Druide, ein solcher, der an Macht seinen Konkurrenten weit überlegen war.»

Nehmen wir als repräsentativ an, was von allen Begegnungen Patriks mit den Druiden berichtet wird, so zeigt sich darin deutlich: Beide Seiten setzten ihre äußerste Kraft ein, ernsthaft ging es zu und hart auf hart, doch zögen wir wohl einen Fehlschluß, wenn wir Feindschaft annähmen. Nicht um Kriege handelte es sich, sondern um geistig-magische Wettkämpfe, durch die letzten Endes ermittelt werden sollte, wie dasjenige, was am Druidentum noch gesund und lebenskräftig war, seine Weiterführung und Überhöhung durch das Christentum erfahren könnte. Immerhin nahm gerade Patrik die druidischen «Praktiken» noch so ernst, daß er sie nach sorgfältiger Prüfung einteilte in solche, die ein Christ gewordener Druide nicht mehr ausüben sollte, und in solche, die er beibehalten dürfte. Unter Patriks Verbot fielen lediglich drei magische Handhabungen, solche nämlich, die mit Opferhandlungen an die heidnischen Götter verbunden waren. Das übrige erschien auch dem heiligen Patrik so wenig «Teufelszeug» zu sein, daß er nicht davor zurückscheute, es selber anzuwenden. Als er sich und seine Begleiter von König Loegaire durch Späher bedroht sah (und wichtig ist zu sehen: ein König bedroht, nicht ein Druide), da hüllte der Heilige den Schleier der Unsichtbarkeit über sie alle, vor den Blicken der Lauernden zogen nur Hirsche vorüber. Die magische Handlung, die Patrik dabei vollzog, war im Druidentum bekannt als Feth Fiada. Und als zwei bis drei Jahrhunderte später Mönche die Legende aufschrieben, setzten sie auch ganz richtig noch den «Fachausdruck» Feth Fiada an der entsprechenden Stelle ein.

Von dem her, was die Märtyrer erlitten, sind wir gewohnt, das Heidnische, das den frühen Christen entgegentrat, vielfach als ein Feindseliges zu sehen, das überwältigen und vernichten wollte. Diese Haltung nahm das Druidentum zumindestens in Irland niemals ein. Das zeigen in vielen Einzelheiten auch die Heiligenlegenden, man muß sie nur aufmerksam lesen. Neben dem, was in diesem Zusammenhang von Patrik bereits erwähnt wurde, zeigen in den Geschichten um St. Brigit die Druiden, soweit sie darin auftreten, allein Ehrfurcht und Anerkennung bis zur Bewunderung gegenüber allem, was sie an der Heiligen erlebten.

Bei Columcille tragen die Berührungen oder auch die Konflikte mit den Druiden fast den Charakter diplomatischer Beziehungen. Das entspricht der Grundsignatur von Columcilles Persönlichkeit, ihrer Herkunft wie ihrem ganzen Leben nach. Der Heilige von Iona will den schottischen Meisterdruiden bewegen, eine irische Gefangene freizugeben, die als Sklavin bei ihm Dienste tut. Und als man Columcille nicht willfährt, läßt er seine magisch-heiligmäßige Macht spüren, die den Druiden sofort überzeugt. Als bei späterer Gelegenheit ein ganzer Druidenchor gegen den Heiligen agiert, und er sich selbst in dieser Situation ruhig und überlegen zeigt, ruft das – so heißt es in den alten Berichten – großes Staunen hervor. Vielleicht weckte es auch heimliche Bewunderung angesichts solcher Meisterschaft, und in der Folge gab es dann einen, zwei oder drei Druiden mehr, die Christen wurden. Von der Bekehrung zweier Druiden ist ja in den Patrikgeschichten die Rede.

Noch manche Einzelheit ließe sich anführen als Zeugnis für die Verwandtschaft, die zwischen dem Duidentum und dem frühen irischen Christentum bestand. Genannt seien nur noch: das Auflösen der Grenzen, die durch die Gesetze des Raumes und der meßbaren Zeit gezogen werden; das Einsetzen der Wasser- und Feuerprobe; die Totenerweckungen. (In einem der alten mythologischen Texte, der «Schlacht von Mag Tured», rühmt sich der göttliche Arzt-Druide Diancecht, jeden im Verlauf des Kampftages Verwundeten bis zum nächsten Morgen wieder heilen zu können mit alleiniger Ausnahme derer, denen man den Kopf abgeschlagen oder das Mark aus der Wirbelsäule geholt habe.)

Wenn von dem Knaben Patrik erzählt wird, Wassertropfen seien an seinen Fingern zu Feuerfunken geworden, und Eiszapfen habe er zum Brennen gebracht, als wären sie trockenes Holz, so sind derartige «Wunder» nicht nur Bilder dafür, daß in diesem Kinde ein Mensch heranwuchs, an dessen seelischer Glut auch harter, eisiger Widerstand hinschmelzen und in Zugeneigtheit sich wandeln würde. Dieses frühe Funkensprühen weist schon hinüber in die Zukunft auf das Osterfeuer von Slane-Hill, das in Tara ganz richtig als «Gegenfeuer» verstanden wurde. Auf dem Felde der keltischen Religion selber mußte das Christentum sich ausweisen.

Die Heiligenleben und -legenden wurden aufgeschrieben von Mönchen, und es geschah durchweg erst 150, 200, 300 Jahre nach dem Tode des jeweiligen Heiligen. Eine Ausnahme macht die Lebensbeschreibung von Columcille; sein «Biograph» Adamnan wurde siebenundzwanzig Jahre nach des Heiligen Tod geboren.

Als fromme Glieder der Kirche waren die Chronisten ohne Frage geneigt, das Verdienst und den Ruhm ihres Glaubenshelden zu mehren und entsprechend das Ansehen derer, die als Gegenspieler hätten empfunden werden können, zu schmälern. Bedenkt man das, nachdem man irische Heiligenlegenden gelesen hat, so stellt sich die Empfindung ein: Es muß sehr friedlich zugegangen sein damals, als die Heiligen die Nachfolge der Druiden übernahmen und ihr Erbe antraten. Die Saat des Christentums fiel in Irland auf wohlvorbereiteten Boden.

KIERAN DER ÄLTERE VON SAIGIR

Kieran der Ältere heißt er, weil es in Irland zwei Heilige des gleichen Namens gab, und von diesen beiden war er derjenige, der früher lebte und wirkte, früher sogar als der heilige Patrik. Kieran der Ältere gehörte zu den fünf Heiligen, die die Iren kennen und nennen als ihre ersten großen Mönche, die auf der irischen Insel das Christentum lehrten.

Wie Kierans Leben begann

Zwischen den beiden irischen Provinzen Leinster und Munster gab es in alten Zeiten ein Königreich, das hieß Ossory. Dort lebte ein angesehener Mann, Lugna mit Namen. Seine Gemahlin holte er sich von Südirland. Sie hieß Liven. In einem inneren Schauen wurde ihr etwas geoffenbart. Sie erkannte einen Stern, der vom Himmel herabkam und ihr in den Mund fiel. Das Licht aber, das von diesem Sterne ausging, erleuchtete alle Menschen in Irland. Liven erhob sich am nächsten Morgen und erzählte, was sie geschaut hatte. Und so wurde es ihr gedeutet: Sie würde ein Kind zur Welt bringen, dessen machtvolle Taten und Wunder den ganzen Westen der Welt erfüllen könnten. Und das wurde wahr. Dieses Kind wurde geboren, Kieran nämlich, und er wurde großgezogen von einer Pflegemutter in Clear. Dreißig Jahre blieb Kieran dort, er lernte und betete eifrig. Dabei hatte er keine Taufe empfangen, sondern nur das aufgenommen, was ihm unmittelbar vom Himmel zukam.

Anderes war damals nicht möglich, denn zu dieser Zeit gab es weder Taufe noch christlichen Glauben auf der irischen Insel.

Kierans Helfer bei der Klostergründung; seine ersten Mönche

Es wird erzählt, Kieran sei nach Italien gewandert, um die Psalmen und die Evangelien kennenzulernen, und in Rom sei er getauft und zum Bischof geweiht worden. Sein Wirken aber gehörte ganz und gar seiner Heimat Irland. In ihr wollte er ein Kloster gründen, und er fand einen Ort in der Mitte des Landes bei einem «kleinen kalten Quell», wie es in den alten Berichten heißt. Dort wollte er das Land für die Klostergründung vorbereiten. Ganz allein begann er zu graben.

Da kam ein wilder Eber herbei, der fing an, mit seinen Hauern das Erdreich aufzuwühlen, und so kraftvoll ging er dabei zu Werke, daß er die Bäume des Waldes alle umlegte, den Boden umwendete und eben machte, als seien Pflug und Egge darüber hingegangen. Darauf richtete Kieran sich eine Hütte auf, um darin zu wohnen, solange er mit der großen Arbeit des Klosterbaues beschäftigt war. Und der wilde Eber fällte und schleppte das Bauholz für ihn, bis alles fertig dastand.

Gott gab dem Kieran auch noch weitere Mönche: Ein Wolf kam, und hinter ihm drein trotteten ein Dachs und ein Fuchs. Sie alle blieben bei dem frommen Mann, verrichteten Arbeiten für ihn und dienten ihm.

So ging es über eine lange Zeit, bis die angeborene Art den Fuchs einmal wieder überkam, daß er Kierans Schuhe stahl und sie in seinen Bau schleppte. Als Kieran merkte, daß sie nicht mehr da waren, sagte er zu den anderen Mönchen, zum Wolf und zum Dachs: «Es steht einem Mönch nicht wohl an, zu plündern und zu stehlen. Dachs, gehe du und bringe den Fuchs, er komme her, ob freiwillig oder mit Gewalt. Für sein Tun soll er gerügt werden.» Da rannte der Dachs los, überfiel den Fuchs, band ihn vom Ohr bis zum Schwanz und schleppte ihn gewaltsam mit sich. Kieran sagte zu ihm: «Faste und tue Buße, denn ein so schlechtes Benehmen ist nicht das rechte für einen Mönch. In Zukunft sei verständig, und wenn du nach irgend etwas Verlangen spürst, wird Gott dir geben, was du haben möchtest.» Der Fuchs tat alles, wie Kieran es verlangte, und er diente dem Heiligen weiterhin wie zuvor.

Menschen werden Kierans Mönche

Allmählich verbreiteten sich Ruhm und Ansehen Kierans im Lande ringsum, und Menschen, die ihn kannten oder die verwandt waren mit ihm, fanden sich von überallher ein. Auch seine Mutter kam und brachte viele Jungfrauen mit sich, die Gott und Kieran dienen wollten. Und er baute ein prächtiges Kloster und eine ausnehmend schöne Kirche. Unermüdlich lehrte er Gottes Wort in den benachbarten Gegenden und in seiner eigenen Heimat Ossory. Und bald waren es viele Menschen, die an Gott glaubten durch Kierans Unterweisung. Viele Mönche lebten mit ihm in seinem Kloster.

Gott schenkt Kierans Kloster Schweine und Schafe

Einmal kam Kierans Koch zu ihm und sagte: «Wir haben keine Schweine; wir brauchten aber welche, um unsere Mönche ernähren zu können.» – «Gott hat die Macht, uns das Notwendige zu geben», sprach Kieran. Und nicht lange dauerte es, da sahen sie zwölf Schweine, die liefen auf sie zu, blieben bei ihnen, und manche Herde wurde daraus gezüchtet.

Ein andermal sagte derselbe Koch zu Kieran: «Wir brauchen Schafe! Wir müssen sie kaufen, wenn wir sie nicht auf andere Weise kriegen können.» – «Für Gott ist es nicht schwerer, Schafe herbeizuschaffen als Schweine», entgegnete Kieran. Und das erwies sich als wahr, denn bald darauf sahen die beiden Mönche eine Herde weißer Schafe in der Ebene weiden, die vermehrte sich mit der Zeit so, daß die Tiere kaum noch zu zählen waren.

Kieran erweckt sieben tote Harfner zum Leben

Der König von Munster, Oengus mit Namen, hatte zu der Zeit sieben Harfner, die waren von Gallien herüber zu ihm gekommen. Sie wurden aber allesamt ermordet, und ihre Leiber wurden von den Mördern verborgen, so daß niemand wußte, wo sie waren. Oengus war sehr betroffen, da er nicht erfahren konnte, was seinen Harfnern zugestoßen war. Daher suchte er Kieran auf, daß er ihm helfe. Der Heilige sagte: «Deine Harfenspieler sind in einem See ertränkt worden. Ihre Harfen hängen in einem Baum hoch über der oberen Seite des Sees.» – «Ich flehe dich an, komme mit mir, sie zu suchen», bat der König. Der Heilige stand auf, nahm sieben aus seiner Schar mit sich und ging zu dem See. Dort blieb er drei Tage und drei Nächte lang, fastete und betete. Und nachdem das geschehen war, verschwand das Wasser des Sees, die Leiber der Spielleute wurden am Ufer gefunden. Einen ganzen Monat hatten sie im See gelegen, Kieran aber erweckte sie wieder zum Leben. Die Männer nahmen ihre Harfen und spielten darauf und sangen ihre Lieder so überaus schön, daß der König und seine Krieger durch die Musik in Schlaf fielen. – Der See hat seit dieser Zeit nie mehr Wasser gehabt; See der Harfen wird der Ort genannt.

Von wundersamen Beerenbüschen

Eines Tages ging Kieran durch einen benachbarten Wald. Auf einer großen Lichtung fand er einen Brombeerbusch. Er deckte ein Bündel Binsen darüber, damit der Strauch zu jeder Jahreszeit Beeren trüge, wann immer Kieran käme, danach zu suchen.

Ein gleiches ist wohl mit einem Weißdornbusch geschehen. Er steht heute bei dem Orte Clareen und wird zu Kierans Gedächtnis in Ehren gehalten. Da er mitten auf einer großen Straße wuchs, führte man diese rechts und links um den Weißdornstrauch herum und ließ ihn selber wie auf einer kleinen Insel von Gras und Felsgestein unberührt stehen.

Kieran verhindert einen Krieg

Einmal drang der König von Tara mit seinem Heer in die Provinz Munster ein, und die Männer von Munster rotteten sich zusammen gegen ihn, so daß beide Kriegsscharen einander gegenüberstanden. Kieran flehte Gott um Hilfe an. Und ein mächtiger Wald wuchs zwischen den feindlichen Heeren auf, dazu entstand ein breiter, hochflutender Fluß, der bis in spätere Zeiten hinein geblieben ist. So waren die feindlichen Heere getrennt. Die Männer von Tara gingen in ihr Land zurück, die Munsterleute blieben bis zur Nacht an dem Ort, wo sie sich befanden. Kieran sandte ihnen eine Kuh und ein Schwein, und er segnete die beiden Tiere, da reichten sie aus für die ganze Schar. Was übrigblieb, war noch genug für einen jeden am folgenden Tag.

Kieran überwindet weite Entfernungen

Kierans Pflegemutter Cochae lebte weit entfernt von ihm im Westen Irlands, nahe der Küste. Kierans Klostersiedlung

Saigir aber lag inmitten des Landes. Die Ochsen, die dem Heiligen und seinen Mönchen gehörten, pflegten, wenn es an der Zeit war, ganz allein dorthin zu trotten, wo Cochae wohnte, und sie blieben so lange bei ihr, bis sie alle Äcker der Frau gepflügt hatten. War die Arbeit getan, so kehrten die Ochsen geradewegs zurück nach Saigir, und auch dabei brauchte niemand sie zu führen.

Am Heiligen Abend, in der Nacht vor dem Weihnachtsfest, wenn Kieran mit seinen Klosterbrüdern die Messe gefeiert und alle Gebete beendet hatte, befand er sich danach plötzlich in der Kapelle seiner Pflegemutter, um mit ihr zusammen der Geburt Christi zu gedenken. Frühmorgens aber war er wieder zurück in Saigir, und niemand weiß, wie es geschehen konnte, daß Kieran so große Entfernungen in so kurzer Zeit überwand. Ein gleiches geschah zuweilen, wenn Cochae für ihre Gebete einen Felsen aufgesucht hatte, der einsam in der See draußen lag. Dann stellte sich ab und zu Kieran bei ihr ein, und er brauchte für den Weg hin und zurück weder Boot noch Fähre.

Auch bei seiner leiblichen Mutter Liven weilte Kieran in Gedanken oft. Einst hatte sie Flachs zum Trocknen an die Wand ihres Hauses gehängt. Der Flachs fing Feuer, und das ganze Haus wurde dadurch in Flammen gesetzt. Und obwohl Kieran entfernt war von diesem Ort, sah er doch, was geschah. Er hob seine Hand, segnete das Haus und löschte das Feuer. So wurde Livens Haus gerettet.

Wie der Kuckuck mitten im Winter rief

Liven lebte zusammen mit einigen Jungfrauen, eine davon war ihre Pflegetochter, Bruitnech mit Namen. Die war eine Tochter des Königs von Munster, und Liven liebte das Mädchen sehr.

Ein fremder König hörte von der Schönheit dieser Pflegetochter, und er kam und raubte sie. Kieran suchte ihn auf und bat ihn, das Mädchen wieder freizugeben. Der König aber verweigerte das, er sagte: «Nicht eher lasse ich sie gehen, als bis das Rufen des Kuckucks mich weckt.» Es war aber mitten im Winter, und am nächsten Morgen fiel ein tiefer Schnee, der bedeckte das Land ringsum. Nur der Platz, an dem Kieran und seine Begleiter sich befanden, blieb frei davon. Und in frühester Morgenstunde ließ laut der Kuckuck sich hören, er rief und rief. Da war der König erschrocken, er fiel vor Kieran nieder und ließ das Mädchen mit ihm ziehen.

Kieran wärmt das Wasser für Bischof Germanus

Einst besuchte der Bischof Germanus den heiligen Kieran. Die beiden wateten ein Stück weit in den Strom, um dort zu beten, denn so war Kieran es gewohnt. Das Wasser war aber eisig kalt, Germanus konnte es nicht ertragen. Kieran bemerkte das. Er beschrieb mit seinem Stab das Kreuzzeichen über dem Strom, und nun empfand Germanus das Wasser als ganz warm.

Kieran sagte zu ihm: «Der Sohn des Königs Cashel wird uns morgen besuchen, er ist ein treuer Pflegling von mir. Darum fang bitte den Salm, der eben an dir vorüberzieht.» Germanus streckte die Hand aus, fing den Salm, und so hatte Kieran Speise bereit für den nächsten Tag und für den Besuch seines Pflegesohnes.

Kieran hilft einem Mönchsbruder aus der Not

In der Nachbarschaft von Clonmacnoise lebte ein grausamer König. Damit er seine Schätze sicher gehütet wüßte, gab er sie einem frommen Mönch zur Aufbewahrung. Der aber teilte sie unter die Armen Gottes aus. Wie nun der König seine Schätze holen lassen wollte, bekam er sie nicht.

Er machte dem Mönch bittere Vorwürfe, setzte ihn gefangen und sagte, er wolle für ihn kein anderes Lösegeld annehmen als sechzig weiße Kühe mit roten Ohren. Der Mönch sprach: «Gott ist es möglich, mich die finden zu lassen. Löse meine Ketten, daß ich nach den Tieren suche.» Man setzte den Gefangenen frei und er ging zu Kieran in Saigir. Zusammen machten sich die beiden auf den Weg, und sie waren noch nicht lange gegangen, da sandte Gott ihnen die gewünschten Tiere. Die trieben sie nun zu dem König hin als Ersatz für die weggeschenkten Schätze. Doch nachdem der König die sechzig weißen, rotohrigen Kühe angenommen hatte, lösten diese sich plötzlich in Nichts auf und verschwanden. Das erschreckte den König sehr. Er bat Gott, ihm zu vergeben, und fortan lebte er in Frieden mit Kieran und den übrigen Mönchen.

Kieran läßt zweimal auf wunderbare Weise Feuer aufbrennen

Einst erhielt Kieran den Besuch eines Mönchsbruders. Da kam ein böser Geist, vielleicht war es auch ein Teufel, der löschte das Feuer aus, das des kalten Wetters wegen im Kamin gebrannt hatte. Als Kieran das sah, segnete er einen großen Stein, schlug Feuerflammen daraus und trug mit seinen Händen den lodernden Stein dorthin, wo sein Gast saß. Der konnte sich nun wärmen daran.

Ein andermal kamen zwei Brüder, Odran und Medran mit Namen, zu Kieran. Sie wollten nach kurzem Aufenthalt bei ihm weiterwandern und sich im Königreich Ossory einen Ort suchen, wo sie als Einsiedler leben könnten. Wie sie nun aber bei dem Heiligen waren, erwachte in Medran der Wunsch, als ein Mönch in Kierans Kloster zu bleiben. Das war Odran nicht recht und er bat Kieran, den Bruder nicht zurückzuhalten. Der Heilige sagte: «Laß Gott entscheiden, ob Medran bei mir bleiben soll oder weiterwandern mit dir. Er nehme eine Lampe in die Hand, in der weder Öl noch Feuer ist. Entzündet sich die Lampe, wenn Medran darauf bläst, so möge er bei mir bleiben; tut sie es nicht, so gehe er mit dir.» Gesagt, getan. Die Lampe flammte auf, und Medran blieb in Saigir bis an sein Lebensende.

PATRIK

In England wurde Patrik geboren, nicht in Irland, wo man ihn heute noch mit besonderer Liebe verehrt. Seine Mutter brachte ihn zur Welt auf einem großen flachen Stein, der lag erhöht, unterstützt von anderen Steinen. Seit der neugeborene Patrik auf ihm gelegen hatte, besaß der Stein eine besondere Kraft: Sprach jemand unter ihm einen Meineid, sprudelte Wasser hervor mit solcher Gewalt, als wolle der Stein dadurch das falsche Zeugnis auslöschen. War es jedoch die Wahrheit, die beschworen wurde, so blieb der Stein trocken.

Patriks Vater und auch sein Großvater waren beide Männer geistlichen Standes. In jenen alten Zeiten gab es bei den Inselkelten noch kein Gebot, daß die Diener Gottes unverheiratet und ohne Familie bleiben sollten. Von Patriks Mutter sagt man, sie sei ein Schwesterkind des heiligen Martin von Tours gewesen. Doch nicht sie zog den Knaben auf, sondern eine Pflegemutter, denn so war es Sitte damals bei den vornehmen Familien in England und in Irland.

Kindheitswunder – Patrik und das Feuer

In der Winterszeit gab es einmal eine mächtige Überschwemmung, so daß die Wasserfluten bis in das Haus von Patriks Pflegemutter eindrangen. Die Kessel, Teller und Schüsseln schwammen auf den Wellen, und das Feuer auf der offenen Herdstelle war erloschen. Der kleine Patrik schrie, er war hungrig und wollte warmen Brei essen, wie er ihn zu dieser Tageszeit gewohnt war. Die Pflegemutter in ihrer Not meinte: «Wir haben jetzt wahrlich anderes zu tun und haben an mehr zu denken als an warmen

Brei für dich. Und wie sollten wir den auch herbeischaffen, da uns nicht das kleinste Fünkchen Feuer geblieben ist!» Nachdem Patrik diese Worte angehört hatte, suchte er im Hause umher, bis er eine Stelle fand, die von den Fluten frei geblieben war. Dann lief er zum Wasser, tauchte seine Hand hinein und hob sie auf. Da fielen fünf Tropfen von Patriks Fingern, die wurden im Niederfallen zu fünf Funken und gleich darauf flammte ein lustiges Feuer auf, flackerte und glühte, und das Wasser konnte ihm nichts anhaben.

Die brennenden Eiszapfen

Nicht lange danach brachte der Winter strengen Frost. Schnee und Eis bedeckten das Land. Patrik spielte mit seinen Pflegebrüdern draußen. Besonderes Vergnügen fand er an den Eiszapfen, er sammelte davon so viele, wie er im Schoß seines weiten Kittels halten konnte und trug sie ins Haus zur Pflegemutter. Die lachte und sagte zu ihm: «Brächtest du ein Bündel trockenes Holz für das Feuer, daß wir uns dran wärmen könnten, so wäre das besser. Was soll uns das Eis, das du da heranschleppst?» Der Junge erwiderte seiner Pflegemutter: «Glaube nur, wenn Gott will, so brennen die Eiszapfen ebensogut wie das beste Brennholz.» Damit hielt er die Eiszapfen ins Feuer, und augenblicklich begannen sie zu glühen. Da blies Patrik sie kräftig an, und nun flammten sie auf und brannten nieder wie trockenes Holz. Durch diese beiden Wunder gab Gott früh schon zu erkennen, daß Patriks Tun und Wirken einst aufflammen sollte gleich einem hellen, machtvollen Feuer.

Wie Patrik als Gefangener nach Irland kam

Als Patrik alt genug geworden war, um bei der Bauernarbeit zu helfen, hütete er das Vieh draußen auf den Weiden, die zu des Großvaters kleinem Bauernhof gehörten. Es kamen aber in diesen Jahren öfter Schiffe von Irland her über das Meer, und die Männer, die darin waren, raubten und plünderten an den Küsten Britanniens. Sie suchten Gefangene zu machen, die nahmen sie mit sich, um sie daheim als Arbeitssklaven zu verkaufen. Von solchen räuberischen Seefahrern wurde auch Patrik gefangen, als er kaum 16 Jahre alt war. Man brachte ihn in den Nordosten der irischen Insel. Dort kaufte ein Mann mit Namen Miliuc den Jungen, damit er ihm seine Schweine- und Rinderherden hüten sollte. Ein alter Geschichtsschreiber berichtet, Patriks Herr Miliuc sei ein Druide gewesen, und das mag wohl so sein.

Ein schöner Berg, Slemish genannt, erhebt sich dort, wo Patrik fortan lebte, und an den Hängen dieses Berges hütete der Junge das Vieh. Oft blieb er nachts draußen, im Wald oder auf dem Berge. Er ertrug Regen, Schnee und Frost, ohne daß sie ihm Krankheit oder Leiden gebracht hätten. In der Einsamkeit aber kam ihm mehr und mehr der Gedanke an Gott, und Patrik begann, sich im Gebet Gott zuzuwenden. Später, als alter Mann, hat der Heilige erzählt, daß er beim Hüten in der Gefangenschaft wohl hundert Gebete vom Morgen bis zum Abend gesprochen habe und während der Nacht kaum weniger; er sei dabei auch weder müde noch träge geworden, denn der Geist habe geglüht in ihm.

Patriks Flucht

Als sechs Jahre vergangen waren, hörte Patrik eines Nachts im Schlaf eine Stimme, die sagte: «Siehe, dein Schiff ist bereit!» Er wußte, daß der Ort, den die Stimme meinte, wohl über zweihundert Meilen weit entfernt war, nie zuvor war er dort gewesen, und er kannte keinen Menschen, der ihm den Weg hätte zeigen können. Dennoch machte er sich auf zur Flucht und erreichte glücklich den Ort, den die

Stimme ihm gewiesen hatte. Dort lag im Hafen ein Segelschiff, bereit zum Aufbruch. Patrik bat die Seeleute, ihn mitzunehmen, doch der Kapitän wollte nichts davon wissen, er schlug die Bitte des Jünglings schroff ab. Da wandte dieser sich, um wegzugehen, und wie er Fuß vor Fuß setzte, begann er zu beten. Nicht lange, so hörte er Rufen hinter sich: «Komm, wir nehmen dich auf in unser Boot und bieten dir unsere Freundschaft an.» Und bald darauf segelte das Schiff mit ihm fort auf das Meer hinaus.

Nach drei Tagen erreichten sie die Küste der Halbinsel Armorica, die heute die Bretagne heißt. Sie wanderten in diesem Land vier Wochen lang, ohne einen Menschen anzutreffen. Ihre Vorräte waren erschöpft, Hunger überkam sie. Da sprach der Kapitän eines Tages zu Patrik: «Wie ist das nun, du Christenmann? Du sagst, Gott sei groß und allmächtig, warum kannst du nicht beten für uns, daß wir nicht Hungers sterben?» Patrik antwortete: «Vertraue nur auf Gott. Ihm ist nichts unmöglich, und er kann uns heute noch auf unserem Wege Nahrung finden lassen, daß wir im Überfluß haben.» Und wie Patrik gesagt hatte, so geschah es. Eine wilde Schweineherde begegnete den Hungernden, davon töteten sie so viele, wie sie brauchten, um samt ihren Hunden wieder zu Kräften zu kommen. Und vom selben Tag an brauchten sie auch weiterhin nicht Not zu leiden.

Patrik kehrt nach Britannien zurück und wird gerufen

Bald darauf konnte Patrik nach Britannien und zu seinen Eltern zurückkehren. Darüber war er froh, und er gedachte nun in der Heimat zu bleiben. Doch Gott hatte anderes mit ihm vor. Einmal, zur mitternächtigen Stunde, sah Patrik einen Mann auf sich zukommen und ihm war, als käme der von Irland her. Der Mann – eine lichte Gestalt – trug zahllose Briefe und gab Patrik einen davon. Patrik suchte zu erkennen, was in dem Brief geschrieben stand, und er las:

«Die Stimme der Iren.» Und während er den Inhalt des Briefes weiter zu entziffern suchte, war es ihm, als höre er von Irlands Westküste her Menschen rufen: «Wir flehen dich an, du Jüngling Gottes, komm und wandle fortan unter uns!» Patrik war tief bewegt in seinem Herzen, er konnte nicht weiterlesen und wachte auf.

Wie der Heilige Geist Patrik beten half

In einer anderen Nacht – Patrik wußte nicht, ob es in ihm war oder außer ihm – vernahm er wiederum eine Stimme. Zuerst konnte er die Worte, die sie sprach, nicht verstehen, schließlich aber hörte er sie sagen: «Er, der sein Leben für dich hingab, ist es, der in dir spricht.» Da erwachte Patrik voll Freude. Und wieder erblickte er im Schlaf Gott in sich, als sei dieser in seinem Leibe, und über sich hörte Patrik, wie mit mächtiger Stimme ein Gebet gesprochen wurde. Das verwirrte und erstaunte ihn, und er sann darüber nach, wer es sein könnte, der in ihm betete. Aber zuletzt sprach dieser so, als sei er der Heilige Geist. Und als Patrik nun erwachte, kam es ihm in den Sinn, daß der Apostel sagt: «Der Geist wird sich unser annehmen, wo unsere Kraft nicht ausreicht. Wir können von uns aus nicht wissen, um was wir beten dürfen; der Geist tritt stellvertretend für uns ein mit unaussprechlichem Seufzen, das in Worten nicht auszudrücken ist.» Und weiter fiel Patrik ein, daß es heißt: «Der Herr nimmt sich unser an und betet für uns.»

Patriks Scheune

Kurz danach hörte Patrik in der Nacht wiederum eine Stimme in sich sprechen; er wußte, daß es Gottes Stimme war, und er wußte auch, daß er nach Irland gehen müßte, um den Menschen dort von Christus zu erzählen. So bereitete er sich vor und begann sein Werk einige Jahre später, nachdem er in Gallien zum Bischof geweiht worden war. Er nahm mit sich einige Mönchsbrüder, und nach längerer Seefahrt segelte die kleine Schar schließlich mit ihrem Boot in einen Meeresarm an Irlands Nordostküste. Hier gingen sie an Land, freuten sich der schönen grünen Weiden, die sie ringsum sahen, und als sie am Fuße eines Hügels eine Scheune fanden, richteten sie sich darin ein, um fürs erste einen Unterschlupf zu haben. Das Land gehörte aber einem Könige, Dichu mit Namen, und Dichus Schweinehirt entdeckte die fremden Männer in der Scheune, hielt sie für Seeräuber und eilte zu seinem Herrn, um ihn zu warnen. Dichu kam mit seinen Hunden, die hetzte er auf die Fremden. Patrik begann mit lauter Stimme einen Psalm zu singen und trat den wütenden Hunden furchtlos entgegen. Sogleich beruhigten die Tiere sich und bedrohten die Männer nicht länger. Als Dichu das sah, wunderte er sich und hörte an, was Patrik zu ihm sprach. Der begann, dem König von Christus zu erzählen, und es dauerte nicht lange, da glaubte Dichu und ließ sich taufen. Von denen, die Patrik in Irland zu Christen machte, war er der erste, und er schenkte Patrik und den Seinen die Scheune, die seitdem «Patriks Scheune» hieß.

Patrik entzündet das Osterfeuer und ruft den Zorn des Hochkönigs hervor

Der Winter kam und ging vorüber, und als das Osterfest herannahte, dachte Patrik, es sei gut, die heilige Zeit in der Nähe von Tara zu verbringen, wo der Hochkönig mit seinen Druiden zum großen druidischen Frühlingsfeste weilte. Diese Männer vor allem – so meinte Patrik – sollten von Christus erfahren. Er begab sich also ins Innere der irischen Insel auf einen Hügel, von dessen Rücken man nach Süden weit ins Land hinaus sehen kann. Dort erhebt sich der

Tara-Hügel, und es ist nicht schwer, den Blick von einer Höhe zur anderen wandern zu lassen.

Patrik wußte, daß es nicht leicht sein würde, den Druiden des Hochkönigs zu zeigen, daß eine neue Zeit angebrochen war, daß der hohe Sonnengeist, den alle Druiden seit Jahrhunderten im Himmelslicht gesehen und verehrt hatten, mit Christus zur Erde gekommen war und zu den Menschen. Aber Patrik war der Streitbare unter den Heiligen. Hatte er doch früh schon Kampf und Gefangenschaft erlebt, er fürchtete nicht für Leib und Leben. So wagte er es, ein strenges Gebot des Hochkönigs zu übertreten. Am Vorabend des Festes nämlich, zu dem die Könige von Irland samt den Druiden und vielem Volk in Tara zusammengekommen waren, mußten in ganz Irland alle Herdfeuer gelöscht werden. Dunkel sollte das Land daliegen, bis die Druiden auf dem Tara-Hügel die neuen Feuer entzündet hätten. Wer diesem Gebot zuwiderhandelte, der sollte weder mit Silber noch mit Gold sich von der Todesstrafe freikaufen können, so war es der Wille des Hochkönigs. Doch während die ganze Festversammlung von Tara noch darauf wartete, daß die Druiden ihres heiligen Amtes walteten, leuchtete plötzlich im Dunkel von einem Hügel im Norden her ein großes Feuer auf. Das hatte Patrik entzündet. Denn es war Karsamstag, der Vorabend von Ostern, und mit diesem Feuer wollte Patrik das große Fest der Auferstehung Christi einleiten.

Der Hochkönig sah die hellen Flammen in der Ferne und er sprach zu dem Höchsten unter seinen Druiden: «Kannst du mir sagen, wer es ist, der meinen Bann und mein Gebot zu brechen wagt?» Der Druide antwortete: «Das Feuer, das wir sehen, ist eines von besonderer Art. Wenn es nicht noch in dieser Nacht gelöscht werden kann, so ist es in Ewigkeit nicht zu löschen. Vielmehr wird es alle unsere Feuer überstrahlen. Und von ihm, der es in dieser Nacht entzündete, geht eine Macht aus, die uns alle besiegen wird. Er wird dich und alle Menschen deines Königreiches überwinden.

Alle Königreiche werden sich neigen vor ihm.» – «Das soll nicht geschehen», erwiderte der Hochkönig, «wir wollen uns aufmachen und den, der das Feuer entzündet hat, töten.» Sogleich wurden die Wagen herbeigeholt, die Pferde angeschirrt und eine große Schar brach auf zu dem Hügel, von dem her der Brand leuchtete. Die Druiden warnten den Hochkönig: «Halte dich fern vom Feuer, sonst geschieht es am Ende, daß du dem, der es anzündete, Ehre erzeigst und dich vor ihm neigst.» Das sagten sie, weil sie wußten, daß sie mit all ihrer Macht nicht imstande waren, die Glut zu löschen, ja, daß sie sich ihr nicht einmal nähern konnten, denn Patrik hatte mit Segenssprüchen einen Bannkreis um das Feuer gelegt, der von niemandem zu durchdringen war, der nicht an Christus glaubte. «Wir wollen den Mann herrufen zu dir, König», sagten die Druiden, «er soll erkennen, daß du der Herrscher bist und er dein Untergebener, und in deiner Gegenwart wollen wir dann sprechen mit ihm.»

Alle stiegen von ihren Wagen, ließen sich auf dem Erdboden nieder und verabredeten, daß keiner von ihnen aufstehen solle, um Patrik zu begrüßen. Dann wurde der Heilige gerufen. Die Männer hockten vor ihm, bis zum Kinn hinter ihren Schilden verborgen. Der Meisterdruide begann, Fragen zu stellen, Patrik tat desgleichen. Das ging so hin und wieder, bis der Druide schließlich begann, den Gott, den Patrik verehrte, mit häßlichen Worten zu lästern. Da ergriff Zorn den Heiligen und mit lauter Stimme rief er: «Herr, der du alles vermagst, der du mich hergesendet hast, um den Heiden deinen Namen zu verkünden, laß diesen, der deinen Namen lästert, in die Luft emporgehoben werden und dann sterben!« Als Patrik das gesagt hatte, wurde der Druide in die Höhe gerissen und gleich darauf zu Boden geschmettert, daß kein Leben mehr in ihm war.

Die Männer, die das sahen, waren erschrocken. Der König aber wütete nun erst recht gegen Patrik und rief: «Greift ihn und tötet ihn!» Als die Schar jedoch begann, sich gegen den Heiligen zu erheben, rief Patrik: «Herrgott, laß diese, die dich hassen, fliehen vor deiner Macht, wie Rauch vor dem Winde verweht, wie Wachs schmilzt vor dem Feuer!» Sogleich hüllte eine tiefe Dunkelheit alles Land ringsum ein, der Boden bebte, der Himmel schien auf die Erde herabzufallen, die Rosse jagten voll Angst davon, der Sturmwind wirbelte die Kampfwagen übers Feld. Die Männer von Tara ergriffen die Flucht, hierhin und dorthin, und als die Finsternis sich endlich zu lichten begann, standen nur noch drei Menschen Patrik gegenüber, nämlich der Hochkönig, seine Gemahlin und einer der Diener. Die Königin flehte Patrik an: «Du Mächtiger, schone den König, er soll zu dir kommen und handeln nach deinem Willen.» Wirklich schritt der Hochkönig auf Patrik zu, beugte das Knie und versprach, Frieden zu halten. Insgeheim aber sann er, Patrik zu töten.

Patrik und seine Brüder werden in Hirsche verwandelt, und der Heilige singt eine wunderkräftige Hymne

Nicht lange, nachdem all dies geschehen war, sandte der König dem Heiligen Nachricht: «Komm zu mir nach Tara, Christenmann, daß ich in Gegenwart aller Männer von Irland lerne, an das zu glauben, was du verkündest.» An alle Wege und Pfade aber, die nach Tara führten, hatte der König Krieger gestellt, die lauerten im Hinterhalt, um Patrik zu fangen. Der machte sich bereit mit sieben jungen Mönchen und einem Diener. Bevor sie aufbrachen, segnete er sie alle. Da senkte sich eine Wolke über sie, in der sie verschwanden. Patrik begann mit weithin klingender Stimme zu singen. Die Krieger, die in ihren Verstecken hockten, hörten nichts davon, nach einer Weile aber sahen sie unter sich auf dem Wege acht Hirsche vorbeiziehen und hinter den Hirschen ein Hirschkalb. Das war Patrik mit seinen Brüdern und seinem Diener. Und was der Heilige damals in Not und Gefahr als Gesang betend zum Himmel schickte, das hat er später selber aufgeschrieben, so daß wir es heute noch lesen können. Es heißt «Des Rotwilds Schrei» und bewahrte Patrik samt seinen Gefährten vor allem Unheil.

Ich erhebe mich heute
  Durch gewaltige Kraft, durch Aufrufung
    der Dreifaltigkeit,
  Durch Glauben an die Dreiheit,
  Durch Bekennen der Einheit
  Des Schöpfers.

Ich erhebe mich heute
  Kraft der Geburt Christi und seiner Taufe,
  Kraft seiner Kreuzigung und seiner Grablegung,
  Kraft seiner Auferstehung und seiner Himmelfahrt,
  Kraft seiner Wiederkunft beim Jüngsten Gerichte.

Ich erhebe mich heute
  Kraft der Liebe der Cherubim,
  Des Gehorsams der Engel,
  Der Unterwürfigkeit der Erzengel,
  Der Hoffnung auf Lohn bei der Auferstehung,
  Kraft der Gebete der Patriarchen,
  Kraft der Wahrsagungen der Propheten,
  Kraft des Glaubens der Bekenner,
  Kraft der Unschuld der heiligen Jungfrauen,
  Kraft der Taten der Gerechten.

Ich erhebe mich heute
  Kraft der Himmel,
  Des Lichtes der Sonne,
  Des Glanzes des Mondes,
  Des Leuchtens des Feuers.
  Des Eilens des Blitzes,
  Des Sausens des Windes,
  Der Tiefe des Meeres,
  Der Festigkeit der Erde,
  Der Härte der Felsen.

Ich erhebe mich heute
  Kraft Gottes, der mich lenken möge.
  Gottes Macht erhalte mich aufrecht,
  Gottes Weisheit führe mich,
  Gottes Auge schaue für mich,
  Gottes Ohr höre mich.
  Gottes Wort spreche für mich,
  Gottes Hand schütze mich,
  Gottes Weg liege vor mir,
  Gottes Schild schirme mich,
  Gottes Heerschar rette mich
    Vor Schlingen des Teufels,
    Vor Versuchungen der Sünde,
    Vor Lockungen des Fleisches,
    Vor jedem, der mir übel will,
      Nah und fern,
      Allein und in der Menge.

Ich rufe heute alle jene Gewalten an, mich vor diesen Übeln
  zu schützen,
Vor jeder grausamen und erbarmungslosen Macht,
  die meinen Leib und meine Seele bedroht,
Vor Beschwörungen falscher Propheten,
Vor den schweren Gesetzen der Heiden,
Vor den falschen Gesetzen der Irrlehrer,
Vor der Kunst der Götzendiener,
Vor den Zaubersprüchen der Frauen und Schmiede
  und Druiden,
Vor jeder Wissenschaft, die des Menschen Leib
  und Seele verdirbt.

  Christus schütze mich heute
    Gegen Gift, gegen Feuer,
    Gegen Wasser, gegen Wunden,
  Daß mir reichliche Belohnung werde.

Christus sei mit mir, Christus vor mir, Christus hinter mir,
Christus sei in mir, Christus unter mir, Christus über mir,
Christus sei mir zur Rechten, Christus mir zur Linken,
Christus sei, wo ich liege, Christus, wo ich sitze, Christus,
  wo ich mich erhebe,
Christus sei im Herzen eines jeden, der meiner gedenkt,
Christus sei im Munde eines jeden, der von mir spricht,
Christus sei in jedem Auge, das mich sieht,
Christus sei in jedem Ohre, das mich hört.

Ich erhebe mich heute
  Durch gewaltige Kraft, durch Anrufung der
    Dreifaltigkeit,
  Durch Glauben an die Dreiheit,
  Durch Bekennen der Einheit
  Des Schöpfers.

(Übertragen von Julius Pokorny)

Patrik tut Wunder im Wettstreit mit den Druiden des Königs

Der König merkte, daß Patrik ihm wieder entgangen war, Ärger und Scham erfüllten ihn.

Am folgenden Tage saßen die Männer in der großen Halle von Tara beisammen; sie aßen und tranken und sprachen von dem, was ihnen in der Nacht bei Patriks Osterfeuer widerfahren war. Plötzlich erblickten sie den Heiligen mitten unter sich, und doch waren alle Türen der Halle geschlossen, und keiner hatte ihn kommen sehen. Wieder erhob sich auch diesmal niemand vor ihm, außer einem, das war Dubthach, der König der Dichter von Irland und der Dichter des Hochkönigs. Nach ihm stand auch Fiacc auf, ein junger Bursche aus des Dichters Haushalt.

Dubthach der Dichterkönig wurde an diesem Tage der erste Christusgläubige in Tara. Patrik segnete ihn und seine Nachkommenschaft. Darauf wurde Patrik zu dem Sitz des Hochkönigs geführt, daß er äße und in seinem Wissen über Zukünftiges geprüft würde. Der Heilige wußte, was ihm bevorstand. Es kam nämlich ein Druide, Lucat mit Namen, der wollte an Patrik rächen, was dieser beim Feuer dem Meisterdruiden angetan hatte. Vor Patrik stand ein Trinkbecher, dahinein schüttete Lucat einige Tropfen Gift. Patrik bemerkte das, und der Druide wußte, daß er es bemerkte, doch wollte er sehen, was der Christenmann zu tun vermöchte. Patrik segnete den Becher, da gerann die Flüssigkeit, die darin war. Darauf wandte der Heilige das Gefäß um, und das Gift fiel heraus, aber nur dieses. Nun segnete Patrik das Getränk noch einmal, und es nahm seine natürliche Beschaffenheit wieder an.

Draußen, in der Ebene von Tara, hatten sich viele Menschen versammelt. Der Druide sagte: «Laß uns hinausgehen und vor der Menge zusammen Wunder vollbringen, damit wir erkennen, wer von uns der Stärkere ist.» Patrik fragte: «Das mag geschehen, doch welcher Art sollen die Wunder sein?» Lucat antwortete: «Wir wollen es schneien lassen, bis die ganze Ebene vor uns weiß ist.» Patrik entgegnete: «Mein Sinn steht nicht danach, etwas gegen den Willen Gottes zu wünschen.» Der Druide aber sagte: «Ich will die Ebene zudecken mit Schnee, auch wenn es dir nicht paßt.» Darauf begann er seine Zaubersprüche und Zaubergesänge, und es fiel Schnee in solchen Mengen, daß er einem Manne bis zum Gürtel reichte. Bewunderung erfüllte die Menschen ringsum. Patrik sprach: «Wir sehen den Schnee. Nun schaff ihn weg, wenn du kannst.» Der Druide antwortete: «Das ist mir erst möglich zur selben Stunde morgen.» – «Bei meines Gottes Urteilsspruch!» sagte Patrik, «mit deiner Macht steht es übel und nicht zum besten.» Darauf segnete der Heilige die Ebene in alle vier Himmelsrichtungen, und schneller, als Gesprochenes vorüberhuscht, schwand der Schnee bei

Patriks Worten hin – ohne Regen, ohne Sonne, ohne Wind. – Nun ließ der Druide durch einen Zauberspruch Finsternis über die Erde kommen, daß die Menschen ringsum aufschrien. Patrik sagte: «Hebe die Dunkelheit auf!» – «Heute kann ich es nicht», antwortete der Druide. Patrik betete, segnete die Ebene und die Finsternis war gebannt, die Sonne schien, und alle, die da waren, sagten Dank.

Lange währte so der Wettstreit zwischen den beiden Männern. Schließlich fiel dem König ein zu sagen: «Werft beide eure Bücher ins Wasser; wir wollen den ehren, dessen Buch unbeschädigt daraus wieder hervorkommt.» Patrik antwortete: «Ich bin bereit dazu.» Der Druide aber entgegnete: «Ich bin nicht gewillt, mit ihm zusammen die Wasserprobe einzugehen, denn ihm ist das Wasser ein Gott.» So sprach Lucat, weil er gehört hatte, daß Patrik mit Wasser zu taufen pflegte. Darauf meinte der König: «So werft die Bücher ins Feuer!» Und der Heilige sprach wieder: «Ich bin bereit.» Aber der Druide weigerte sich: «Dieser Mann verehrt, wechselweise von Jahr zu Jahr, bald das Wasser und bald das Feuer als seinen Gott.» – «Es ist nicht so, wie du sagst», erwiderte Patrik, «doch da du meinst, ich verehrte einen Gott des Feuers, schlage ich dir dies vor: Setze dich in ein Haus, das vollkommen verschlossen ist, und einer meiner Mönchsbrüder soll vor dir hineingehen. Du seiest in mein Gewand gehüllt, der Mönch aber in deinen Mantel. Dann werde das Haus in Brand gesteckt, so daß Gott sein Urteil über euch offenbaren könne.» Dieser Vorschlag wurde gutgeheißen von den Männern Irlands, die um den König versammelt waren. Und das Haus wurde in dieser Weise gebaut: trocken auf der einen Seite, auf der anderen feucht und frisch. In die feuchte Hälfte wurde der Druide gebracht, eingehüllt in Patriks Kutte. Den Mönch aber, Benen war sein Name, führte man in die trockene Hälfte und legte ihm den Mantel des Druiden um. Dann wurde das Haus mit einem Riegel verschlossen und gleich darauf wurde Feuer hineingeworfen. Durch die Kraft von Patriks

Gebet ereignete sich ein großes Wunder, denn es brannte die frische, feuchte Seite des Hauses nieder samt dem Druiden, der darin saß, Patriks Gewand jedoch blieb erhalten. Die trockene Haushälfte, worin der Mönch sich befand, blieb von den Flammen verschont, Benen stand unversehrt inmitten des Druidenmantels, den das Feuer um ihn her in einen Kranz von Asche verwandelt hatte.

Nach diesen und manchen anderen Wundern, die durch Patrik geschahen, gab König Loegaire den Widerstand gegen den Heiligen endlich auf. Er schloß Frieden mit ihm und wurde sein Freund.

Die Geschichte von den Königstöchtern bei der Quelle

Einst ging Patrik zu der Quelle, die Clebach heißt; in Richtung des Sonnenaufgangs wanderte er darauf zu, doch war es noch vor Sonnenaufgang. Mit ihm gingen seine Brüder, Mönche und Bischöfe, und nahe der Quelle setzten die frommen Männer sich nieder. – Zwei Töchter des Königs kamen in aller Frühe dorthin, um sich zu waschen, wie sie es gewohnt waren. Ethne, die Schöne, hieß die eine, Fedelm, die Rotblonde, die andere. Die Mädchen fanden neben der Quelle die Versammlung der Männer, die weiße Gewänder trugen und Bücher in den Händen hielten. Die Königstöchter wunderten sich über diesen Anblick; sie dachten, die Männer seien vom Volk der Elfen oder Feen, und sie fragten Patrik: «Woher stammt ihr, und von wannen seid ihr gekommen? Seid ihr Elfen oder Götter?» Darauf sagte Patrik: «Es wäre besser für euch, an Gott zu glauben, als uns nach unserer Herkunft zu fragen.» Darauf sprach das ältere Mädchen: «Wer ist dein Gott? Wo ist er? Ist er im Himmel oder in der Erde oder unter der Erde oder auf ihr? Ist er in Meeren oder Strömen oder in Bergen oder Tälern? Hat er Söhne oder Töchter? Gibt es in seinem Königreich Gold, Silber und alle guten Dinge im Überfluß?

Erzähle uns von ihm, wie man ihn sehen, wie man ihn lieben und finden kann! Sage uns, ob er jung ist oder alt, oder ob er das ewige Leben hat. Ist er herrlich? Haben viele seinen Sohn aufgezogen? Sind seine Töchter den Menschen dieser Welt teuer und voll Schönheit?» Erfüllt vom Heiligen Geist antwortete Patrik: «Unser Gott ist der Gott aller Dinge, der Gott von Himmel und Erde, Meer und Fluß, der Gott der Sonne, des Mondes und aller Sterne, der Gott hoher Gebirge und tiefer Täler; der Gott über dem Himmel, im Himmel und unter dem Himmel. Er hat seinen Wohnsitz sowohl im Himmel wie auf Erden und im Meer und in allem, was darin ist. Er erfüllt alle Dinge; er entzündet das Feuer der Sonne und das Licht des Mondes. Er ließ Quellen werden in dürrem Land und trockene Inseln im Meer, und Sterne rief er hervor, um den großen Lichtern beizustehen. Er hat einen Sohn, ewig wie Er selbst und Ihm in allem gleich. Aber der Sohn ist nicht jünger als der Vater noch ist der Vater älter als der Sohn. Und der Heilige Geist atmet in ihnen. Vater und Sohn und Heiliger Geist sind nicht getrennt. Nichtsdestoweniger wünsche ich euch dem Sohne des Himmlischen Königs zu vereinen, denn ihr seid Töchter eines Königs auf Erden.» Und die Mädchen sagten wie mit einem Munde und aus einem Herzen: «Wie kann es uns möglich werden, an diesen König zu glauben? Lehre uns mit allem Fleiß, damit wir Ihn von Angesicht zu Angesicht sehen. Weise uns den Weg, und was immer du uns heißest, wir wollen es tun.» Patrik sprach: «Glaubet ihr, daß durch die Taufe die Sünde eures Vaters und eurer Mutter von euch genommen wird?» – «Wir glauben es», antworteten sie. – «Glaubt ihr, daß es ein Leben nach dem Tode gibt?» fragte Patrik. Und wieder antworteten die Mädchen: «Wir glauben es.» Da wurden sie getauft und Patrik legte segnend einen weißen Schleier auf ihre Häupter. Danach verlangten sie, Christus von Angesicht zu Angesicht zu sehen. Der Heilige sprach zu ihnen: «Ihr könnt den Christus nicht sehen, bevor ihr nicht den Tod gekostet und Christi Leib und Blut empfangen habt.» Die Mädchen antworteten: «Gib uns das heilige Opfer, daß wir würdig werden, den himmlischen Bräutigam zu sehen.» Da empfingen sie das Opfer und schliefen hinüber in den Tod. Patrik legte sie unter *einen* Mantel, in *ein* Bett, und ihre Freunde beklagten sie sehr.

Es kamen aber zwei Druiden, Moel und Caplait mit Namen, die stritten wider Patrik, weil die beiden Königstöchter den Glauben angenommen hatten und dann zum Himmel eingegangen waren. Caplait vor allem zürnte dem Heiligen, denn er, Caplait, war des jüngeren Mädchens Pflegevater gewesen. Patrik predigte dem Druiden, da glaubte er an Gott und vertraute Patrik, und der Heilige schor ihm das Haar und machte ihn zum Mönch. Darauf kam Moel, der andere Druide, und sprach zu Patrik: «Mein Bruder glaubt durch dich, doch sollst du weder Gewinn noch Vorteil davon haben. Ich will ihn für das Druidentum zurückgewinnen.» Mit solchen Worten suchte er sich zu widersetzen. Doch Patrik predigte dem Moel, da glaubte auch er an Gott und Patrik. Und der Heilige schor ihn wie zuvor den Caplait, und die beiden Druiden waren nun wiederum eines Glaubens.

Patrik will möglichst viele Seelen der Iren vor dem Höllenfeuer retten, deshalb kämpft er mit dem Engel und mit Gott

Die Menschen Irlands hatten Patrik in seinen jungen Jahren wahrlich nichts Gutes angetan. Waren es doch irische Seefahrer, die ihn von den Herden seines Großvaters weg raubten. Und hart waren die Jahre, die er zunächst durchleben mußte. Nachdem die nächtlichen Stimmen Patrik aber zur Arbeit im Dienste Christi nach Irland gerufen hatten, nachdem viele Hunderte und Tausende durch sein Wort bekehrt worden waren, erfüllte mehr und mehr eine große Liebe zu Irlands Menschen das Herz des Heiligen. Um ihretwillen wagte er es, Gott gegenüber sich eigensinnig und hartnäckig zu zeigen. Er hatte im Gebet eine kühne Bitte zum Herrn des Himmels geschickt und wollte nicht nachgeben, bis sie erfüllt würde, und so hat das Ganze sich zugetragen:

Am Samstag vor dem Pfingstfest stieg Patrik auf eine Bergeshöhe. Der Engel kam, um vertraulich mit ihm zu sprechen, er sagte: «Gott gewährt dir nicht, um was du ihn bittest, denn es scheint ihm übermäßig zu sein und eigensinnig und deine Wünsche groß!» – «Ist das Sein Gutdünken?» sagte Patrik. «Das ist es», sprach der Engel. «So ist es mein Gutdünken,» sagte Patrik, «daß ich nicht von diesem Felsen gehe, bis ich tot bin, oder bis alle Wünsche mir gewährt wurden.»

In Kummer und Gram blieb der Heilige auf der Bergeshöhe, ohne Speise, ohne Trank, und er fastete vierzig Tage und vierzig Nächte lang gegen Gott wie an der Schwelle zu seinem Himmel. Am Ende dieser Zeit flogen Schwärme schwarzer Vögel rings um den Berg hin, so zahlreich und so dicht, daß Patrik weder Himmel noch Erde mehr erkennen konnte. Er sang beschwörende Psalmen und suchte damit die dunklen Gestalten zu vertreiben, doch sie ließen nicht ab von ihm. Da wuchs Patriks Grimm. Er läutete seine Glocke, daß sie laut tönte und die Menschen in Irland ihre Stimme hörten; und so mächtig schwang er die Glocke, daß ein Stück aus ihr herausbrach. Da weinte Patrik, daß sein Gesicht und sein Gewand naß wurden. Und über sieben Jahre, sieben Monate, sieben Tage und sieben Nächte danach ward kein Dämon mehr in dem Lande von Erin gesehen. Der Engel kam, um Patrik zu trösten, er reinigte das Gewand des Heiligen und brachte weiße Vögel mit sich, die flogen um den Felsen und sangen süße Weisen für den Betrübten. «So viele Seelen sollst du befreien aus der Pein, die sie nach dem Tode erleiden, wie hineingehen in den

Raum, den dein Auge auf dem Meer draußen überschaut», sagte der Engel. «Das ist keine besondere Gefälligkeit, die man mir antut», erwiderte Patrik, «denn auf die See hinaus reicht mein Blick nicht weit.» – «So sei dir noch der Raum über dem Lande dazu gewährt», sagte der Engel.

Patrik war mit seinen Gedanken noch bei den vielen Tausenden häßlicher Gestalten von der Farbe des Todes, die ihn so hart bedrängt hatten. Endlich fragte er: «Gibt es noch irgendetwas anderes, das Er mir außerdem gewährt?» – «Das gibt es», sagte der Engel, «jeden Samstag, von nun an bis in alle Ewigkeit, sollen um deinetwillen sieben Seelen aus den Höllenqualen befreit werden.» – «Wenn mir etwas gewährt werden soll, so seien es zwölf Seelen», sagte Patrik. «Du sollst sie haben», erwiderte der Engel, «und nun begib dich weg vom Felsen.» – «Ich will mich nicht wegbegeben», sagte Patrik, «hier bin ich gequält worden, nun bleibe ich, bis ich gesegnet werde. Gibt es noch irgend etwas weiteres, das mir gewährt wird?» – «Das gibt es», sprach der Engel, «du sollst aus der Höllenpein jeden Donnerstag sieben Seelen haben und jeden Samstag zwölf. Und nun begib dich weg vom Felsen.» – «Ich will mich nicht wegbegeben», entgegnete Patrik wieder, «hier bin ich gequält worden, nun bleibe ich, bis ich gesegnet werde. Gibt es irgend etwas weiteres, das mir gewährt wird?» – «Das gibt es», antwortete der Engel, «eine große Flut soll über Irland kommen sieben Jahre vor dem Jüngsten Gericht; nun aber begib dich hinweg vom Felsen.» – «Ich will mich nicht hinwegbegeben, ich bin gequält worden, und bleibe, bis ich gesegnet werde.» – «Gibt es noch irgend etwas weiteres, das du wünschst?» fragte der Engel. «Das gibt es», antwortete Patrik, «es sollen die Sachsen weder durch Vertrag noch durch Gewalt in Irland wohnen können, solange ich im Himmel weile.» Die Sachsen hatten von der See her die irischen Inseln oft bedroht, deshalb tat der Heilige diese Bitte. «Du sollst auch das haben», sagte der Engel, «nun aber begib dich weg vom Felsen.» – «Ich will mich nicht wegbegeben, hier bin ich gequält worden, und bleibe nun, bis ich gesegnet werde. Gibt es irgend etwas anderes, das mir gewährt wird?« fragte Patrik. «Das gibt es», sagte der Engel, «ein jeder, der deine Hymne singt in der Zeit von einem Nachtgebet bis zum anderen, soll weder Pein noch Qualen erleiden.» – «Die Hymne ist lang und schwierig», wandte Patrik ein, und der Engel erwiderte: «Ein jeder, der ein Stück aus ihr singt, von ‹Christus illum› bis zum Schluß, und jeder auch, der in deinem Namen einem anderen etwas gibt, soll nicht in die Hölle kommen. Und nun begib dich weg vom Felsen.» – «Ich will mich nicht wegbegeben, hier bin ich gequält worden und bleibe, bis ich gesegnet werde», sprach Patrik. «Gibt es noch irgend etwas anderes?» – «Das gibt es», sagte der Engel, «am Tage des Jüngsten Gerichtes sollst du für jedes Wollhaar, das an deinem Gewande ist, einen Menschen aus den Qualen befreien.» Da entgegnete Patrik: «Welcher von den anderen Heiligen, die für Gott wirken, wird nicht die gleiche Zahl von Seelen zum Himmel bringen? Wahrhaftig, das will ich nicht annehmen.» – «Eine Frage: was willst du denn annehmen?» sprach der Engel. «Das ist nicht schwer zu sagen», antwortete Patrik, «sieben Menschen für jedes Wollhaar an meinem Gewand seien am Tage des Gerichtes aus der Hölle befreit.» – «Du sollst auch dieses haben», sprach der Engel, «doch nun begib dich weg vom Felsen.» – «Ich will mich nicht wegbegeben», beharrte Patrik. «So wird man dich bei der Hand nehmen und wegführen», sprach der Engel. Patrik erwiderte: «Außer wenn der Hochkönig der sieben Himmel selber herkommen sollte, werde ich nicht gehen; da ich gequält worden bin, bleibe ich, bis ich gesegnet werde.» – «Gibt es denn noch etwas, das du brauchst?» fragte der Engel. «Das gibt es», sprach Patrik. «An dem Tage, da die zwölf Throne auf dem Berge Zion stehen werden, wenn die vier Feuerströme den Berg rings umgeben und die drei Reiche da sein werden, nämlich das Reich des Himmels, das Reich der Erde und das Reich der Hölle, an diesem Tage des

Jüngsten Gerichtes laß mich selbst den Richter sein über die Menschen von Irland.» – «Sicherlich, das wird nicht zu erlangen sein vom Herrn», meinte der Engel. «Wenn es von Ihm nicht zu erlangen ist», sagte Patrik, «so wird von mir nicht zu erlangen sein, daß ich weggehe vom Felsen, nicht heute und bis in alle Ewigkeit nicht. Und überdies werde ich einen Wächter hier lassen.»

Der Engel flog zum Himmel; Patrik ging zur Messe. Am Abend kam der Engel zurück. «Wie steht es?» fragte Patrik. «So», sagte der Engel, «alle Geschöpfe, sichtbare und unsichtbare, dazu die zwölf Apostel, flehten zum Herrn und erlangten, um was sie baten. Der Herr sprach: ‹Nie zuvor kam ein Mensch, und nach den Aposteln wird auch in Zukunft nie wieder einer kommen, der großartiger ist als Patrik, wäre nur seine Hartnäckigkeit nicht.› So sprach Er, und um was du gebetet hast, das sollst du bekommen. Jetzt läute deine Glocke, ein Glanz vom Himmel wird dich überstrahlen, darum sollst du auf deine Knie fallen; und eine weihevolle Stimmung wird die Menschen des Volkes von Irland erfüllen, die Lebenden wie die Toten.» Da sagte Patrik: «Gesegnet sei der freigebige König, der gewährt hat; und nun soll der Felsen verlassen werden.»

Wie die heilige Brigit bei Patriks Predigt einschlief

Patrik predigte einst auf einem Hügel; er predigte drei Tage und drei Nächte hindurch, doch denen, die ihn hörten, schien es nicht länger zu sein als eine Stunde. Es befand sich aber auch die heilige Brigit dort, die fast noch ein Kind war, und sie schlief über dem Predigen ein. Patrik wollte nicht, daß man sie weckte. Hinterher fragte er sie dann, was sie im Schlaf gesehen habe, und Brigit antwortete: «Ich sah eine weißgekleidete Schar und lichtfarbene Rinder und weiße Kornfelder. Dahinter waren gefleckte Rinder und hinter diesen schwarze. Danach sah ich Schafe, Schweine, Hunde und Wölfe, und sie alle kämpften miteinander. Und zwei Steine sah ich, davon war der eine klein, der andere groß. Ein Regenschauer fiel auf beide nieder. Der kleine Stein wuchs unter dem Schauer, und silberne Funken sprühten aus ihm hervor. Der große Stein jedoch schwand dahin.» – «Das», sagte Patrik, «sind die zwei Söhne von König Eochaid.» – Der eine von ihnen wurde ein Christ, und Patrik segnete ihn und seine Nachkommenschaft. Dem anderen, der sich weigerte, den Glauben anzunehmen, verhieß Patrik nichts Gutes, sondern Schlimmes. – Der Heilige sprach dann mit Brigit noch weiterhin über das, was sie im Schlafe gesehen hatte, und er erklärte es ihr.

Der gestohlene Ziegenbock

Bald darauf suchte Patrik eine Gegend im äußersten Osten Irlands auf. Er setzte den Bischof Cilline dort ein, dazu einige Ältere aus seiner Schar. Während Patrik noch dort weilte, kamen Diebe. Sie stahlen, schlachteten und aßen einen der Ziegenböcke, die für den Heiligen Wasser zu holen pflegten. Danach gingen sie hin und schworen Patrik, sie hätten das Tier nicht genommen. Da aber meckerte der Ziegenbock laut aus den Bäuchen der drei, die den Heiligen hatten täuschen wollen. «Bei meines Gottes Urteilsspruch!» sagte Patrik, «der Bock selber verkündet den Ort, wohin er verschluckt wurde. Von heute an sollen Ziegenböcke euch und euren Nachkommen für immer verbunden bleiben.» Und Patriks Worte erfüllten sich, denn den Söhnen dieser Diebe und deren Söhnen wiederum, auch deren Söhnen und so fort, ihnen allen wuchsen Bärte, wie die Ziegenböcke sie haben.

Patrik bringt einen Berg zum Schmelzen

Patrik wünschte in einer Hügellandschaft des südlichen Irlands ein Kloster zu gründen. «Patriks Steinplatte» befindet sich dort. Derball, dem diese Gegend gehörte, widersetzte sich dem Vorhaben, er sprach zu Patrik: «Wenn du an dieser Stelle den Berg wegrücktest, so daß ich über ihn hinweg im Süden den See Lunga sehen könnte, dann würde ich glauben.» Und sogleich schwand von der Höhe des Berges mehr und mehr hinweg, wie Schnee schmilzt vor der Sonne. Ein Paß bildete sich, und sein Name wurde «Schmelzpaß». Doch wie der Berg zu schmelzen begann, sagte Derball zu Patrik: «Und wenn du das auch zustandebringst, es soll doch umsonst und vergebens sein.» Patrik erwiderte: «Bis zum Jüngsten Tage wird aus deinem Geschlecht weder König noch Bischof erstehen. Und die Männer von Munster werden es als ihr Recht ansehen, dich jedes siebte Jahr auszuplündern und zu schälen wie eine Zwiebel.»

Patrik hilft den Sklaven und flucht einem König

Einst wanderte Patrik auf einer Straße, die in das Land von Ulster führte. Da traf er am Wege Zimmerleute, die eine Eibe fällten. Der Heilige sah, daß die Handflächen der Arbeitenden bluteten. «Von woher seid ihr?» fragte Patrik. «Wir sind Sklaven», antworteten sie, «und gehören dem Trian. Er hält uns in Knechtschaft und arger Bedrängnis und erlaubt uns nicht einmal, daß wir unsere Werkzeuge an einem Schleifstein schärfen. Das tut er, damit die Arbeit härter für uns sei. Deshalb kommt Blut aus unseren Händen.» Patrik segnete die Äxte, so daß sie weit leichter zu handhaben waren. Dann machte er sich auf zu der Burg des Königs. Dort fastete der Heilige gegen Trian, der aber kümmerte sich nicht um ihn. Am Morgen verließ Patrik den Burgwall. Er spuckte auf einen Felsen, der an seinem Wege lag, und der Felsen barst in drei Stücke auseinander. Eines davon flog wohl tausend Schritte weit. Patrik sagte: «Zwei Drittel von dem Fasten auf den Felsen, ein Drittel aber auf den König, auf die Burg und auf das Land ringsum. Von Trians Kindern soll keines je König noch Kronprinz sein. Er selber soll früh verderben und wird danach zur Hölle fahren.»

Trian aber machte sich auf, um die Knechte, die von seinen Schandtaten erzählt hatten, zu binden und zu schlagen. Doch die Pferde schleiften ihn und den Wagenlenker weg in seinem Wagen und jagten damit in den See. Das war des Königs letzter Sturz, er wird aus dem See erst am Vorabend des Großen Gerichtes wieder hervorkommen, und auch dann wird es für ihn nicht zur Freude sein.

Des Königs Frau suchte Patrik auf, sie bereute und fiel auf ihre Knie und Patrik segnete sie und segnete huldvoll auch ihre Kinder. Doch es blieb dabei, daß kein Sohn Trians je König wurde.

Wie aus einem Räuber ein Bischof wurde

Im Ulsterland lebte damals ein böser Mann, der hieß MacCuill. Ruchlos war er und ein Sohn der Vernichtung. Er pflegte plündernd umherzustreifen und die in den Kirchen Versammelten zu erschlagen. Eines schönen Tages ging Patrik mit seinen Brüdern an ihm vorbei und der Übeltäter beschloß, den Heiligen zu töten. Zu seiner Räuberschar sagte er: «Das ist der, dessen Kopf geschoren wurde, der Falsche, der jedermann irreführt. Wir wollen gehen und einen Überfall auf ihn machen, damit wir sehen, ob Gott ihm hilft.»

Sie beschlossen, sich zu verstellen. Einer von ihnen sollte auf eine Bahre gelegt werden, als sei er tot, und er sollte von

Patrik wieder zum Leben erweckt werden; so dachten sie, den Heiligen hinters Licht zu führen. Sie breiteten also einen Mantel über Leib und Antlitz des Mannes. «Heile unseren Kameraden für uns», sagten sie zu Patrik, «schicke Gebete zum Herrn, daß er ihn vom Tode wieder zum Leben erwecke.» – «Bei Gottes Urteilsspruch!» sprach Patrik. «Das ist nicht schwer für mich, selbst wenn er wirklich tot wäre.» Der Name des Mannes, der auf der Bahre lag, war Garvan, und von ihm sagte Patrik: «Garvans Mantel soll auf dem Leibe eines Toten liegen, und Garvan soll es sein, der darunter ruht.» Da rissen die Männer den Mantel von Garvans Gesicht und sahen, daß er gestorben war. Sie wurden kleinlaut und sagten: «Wahrhaftig, dieser Patrik ist ein Mann Gottes.» Alle glaubten sie fortan, auch Mac-Cuill glaubte. Ihm wurde von Patrik aufgegeben, aufs Meer hinauszusegeln in einem Boot, das aus einer einzigen Kuhhaut gebaut war. Garvan wurde durch Patriks Gebet vom Tode wieder zum Leben gebracht.

Am selben Tag segelte Mac-Cuill aufs Meer hinaus, zu seiner rechten Hand lag Mag Inis, und er fuhr, bis die Insel Man vor ihm auftauchte. Zwei wunderschöne Männer sah er am Strand. Sie waren es, die Gottes Wort auf der Insel predigten, so daß die Menschen des Eilandes durch sie glaubten und sich taufen ließen. Als die beiden Männer Mac-Cuill erblickten, zogen sie sein Boot an Land und hießen ihn willkommen. Er, der ein Räuber gewesen war, lernte bei ihnen die göttliche Ordensregel. Alle weitere Zeit seines Lebens brachte er bei den beiden Männern zu und übernahm schließlich nach ihnen selber das Bischofsamt. So wurde er «Mac-Cuill vom Meer», der ruhmreiche Bischof der Insel Man im Osten von Irland.

Aus Quark wird Stein

Patrik war schon alt, da brachten zwei fromme Leute ihm drei Quarkkäse und Butter. «Das ist für die kleinen Burschen», sagte die Frau, und sie meinte damit die Jünglinge, die Patrik lehrte und unterwies. Ein Druide kam des Weges, der sagte: «Ich will glauben an dich, wenn diese Käse in Steine verwandelt werden.» Das ließ Gott durch Patrik geschehen. «Verwandle sie wieder in Käse», sagte der Druide. Und Patrik tat es. «Verwandle sie wieder in Steine.» Auch das geschah. «Verwandle sie wieder zurück», forderte der Druide. Aber Patrik sagte: «Nein, so sollen sie zur Erinnerung nun bleiben.» Die drei Steine wurden in Kapellen gebracht und dort aufbewahrt.

Von Patriks Tod und was danach geschah

Endlich aber, nach allen diesen großen Wundern, rückte der Tag heran, an dem Patrik sterben und zum Himmel eingehen sollte. Er machte sich bereit, nach Armagh zu wandern, zu dem Kloster, das er gegründet hatte, denn er dachte, das sei der Ort, der ihm für seinen Tod und für seine Auferstehung bestimmt sei. Aber sein Engel kam zu ihm und sagte: «Geh wieder hin zu dem Ort, von dem du ausgezogen bist, zu deiner Scheune; denn dort sollst du sterben, nicht in Armagh.» Dann wies der Engel Patrik an, wie er begraben werden sollte. Er sprach: «Laß zwei junge Ochsen bringen, die noch nicht zur Arbeit gebraucht worden sind, und laß deinen Leib in einen kleinen Karren hinter sie legen. Und wohin immer die Ochsen alleine gehen und an welchem Orte immer sie stehen bleiben mögen, dort sollst du begraben werden. Und eine Manneshöhe tief seist du ins Grab gelegt, damit das, was bleibt von dir, nicht herausgenommen werde.» Und so geschah es nach Patriks Tod. Die Ochsen brachten ihn bis zu der Stelle, wo heute der Ort Downpatrick liegt. Dort wurde er begraben.

Und für die Dauer von zwölf Nächten, über die Zeitspanne nämlich, während welcher die Kirchenältesten von Irland mit Hymnen, Psalmen und Gesängen die Totenwacht hielten, wurde es nicht Nacht über der Halbinsel. Einige sagen, engelhafter Glanz habe darüber gelegen bis zum Ende des ersten Jahres nach Patriks Tod.

In der ersten Nacht wachten die Engel des Herrn der Elemente selber mit himmlischen Gesängen bei Patriks Leiche. Der Duft der göttlichen Gnade, der von dem Leibe des Heiligen ausströmte, und die Musik der Engel ließen Schlaf und Freude über die Menschen von Irland kommen, die in den Nächten danach bei der Leiche weilten.

Nichtsdestoweniger kam es zuletzt noch zu einem großen Streit um Patriks Leichnam. Die Männer von Armagh wollten ihn zu ihrem Klosterfriedhof holen, die Männer von Ulster aber wollten ihn bei sich behalten. Die Scharen kämpften miteinander; schließlich aber meinte jede der beiden, sie trüge den Leib des Heiligen mit sich in ihr Land. Auf diese Weise trennte Gott die Kämpfenden durch Patriks Gnade.

BRIGIT

Sie wird die «Jungfrau des Herrn der Elemente» genannt. Der Herr der Elemente aber ist der Christus, so wie in ältesten Zeiten die Menschen von Irland ihn sahen.

Was alles sich zutrug, bevor Brigit zur Welt kam

Brigits Vater war ein Edelmann, Dubthach mit Namen, der kaufte einst eine Sklavin, wie es damals auch in Erin noch üblich war, Leibeigene zu kaufen. Das Mädchen hieß Broicsech und war sehr schön. Dubthach sah sie gern, und er lebte mit ihr, als sei sie sein Weib.

Bald fühlte Broicsech, daß sie ein Kind gebären sollte. Eifersucht faßte die Frau des Dubthach, und sie sagte zu ihrem Mann: «Verkaufst du diese Magd nicht in ein fernes Land, so fordere ich mein Brautgut zurück und werde dich verlassen.» Dennoch stand Dubthach nicht der Sinn danach, die Leibeigene zu verkaufen.

Einst fuhr er mit ihr in einem Wagen dahin, und sie kamen vorüber am Hause eines Druiden. Als der das Rollen des Wagens hörte, sagte er:

«Mein Junge, sieh, wer in dem Wagen sitzt, denn das ist das Geräusch, das ein Wagen unter einem König macht.»

Der Junge berichtete: «Dubthach ist darin.»

Der Druide ging hinaus, um ihn zu sprechen, und er fragte, wessen Magd es sei, die da im Wagen sitze. «Meine», erwiderte Dubthach. Der Druide fragte, ob sie ein Kind erwarte, und Dubthach antwortete: «Von mir erwartet sie ein Kind.» Da sprach der Druide:

«Wunderbar wird das Mädchen sein, das sie in ihrem Leibe trägt; ihresgleichen wird es nicht geben auf Erden.»

«Mein Weib zwingt mich, die Magd zu verkaufen», sagte Dubthach. Da sprach der Druide durch die Gnade der Weissagung:

«Die Nachkommenschaft deines Weibes wird dem Kinde der Magd dienen, denn die Magd wird eine Tochter zur Welt bringen, die unter allen Mädchen hervorragt. Strahlend wird sie sein, wie eine Sonne unter den Himmelssternen wird sie leuchten.»

Dubthach war dankbar für das, was er hörte, denn bis dahin war ihm noch keine Tochter geboren worden. Er fuhr mit Broicsech nach Hause zurück. Es wurde aber bekannt, wie sehr Gott das Kind liebte, das da geboren werden sollte. So kamen von Schottland her zwei Bischöfe, Mel und Melchu mit Namen, die wollten weissagen von dem Mädchen und wollten es segnen. Dubthach hieß die beiden Männer willkommen. Broicsech versorgte und bediente sie.

Traurig und kummervoll war Dubthachs Eheweib. Bischof Mel fragte sie nach dem Grunde ihres Kummers, die Frau antwortete:

«Ich bin betrübt, weil Dubthach seine leibeigene Magd mir vorzieht.»

Da sprach der Bischof: «Recht hat er, wenn er sie bevorzugt, denn deine Nachkommenschaft wird dem Kinde der Magd dienen, doch wird ihr Kind deinen Kindern von Nutzen sein.» Die Frau war nicht zufrieden mit dem, was der Bischof sagte.

Ein File, ein Dichter, kam zu dem Hause. Als der die Ursache vom Zorn der Frau erfuhr, fragte er Dubthach: «Verkaufst du mir die Sklavin?» Und Dubthach antwortete: «Ich will sie verkaufen, weil ich sehe, daß ich es tun muß.»

Die Bischöfe rieten: «Verkaufe die Magd, doch ihr Kind verkaufe nicht!» Und so geschah es. Als der Dichter mit

Broicsech zu Hause ankam, weilte bei ihm gerade ein Mann, der tief ins Gebet versenkt war. Da zeigte sich dem Betenden eine Flamme, und eine Feuersäule erhob sich über dem Platz, auf dem die Magd saß.

Zur selben Stunde kam auch ein Druide daher. Er bat, Broicsech kaufen zu dürfen, und der File verkaufte sie ihm, verkaufte aber nicht das Kind, das sie im Leibe trug. Der Druide ging mit Broicsech heim.

Wie zwei Kinder geboren wurden

Bald darauf veranstaltete der Druide ein großes Fest und lud auch den König dazu ein. Es war aber die Zeit, da die Königin ein Kind gebären sollte, und ein Freund des Königs fragte den Druiden, ob die Geburt für die Königin glücklich vonstatten gehen würde. Der Druide weissagte:

«Das Kind, das morgen bei Sonnenaufgang zur Welt kommt, weder im Hause noch außerhalb des Hauses, wird jedes andere Kind in Irland übertreffen.»

Nun kam die Königin schon eine Weile vor dieser Morgenstunde nieder, und sie gebar einen toten Sohn.

In der Frühe aber ging die Magd Broicsech bei Sonnenaufgang daher mit einem Gefäß voll Milch in der Hand, und wie sie ihren einen Fuß über die Schwelle des Hauses setzte, den anderen Fuß aber noch im Hause hatte, erfaßten sie die Geburtswehen. Und dort auf der Schwelle, weder im Hause noch außerhalb des Hauses, brachte sie ihre Tochter zur Welt, St. Brigit. Die Dienstmägde des Hauses wuschen Brigit mit der Milch, die in dem Gefäße noch dastand. Das paßte trefflich zu Brigits Verdiensten, auch zu dem Glanz und dem Leuchten ihrer Reinheit.

Man trug das kleine Mädchen nach der Geburt eilig zu dem toten Sohn der Königin, und als des Kindes Atemhauch ihn traf, kam er zum Leben.

Von Feuer und Flammen und von einer seltsamen Taufe

Eines Tages ging Broicsech hinaus zur Weide, um die Kühe zu melken. Ihr kleines Mädchen ließ sie schlafend im Hause zurück. Da erblickten Nachbarn das Haus, in dem Brigit lag, in Feuer auflodernd, so daß es eine einzige Flamme zu sein schien, die sich von der Erde bis zum Himmel erstreckte. Als sie aber herbeiliefen, um zu retten, war kein Feuer zu sehen. Doch die Nachbarn sagten, auf dem Antlitz des Mädchens habe ein helles Leuchten gelegen.

Einmal, im Schlaf, sah der Druide drei Männer in strahlenden Gewändern, die gossen Öl auf des Kindes Haupt; und sie vollzogen die ganze Taufhandlung in der üblichen Weise. Es waren aber drei Engel. Und der dritte Engel sprach zum Druiden, der Name des Mädchens sei Sancta Brigida, das heißt heilige Brigit. Der Druide erwachte und erzählte, was er geschaut hatte.

Es lebte im selben Haus ein Oheim des Druiden, der war ein Christ. Einmal, um Mitternacht, betrachtete der Druide die Sterne. Da sah er eine Feuersäule aus seinem Hause aufsteigen, gerade von dem Ort, wo die leibeigene Magd mit ihrer Tochter war. Er weckte den Oheim, und der sah die Erscheinung auch. Er sprach:

«Brigit muß ein heiliges Mädchen sein.» – «Das wäre noch offenbarer», sagte der Druide, «wenn ich dir alle ihre Taten erzählte.»

Wie das Kind Brigit sprach, bevor es sprechen lernte

Ein andermal waren der Druide und sein Oheim im Hause, die Mutter tat draußen eine Arbeit, das Mädchen schlief. Da hörten die Männer die leise Stimme des Kindes, es hatte aber noch nicht zu sprechen begonnen.

«Sieh du für uns nach, wie es unserem Mädchen geht», sagte der Druide, «ich wage es nicht, da ich kein Christ bin.» Der Oheim fand das Kind wie in nächtlichem Gebete liegend. Er redete es an: «Sage etwas zu mir, Mädchen.» Da sprach das Mädchen die Worte: «Dies wird mir gehören, dies wird mir gehören.» Der Oheim des Druiden wußte das nicht zu deuten. «Erkläre es uns», bat er den Druiden, «denn ich verstehe es nicht.» – «Du wirst sehr unzufrieden damit sein», sagte der Druide. «Was sie gesagt hat, bedeutet: Der Ort hier wird ihr gehören bis in alle Ewigkeit.» Der Oheim des Druiden schreckte zurück vor dem Gedanken, daß Brigit das Land besitzen werde, doch der Druide sprach: «Wahrlich, es wird sich erfüllen. Diese Ebene in Connaught wird ihr gehören, obwohl sie mit mir nach Munster gehen wird.»

Von einer weißen Kuh mit roten Ohren

Als es an der Zeit war, das Kind von der Muttermilch zu entwöhnen, sorgte sich der Druide, wie man es weiterhin ernähren könnte. Alles, was man Brigit zu essen gab, erbrach sie gleich wieder. Dabei war ihr Aussehen nicht das schlechteste. Der Druide dachte darüber nach, was das sein könnte mit ihr. Es schien ihm, daß die Nahrung für das Kind nicht unverdorben und rein genug sei. Da betraute er eine weiße Kuh mit roten Ohren damit, ihre Milch allein für Brigit zu geben. Und er ließ die Kuh melken von einer frommen Frau. Diese Milch nahm das Mädchen zu sich, und es gedieh wohl dabei.

Brigit kommt in das Land ihres Vaters zurück

Bald danach ging der Druide in die Provinz Munster; dort wurde die Heilige großgezogen. Nach einer Weile sagte sie zu ihrem Pflegevater, dem Druiden: «Ich begehre nicht, hier in Dienst zu stehen. Schicke zu meinem Vater, er möge kommen, mich zu holen.» Das geschah, und ihr Vater Dubthach führte Brigit heim zu seinem eigenen Besitztum in Leinster. Dort blieb sie bei ihren Verwandten, und wenngleich sie noch ein kleines Mädchen war, vollbrachte sie Wunder.

Dann wurde sie für eine Zeitlang zu einer Jungfrau gebracht, von der sollte sie erzogen werden. Brigit wurde die Köchin dieser Frau. Sie pflegte im voraus die Zahl der Gäste herauszufinden, die zu ihrer Pflegemutter kommen würden, und was immer die Zahl der Gäste sein mochte, es fehlte ihnen für die Nacht nicht an Brot.

Einst war Brigits Pflegemutter sehr krank. Brigit wurde zusammen mit einem anderen Mädchen zu einem Nachbarn geschickt, einen Trunk Bier für die Kranke zu erbitten. Sie erhielten jedoch nichts. Darauf gingen sie weiter, bis sie an einen Brunnen kamen. Von dort brachten sie drei Gefäße voll heim. Die Flüssigkeit war wohlschmeckend und berauschend, und Brigits Pflegemutter wurde davon sogleich geheilt. Gott bewirkte das für sie.

Wie Brigit nie etwas fehlte

Eines Tages ließ Dubthach das Mädchen Schweine hüten. Da stahlen Räuber zwei der Eber. Dubthach kam in seinem Wagen von einem entfernten Ort gefahren, er begegnete den Räubern und erkannte seine zwei Eber, die sie bei sich hatten. Er faßte die Räuber und legte ihnen eine gute Geldstrafe auf für den Diebstahl. Dann brachte er die Eber heim, ging später hinaus auf die Weide und sagte zu Brigit:

«Dünkt dich, daß du die Schweine gut hütest?»

«Zähle sie», antwortete das Mädchen. Er zählte sie und fand die Zahl der Schweine auf der Weide unvermindert.

Eines Tages kam ein Gast zu Dubthachs Haus. Brigits Vater gab ihr eine geräucherte Speckseite, die sollte sie kochen für den Gast. Ein hungriger Hund kam daher, dem gab sie ein Fünftel von dem Speck. Als das verzehrt war, gab sie noch ein Fünftel.

Der Gast, der bei alledem zuschaute, sagte kein Wort, er stellte sich, als sei er von Schlaf überwältigt.

Als der Vater heimkam, fragte er seine Tochter: «Hast du das Essen gut gekocht?» – «Ja», antwortete sie. Der Vater selber zählte die Speckstücke und fand sie stimmend.

Da erzählte der Gast ihm, was das Mädchen getan hatte. «Demnach vollbringt sie mehr Wunder, als im Gedächtnis behalten werden können», sagte Dubthach.

Und so machte man es: Die von Brigit so wunderbar zubereitete Speise wurde unter die Armen verteilt.

Von Bischof Ibors Traum

Ein andermal, bald danach, bat eine alte fromme Nonne, die nicht weit von Dubthachs Haus lebte, Brigit möchte mit ihr gehen zu einem Ort, wo 27 Heilige aus Leinster versammelt waren. Zu der Stunde, da die beiden Frauen ihr Ziel fast erreicht hatten, beschrieb gerade Bischof Ibor der Versammlung eine Vision, die er die Nacht zuvor geschaut hatte.

«Mir war», sagte er, «als sähe ich die Jungfrau Maria in meinem Schlaf, und ein ehrwürdiger Mönch sagte zur mir: ‹Dies ist Maria, die unter euch wohnen wird.›»

In diesem Augenblick langten die Nonne und Brigit bei der Versammlung an. Der Bischof rief: «Dieses ist Maria, die mir im Traume gezeigt wurde!» Alle, die dort anwesend waren, erhoben sich vor Brigit, suchten mit ihr zu sprechen und segneten sie. Die Versammlung fand statt an der Stelle, wo heute Kildare liegt, und der Bischof Ibor sagte zu den Brüdern: «Dieser Erdenort ist zum Himmel hin offen, er wird der reichste von allen sein auf der ganzen Insel; und ein Mädchen, das von Gott dafür vorbereitet wurde, kommt heute zu uns wie Maria.»

Brigit besucht ihre Mutter und hilft ihr beim Buttern

Einmal wünschte Brigit, ihre Mutter zu besuchen, die als Sklavin in Munster war. Der Vater und die Pflegemutter wollten es ihr nicht gern erlauben, sie ging dennoch. Ihre Mutter war zu jener Zeit mit Molkereiarbeiten beschäftigt, entfernt von dem Druiden, dem sie gehörte. Sie litt an einer Augenkrankheit. Brigit arbeitete an ihrer Statt, und der Wagenlenker des Druiden hütete das Vieh.

Jedesmal nun, wenn Brigit butterte, pflegte sie die Buttermenge samt dem Quarkkäse in zwölf Portionen aufzuteilen, die dreizehnte Portion kam in die Mitte, und die war größer als alle übrigen Teile.

«Von welchem Nutzen dünkt dich das zu sein?» fragte der Wagenlenker. «Das ist nicht schwer zu sagen», antwortete Brigit, «ich habe gehört, daß es zwölf Apostel waren, die dem Herrn folgten, und er selber war der dreizehnte. Gott wird mir zum Geschenk machen, daß dreizehn Arme zu mir kommen, genau so viele, wie Christus und die Apostel waren.»

«Aber warum hebst du nicht etwas Butter auf?» wunderte sich der Wagenlenker, «so macht es doch jeder, der in der Molkerei arbeitet.» Brigit erwiderte: «Es fällt mir schwer, Christus seiner eigenen Nahrung zu berauben.»

Von der Frau des Druiden brachte man ihr nun Körbe, die sollten gefüllt werden. Brigit hatte nur den Buttervorrat von einem Mal Buttern und einem halben. Die Körbe wurden aber voll davon, und die Gäste, nämlich der Druide und sein Weib, wurden zufriedengestellt.

Als der Druide dies alles wahrgenommen hatte, sagte er zu Brigit: «Die Kühe, die du gemolken hast, sollen dir gehören, die Butter laß unter die Armen verteilen, und deine Mutter soll nicht länger Dienste tun. Auch ist es nicht nötig, sie freizukaufen. Und ich werde mich taufen lassen und nie mehr weggehen von dir.» – «Dank sei Gott!» sagte Brigit da.

Brigit nahm nun ihre Mutter mit sich zu ihres Vaters Haus. Das Mädchen pflegte aber von seines Vaters Hab und Gut und Nahrung den Armen und Notleidenden zu geben, was immer ihre Hände fanden oder bekamen. Daher zürnte der Vater ihr und wünschte, Brigit zu verkaufen. So fuhr er mit ihr im Wagen davon und sagte: «Nicht um dich zu ehren, habe ich dich in den Wagen gesetzt, sondern um dich zu verkaufen. Da magst du dann Korn schroten und mahlen in der Mühle des Königs von Leinster.»

Als sie bei der Burg des Königs ankamen, ging Dubthach hinein und ließ sein Schwert bei Brigit im Wagen. Und ein Aussätziger kam, der bat das Mädchen im Namen Gottes, ihm etwas zu schenken. Brigit reichte ihm ihres Vaters Schwert vom Wagen herab; das war kostbar und wohl zehn Kühe wert.

Als Dubthach zum König gekommen war, fragte er ihn: «Willst du mir meine Tochter abkaufen?» – «Warum verkaufst du deine eigene Tochter?» wollte der König wissen. «Das ist nicht schwer zu sagen», antwortete Dubthach, «weil sie mein Hab und Gut weggibt und es an elendes und unnützes Volk verschenkt.» – «Bring sie her, daß ich sie sehe», sagte der König.

Als Dubthach zum Wagen kam, fand er sein Schwert nicht mehr, und als er Brigit danach fragte, sagte sie: «Ein armer Mann kam und bat mich um ein Almosen.»

Der Vater war zornig, er erzählte dem König, was geschehen war, und der fragte das Mädchen:

«Warum bringst du deinen Vater um sein Hab und Gut und – was noch schlimmer ist – warum gabst du sein Schwert weg?» Da sagte Brigit: «Der Sohn der Jungfrau weiß es: wenn ich deine Macht hätte, o König, mit all deinem Reichtum und mit der ganzen Provinz Leinster, ich würde alles dem Herrn der Elemente geben.»

«Wahrhaftig, Dubthach», sprach nun der König, «dieses

Mädchen kann weder verkauft noch gekauft werden.» Er gab der Jungfrau ein Schwert, und sie kehrte mit ihrem Vater nach Hause zurück.

Wie ein Freier kam und wie Brigit ihn ausschlug

Nicht lange danach kam ein Mann zu Dubthachs Haus, der wollte Brigit heiraten. Ihrem Vater und ihren Brüdern gefiel das, sie aber sagte zu dem Freier:

«Ich kann nicht eure Frau werden, denn ich habe mein reines Magdtum Gott geweiht. Aber ich will euch einen Rat geben. Hinter eurem Hause ist ein Wald, darin lebt ein wunderschönes Mädchen. Die wird mit euch vermählt werden, und so werdet ihr sie erkennen: Ihr werdet eine Umzäunung finden, die weit offen steht, und das Mädchen wird seines Vaters Kopf waschen, und sie wird euch recht freundlich willkommen heißen. Ich aber will euer Antlitz und euer Sprechen segnen, so daß wohlgefällt, was immer ihr sagt.»

Und alles geschah so, wie Brigit es angekündigt hatte. Darauf sprach Dubthach zu ihr: «So nimm denn den Nonnenschleier, meine Tochter, das ist es ja, was du wünschst. Und teile diesen Besitz an Gott und Menschen aus.» – «Dank sei Gott!» sagte Brigit.

Brigit empfängt den Nonnenschleier, und Bischof Mel verspricht sich

Brigit ging mit einigen anderen Mädchen zum Bischof Mel, daß er ihnen den Nonnenschleier gäbe. Der Bischof war fröhlich, sie zu sehen.

Als der Augenblick der Weihe gekommen war, wurde der Schleier von Engeln aus des Geistlichen Hand emporgehoben und auf das Haupt von St. Brigit niedergelegt. Sie aber kniete tief gebeugt, solange die Gebete dauerten, und sie umschloß mit ihren Händen den Eschenbalken, der den Altar stützte. Der war hinterher in Akazienholz verwandelt, das konnte weder im Feuer vergehen noch alt werden, in Jahrhunderten nicht. Dreimal brannte die Kirche nieder, der Balken aber blieb unversehrt unter der Asche.

In der Reihe der Jungfrauen, die geweiht werden sollten, war Brigit die letzte. Und der Bischof, ganz berauscht von der Gnade Gottes, bemerkte nicht, welche Worte er aus seinem Buche sprach, und er erteilte Brigit die Weihen, die ein Bischof empfängt. Ein Priester, der dabeistand, sagte, eines Bischofs Rang stehe keiner Frau zu. Bischof Mel antwortete: «In dieser Sache habe ich keine Gewalt. Diese Würde wurde Brigit von Gott selber erteilt, und diese Jungfrau wird als einzige in ganz Irland im Rang eines Bischofs stehen.»

Während Brigit geweiht wurde, war eine Feuersäule über ihrem Haupte zu sehen gewesen.

Die Menschen von Irland aber gaben von jenem Tage an der hl. Brigit und ihren Nachfolgerinnen dieselben Ehren, wie sie einem Bischof zukommen.

Von den heilenden Kräften, die Brigit besaß

Die Leute gewährten Brigit einen Ort, der Ached Hi genannt wurde. Nachdem sie dort eine Weile gewohnt hatte, trug sie drei Pilgern an, da zu bleiben, ihnen überließ sie den Platz. Sie wirkte dort drei Wunder: Ein Quell brach auf aus dürrem Land, Fleisch verwandelte sich in Brot, und die verletzte Hand eines der drei Pilger wurde geheilt.

Einst kam ein Aussätziger zu Brigit und bat sie um eine Kuh. «Was erscheint dir besser», sagte sie, «eine Kuh wegzuführen oder vom Aussatz geheilt zu werden?» Der Mann erwiderte, vom Aussatz geheilt zu werden, wäre ihm lieber als das Königtum über die ganze Welt. Darauf segnete

Brigit einen Krug voll Wasser, damit wurde der Aussätzige gewaschen und war sogleich gesund.

«Ich werde nie mehr weggehen», sagte er, «von dem Gefäß, das für mich die Heilung in sich barg. Laß mich dein Diener und Holzfäller sein.» Und fortan diente der Mann der heiligen Brigit.

Brigit sieht den Teufel am Tisch der Nonnen

Brigit besuchte einst eine andere heilige Jungfrau, die ebenfalls Brigit hieß, doch Brig genannt wurde. Wie Brigit nun mit ihren Jungfrauen zu Tisch saß, um die Abendmahlzeit einzunehmen, schaute sie plötzlich lange Zeit den Tisch an.

«Was nimmst du wahr?» fragte Brig sie. Brigit antwortete: «Ich sehe den Teufel am Tisch.» – «Ich wollte, ich sähe ihn auch», sagte Brig. «Mach Christi Kreuz über dein Gesicht und über deine Augen», forderte Brigit sie auf. Brig tat es, und nun erblickte auch sie den Teufel neben dem Tisch, den Kopf nach unten, die Füße nach oben, mit Dampf und Flammen aus Schlund und Nasenlöchern. Brigit redete ihn an:

«Gib uns Antwort, Teufel!» – «O Nonne», sagte der Teufel, «dir muß ich Rede und Antwort stehen, denn du hältst Gottes Gebote und bist barmherzig zu den Armen.» – «So erzähle uns», sagte Brigit, «warum bist du zu uns gekommen in den Kreis unserer Nonnen?» Der Teufel antwortete: «Eine fromme Jungfrau ist darunter, in deren Gesellschaft bin ich hier, und ich bringe sie dazu, träge und nachlässig zu sein.» Nun sprach Brigit zu dieser Jungfrau: «Mach Christi Kreuz über deinem Gesicht und deinen Augen.» Sie tat es sogleich und erblickte die scheußliche Erscheinung. Da erfaßte sie große Furcht vor dem Dämon. Brigit sprach: «Warum wendest du dich jetzt weg von dem, den du so lange Zeit gepflegt und aufgezogen hast?» Die Jungfrau empfand Reue und ward vom Teufel befreit.

Wie ein Baum unfruchtbar, ein anderer aber überaus fruchtbar wurde

Einst reiste Brigit am Ufer des Inny-Flusses entlang, das war in Kerry, im Südwesten von Irland.

In einem Klostergarten dort gab es viele Äpfel und süße Pflaumen. Eine Nonne schenkte ihr ein wenig davon in einem Körbchen aus Baumrinde. Als Brigit damit in das Haus hineinging, kamen Aussätzige und erbaten ein Almosen von ihr. «Nehmt diese Äpfel», sprach Brigit.

Die Nonne aber, die Brigit die Äpfel gegeben hatte, sagte: «Ich gab die Äpfel dir und nicht den Aussätzigen.»

Brigit war unzufrieden darüber und sprach: «Du tust unrecht, wenn du deine Gaben den Lieblingen Gottes verwehrst; deshalb sollen deine Bäume nun nie wieder Früchte tragen.»

Die Spenderin eilte in den Garten, der trug nicht eine Frucht mehr, und hatte kurz zuvor noch im Überfluß seiner Früchte dagestanden. Er blieb unfruchtbar für immer, es gab in diesem Garten künftig nur noch Blätter.

Ein andermal brachte eine andere Nonne eine große Menge Äpfel und süße Pflaumen für Brigit. Wieder gab sie sie augenblicklich einigen Aussätzigen hin, die bettelten. «Gesund sei sie, die dies alles spendete», sagte Brigit. Da bat die Jungfrau: «O Nonne, segne mich und meinen Garten.» Brigit sagte: «Gott möge fürwahr jenen großen Baum dort drüben segnen, den ich in deinem Garten sehe. Mögen süße Äpfel daran sein, und süße Pflaumen überdies an einem Drittel des Baumes: und an dieser zweifachen Frucht möge es dem Baum und seinen Ablegern nie fehlen.»

Was Brigit gesehen hatte, war aber eine Erle, und doch geschah alles so, wie sie es gesagt hatte. Als die Nonne in ihren Garten ging, sah sie, daß der Erlenbaum voller Äpfel hing, zu einem Drittel aber behangen war mit süßen Pflaumen.

Brigit schenkt ihren Wagen weg und heilt mehrere Kranke

Einst kamen zwei Nonnen zu Brigit und baten, sie möge mit ihnen gehen, um ihre Gründung und ihr Haus zu segnen. Unterwegs trafen sie einen jungen Mann, der sagte zu den beiden Nonnen, mit denen Brigit reiste: «Ich komme von einem Schwerkranken, er bittet, ihr möchtet ihm einen Wagen schicken, daß er dort sterbe, wo ihr wohnt.» – «Wir haben keinen Wagen», sagten die Nonnen. «Bringt ihm meinen Wagen», sprach Brigit. Das geschah.

Zur Stunde der Frühmette holte der Wagen mit dem Kranken die Wandernden ein, sie waren nicht mehr weit von ihrem Ziel.

Da begegneten ihnen Aussätzige, die sagten: «O Brigit, gib uns deinen Wagen, um Christi willen.»

«Ihr sollt ihn haben», sprach Brigit, «gewährt uns nur einen Aufschub, ihr Schützlinge Gottes, daß wir zuerst noch diesen kranken Mann zu unserem Haus bringen, das ganz nahe ist.»

«Aufschub gewähren wir nicht», sagten die Aussätzigen, «nicht eine einzige Stunde, außer unser Wagen wird uns irgendwie weggenommen.»

«So nehmt ihn», erwiderte Brigit. Die Nonnen fragten besorgt: «Was machen wir nun aber mit unserem Kranken?» Da sagte Brigit: «Der komme zu Fuß mit uns.» Und das konnte geschehen, denn der Mann war auf der Stelle vollkommen geheilt.

Wie Brigit nun in das Kloster kam, wusch sie den Nonnen die Füße, und während dieser Handlung wurden vier Nonnen geheilt: eine Lahme, eine Blinde, eine Aussätzige und eine Besessene.

An einem anderen Ort heilte Brigit zu dieser Zeit einen stummen und lahmen Jungen. Es trug sich zu, daß Brigit und der Stumme im Hause allein geblieben waren. Da kamen einige Arme und baten um etwas zu trinken. Brigit suchte den Schlüssel zur Vorratskammer und konnte ihn nicht finden. Sie wußte noch nichts von des Jungen Behinderungen und fragte ihn: «Wo ist der Schlüssel?» – «Ich hole ihn dir», sagte er, der stumm und lahm gewesen war, stand auf und half Brigit beim Bedienen der Armen.

Auf ihren Fahrten suchte Brigit einst ein Kloster auf, um mit den Nonnen dort das Osterfest zu feiern. Die Priorin dieses Klosters sagte zu ihren Jungfrauen, am Gründonnerstag solle eine von ihnen den Alten, Kranken und Schwachen behilflich sein, die im Kloster waren. Doch unter allen Mädchen konnte keines für diesen Dienst gefunden werden. Da sprach Brigit: «Ich will heute diese Hilfe geben.» Vier kranke Leute waren es, die im Kloster lebten: ein Schwindsüchtiger, ein Irrer, ein Blinder und ein Aussätziger. Und Brigit diente diesen vieren, und die Leiden, die sie bedrückten, wurden von ihnen genommen.

Zu derselben Zeit kam ein Mann zu Brigit, der trug seine Mutter auf dem Rücken, die war schwindsüchtig. Er wollte Brigit bitten, die Frau zu heilen. Er nahm sie von seinem Rücken und setzte sie auf Brigits Schatten nieder; und wie der Schatten die Kranke berührte, ward sie sogleich gesund.

Wie Brigit bei St. Patriks Predigt einschlief und was sie im Traume sah

Einst ging Brigit zu einem Ort, wo Patrik predigte. Sie schlief aber während der Predigt ein. Hinterher fragte Patrik sie: «Wodurch bist du in Schlaf gefallen?» Brigit antwortete: «Ein inneres Gesicht wurde mir gezeigt.» – «Erzähle mir davon», bat Patrik und Brigit sagte: «Ich sah vier Pflüge im Südosten von Irland, die pflügten die ganze Insel. Und ehe noch das Säen zu Ende geführt war, reifte die Ernte, und klare Quellen und leuchtende Ströme brachen aus den Furchen hervor. Die Pflüger und Säer trugen weiße Gewänder. Und vier weitere Pflüge erblickte ich im Norden, die pflügten von der anderen Seite über die Insel hin, wendeten das Erntefeld um, und der Hafer, der darauf gesät wurde, wuchs augenblicklich hoch und reifte, und schwarze Ströme kamen aus den Furchen, Pflüger und Säer trugen schwarze Gewänder.» – «Das ist nicht schwer zu erklären», sagte Patrik. «Die ersten vier Pflüge, die du sahst, sind ich und du, die wir die vier Evangelien aussäen. Und die Ernte, die du erblicktest, sind jene, die durch unsere Lehre zum Glauben an Christus kommen. Die vier Pflüge, die von Norden kamen, sind die falschen Lehrer und Lügner, die verkehren und umwenden, was wir aussäten.»

Brigit gründet ihr Kloster Kildare

Als Brigit beschloß, ihr Kloster zu gründen, suchte sie Bischof Mel auf, daß er kommen und Ort und Grenzen ihrer Niederlassung bestimmen möchte. Sie gingen dorthin, wo heute Kildare steht. Das ist jener Erdenfleck, von dem längere Zeit vorher schon Bischof Ibor gesagt hatte, er sei offen zum Himmel hin. Eine alte Eiche stand dort, und der Name, den Brigits Klostersiedlung erhielt, nämlich «Kildare», bedeutet «Kirche von der Eiche».

Als die heilige Jungfrau nun mit Bischof Mel zu dem Ort kam, trug es sich zu, daß gleichzeitig Ailill, der König von Leinster, dort vorüberzog mit Knechten und hundert Packpferden. Die trugen Lasten von geschälten Ruten, wie sie in alten Zeiten für den Hausbau verwendet wurden. Einige von Brigits Mägden baten den König, er möge ihnen einen Teil der Ruten überlassen, er aber schlug es ab. Sogleich wurden die Pferde wie von unsichtbarer Hand unter ihren Lasten zu Boden gestreckt. Man nahm die Pfosten und Rutenbündel von ihren Rücken weg, aber die Tiere standen nicht eher wieder auf, als bis Ailill der heiligen Brigit hundert Pferdelasten Holzwerk für ihren Bau angeboten hatte. Damit wurde Brigits großes Haus in Kildare gebaut, und Ailill schenkte nicht nur alles Holzwerk dafür, sondern er sorgte auch für die Ernährung der Zimmerleute während der ganzen Bauzeit und zahlte ihnen den Arbeitslohn. Darauf segnete Brigit den Ailill und seine Nachkommenschaft und verhieß ihnen für alle Zeiten das Königtum über Leinster.

Von einem seltsamen Robbenfang

Bald kamen Gäste zu Brigit nach Kildare, lauter edle und fromme Leute, darunter sieben Bischöfe aus dem Osten von Leinster. Brigit trug einem Mann ihres Klosterhaushaltes auf, zum Meer zu gehen und Fische zu fangen für die Gäste. Der Mann nahm seine Harpune mit und hatte das Glück, bald schon eine Robbe zu sichten, einen Seehund. Er traf das Tier mit dem Speer und band den Strick der Harpune an seiner Hand fest. Der Seehund war aber zu groß und zog den Mann mit sich über die See bis zu einem Strand in Britannien, und nachdem die Robbe den Strick durchgerissen hatte, ließ sie den Mann dort auf einem Felsen zurück in der Brandung. Die Harpune steckte immer noch im Rücken des Seehundes, er wurde von der Strömung zurückgetrieben, und die Wellen warfen ihn auf den Strand, der nahe bei Brigits Kloster war.

Indessen fanden britische Fischer den Mann auf dem Felsen, und nachdem er ihnen seine Geschichte erzählt hatte, gaben sie Brigits Fischer ein Boot. Darin überquerte er das Meer, fand seinen Seehund am Strande in Leinster liegen und brachte ihn heim für Brigits Gäste. Es war Morgen gewesen, als die Robbe den Mann über die See nach Britannien geschleppt hatte, von dort kehrte er am Mittag schon zu Brigit zurück.

Die Gäste und alle, die im Kloster waren, priesen Gottes Namen und den Namen von Brigit wegen dieses großen Wunders.

Von Brigits Kraft, Entferntes zu sehen

Eines Tages weilte Brigit mit dem Bischof Eirc in Leinster. Sie sagte zu ihm: «Unter deinen Leuten ist Unfrieden, und gerade heute streiten sie miteinander.» Einer aus des Bischofs Gefolge, ein Student, meinte: «Wir können uns nicht denken, daß das wahr ist.» Ohne ein Wort zu erwidern, segnete Brigit die Augen des Studenten, und darauf sagte er: «Nun sehe ich es, meine Brüder schlagen sich in diesem Augenblick.» Und er tat Abbitte bei Brigit.

Wie die Kühe an einem Tage dreimal Milch gaben

Sieben Bischöfe suchten Brigit in Kildare auf und fanden sie auf der Nordseite ihres Klosters. Die Heilige fragte ihre Köchin, ob sie irgend etwas zu essen anbieten könne, die antwortete jedoch, es sei nichts da. Brigit war beschämt, daß sie keine Speise hatte für die heiligen Männer, und sie bat Gott flehentlich. Da wiesen die Engel sie an, die Kühe an diesem Tage ein drittes Mal zu melken. Die Tiere kamen dazu ungerufen herbei, und Brigit molk sie selber. Und die Kübel füllten sich mit Milch, alle Gefäße in Leinster würden davon voll geworden sein. Die Eimer rannen über von der Milch, und es entstand ein kleiner See, der lange Zeit blieb und der Milchsee genannt wurde.

Wie es dazu kam, daß Brigits Wagenlenker immer ein Priester war

Einst senkte sich der Abend herab nach einem Tage, an dem Brigit wieder große Wunder vollbracht hatte.

Am Ufer des Flusses Seir wohnte damals ein rechtschaffener Mann, der sandte seine Sklavin zu Brigit mit der Bitte, sie möge als Gast zu ihm kommen. Den Leuten, die zu seinem Haushalt gehörten, sagte der Mann: «Der heiligen Jungfrau, die heute so große Wunder vollbracht hat, möchte ich zur Nacht gerne mein Haus zur Herberge weihen.»

Er begrüßte Brigit und ihre Mädchen. Die baten die Heilige: «Laß Wasser für uns bringen, daß wir unsere Hände reinigen, hier ist Speise für uns.» – «Das nützt jetzt nichts», entgegnete Brigit, «denn Gott hat mir kundgetan, daß dies ein heidnisches Haus ist; einzig die Leibeigene, die uns einlud und herbrachte, glaubt an Christus, sonst niemand hier. Deswegen werde ich nicht essen jetzt.»

Dem rechtschaffenen Hausherren kam es zu Ohren, daß Brigit fasten würde, bis er getauft wäre. «Ich habe wohl gesagt», sprach er, «daß ich mich von Patrik und seinen Mönchen nicht taufen lasse. Dir zuliebe aber, Brigit, will ich Christ werden.» – «Wenn du dich nur taufen läßt», entgegnete Brigit, «ob du es um Patriks willen tust oder um meinetwillen, das kümmert mich wenig. Es ist jedoch niemand bei mir, der die Weihen hat, um die Taufe vorzunehmen. Schicke jemanden zu Patrik, damit ein Bischof oder ein Priester komme, dich zu taufen.»

Der Priester Bron kam, und er taufte bei Sonnenaufgang den Mann samt allen Leuten, die zu seinem Haushalt gehörten. Darauf setzte Brigit sich mit ihren Mädchen zum Mittagsmahl, und als es beendet war, bedankte sie sich und nahm Abschied.

Sie kam zu Patrik, und der sprach: «Du solltest nicht ohne einen Priester durchs Land reisen, dein Wagenlenker sollte immer ein Priester sein.» Brigit beherzigte diesen Rat, und die Äbtissinnen, die ihr nachfolgten, taten es ebenso.

Brigit hütet die Schafe

Eine fromme Klosterfrau sandte einst zu Brigit und ließ sie um ihren Besuch bitten. Fine war der Name der Frau. Brigit ging zu ihr und blieb bei Fine und deren Nonnen.

An einem Tage setzten plötzlich Wind und Regen, Donner und Blitz ein. Fine fragte ihre Mädchen: «Welche von euch geht heute bei diesem argen Sturm mit unseren Schafen hinaus?» Keines der Mädchen war bereit dazu. Da sagte Brigit: «Ich liebe das Schafehüten sehr.» – «Ich möchte aber nicht, daß du gehst», sagte Fine. Doch Brigit bestand darauf und sagte: «Laß mir meinen Willen.» So zog sie hinaus mit den Schafen und sang über dem Gehen:

Gewähre mir einen klaren Tag,
du junger König, gib deinen Segen;
im Namen Marias, der Mutter dein,
wehre dem Wind und wehre dem Regen.

Du bist mein König, du tust es für mich:
Regen wird nicht vor dem Abend fallen
wegen Brigit, die weidend geht
den heutigen Tag mit den Schafen allen.

So beruhigte Brigit den Regen und den Wind.

Zwei Heilige begegnen sich, und zwei nasse Mäntel werden getrocknet

Etwas Wunderliches hat Brendan, der Seefahrer, noch erlebt durch die Kraft des Segens, der von Brigit ausstrahlte. Sieben Jahre verbrachte Brendan auf dem Meer. Während dieser Zeit begleiteten einmal zwei Untiere sein Boot, davon griff das eine den Heiligen an, das zweite Ungeheuer suchte das erste daran zu hindern. Es flehte Patrik und alle Heiligen Irlands an, sie möchten es vor seinem Feinde schützen, vor jenem Untier nämlich, das auch Brendans Boot bedrohte. In seiner Not rief das Tier auch zum heiligen Brendan, doch vergebens, er konnte es nicht schützen.

Zuletzt flehte das Ungeheuer zu Brigit, und sogleich ließ das stärkere Untier ab von dem schwächeren.

«Hierauf habt wohl acht, ihr Mönche», sagte Brendan, wenn er diese Geschichte erzählte.

Er kehrte nach Irland zurück und ging an Land. «Laßt uns zu Brigit gehen», sprach Brendan zu seinen Mönchen.

Die Heilige befand sich zu der Zeit südlich von Kildare. Sie machte sich eilig auf und begab sich zu einem Orte westlich ihres Klosters. Engel hatten ihr geoffenbart, daß sie Brendan dort begegnen würde. Sie begrüßte ihn, und zusammen gingen beide nach Kildare. Es hatte aber geregnet und Brigit hing ihren nassen Kapuzenmantel über die Sonnenstrahlen zum Trocknen. Brendans Diener wollte mit Brendans Mantel das gleiche tun, doch der fiel herunter. Der Diener versuchte es ein zweites Mal, aber die Sonnenstrahlen hielten den Mantel nicht. Da erhob Brendan selber sich und breitete seinen Mantel über die Sonnenstrahlen, und nun blieb er hängen.

Brendan fragte Brigit, welches Werk sie für ihren göttlichen Meister zu tun pflegte. «Sprecht ihr zuerst», sagte Brigit, «einem Manne steht es zu, als erster zu sprechen.» – «Bei meinem Gewissen», sprach Brendan da, «ich habe niemals sieben Berg- oder Hügelrücken überquert, ohne mein Gemüt bei Gott zu haben.» – «Dank sei Gott», sagte nun Brigit, «der Sohn der Jungfrau weiß es: Seit ich mein Herz ihm zuwendete, kehrte ich es bis heute niemals weg von ihm.» Da sprach Brendan: «So ist es kein Wunder, daß die Ungeheuer des Meeres über alle Menschen die Eine lobpreisen, die Gott in solcher Weise dient.»

Eine Weihnachtsgeschichte, die die Menschen in neueren Zeiten von der heiligen Brigit erzählten

Auf den Hebriden-Inseln, jenen schottischen Inseln, die weit nach Westen und Norden ins Meer hinaus liegen, gibt es eine besondere

Geschichte von Brigit. Sie stammt nicht aus den Berichten, die tausend und mehr Jahre alt sind, sondern wurde zu Beginn unseres Jahrhunderts nach mündlicher Überlieferung aufgeschrieben. Die Brigit, von der darin erzählt wird, gleicht nicht in allen Zügen und Gegebenheiten der Heiligen von Kildare. Aber schön ist die Geschichte auch, darum sei sie hier eingefügt.

Man sagt, Brigit sei die Tochter armer Eltern gewesen, die im Morgenlande lebten, und sie habe als Magd im Wirtshause zu Bethlehem gedient. Eine große Dürre herrschte im Lande, und der Wirt machte sich mit seinem Karren auf, um Wasser von weither zu holen. Er ließ Brigit einen Becher voll Wasser und ein Stück Brot zurück, daß sie bis zu seiner Heimkehr etwas zu essen hätte. Darauf befahl er ihr ausdrücklich, niemandem Speise und Trank zu geben, da er nur für sie selber genügend dagelassen habe. Auch sollte sie niemandem Unterkunft gewähren.

Wie Brigit nun im Hause arbeitete, kamen zwei Fremde an die Tür. Der Mann war alt, braun war sein Haar und grau sein Bart. Die Frau aber war jung und wunderschön, sie hatte blaue Augen und goldbraunes Haar, das fiel ihr bis zum Gürtel herab. Sie baten die Magd um einen Platz zum Ausruhen, denn sie waren müde und ihre Füße waren wund vom Wandern. Auch fragten sie nach Speise, womit sie ihren Hunger stillen, nach Wasser, womit sie ihren Durst löschen könnten. Unterkunft konnte Brigit ihnen nicht geben, doch schenkte sie ihnen von ihrem eigenen Brot und Wasser. Das nahmen die Frau und der Mann an der Tür zu sich. Und nachdem sie Brigit gedankt hatten, gingen sie wieder ihres Weges, während Brigit ihnen nachdenklich und sorgenvoll nachschaute. Sie sah, daß die junge schöne Frau bald ein Kind zur Welt bringen würde, und Brigits Herz wurde schwer, weil es nicht in ihrer Macht lag, den fremden Leuten Schatten in der Sonnenhitze zu gewähren und Schutz vor Kälte und Tau.

Als Brigit im Zwielicht der Abenddämmerung ins Haus zurückkam, wie staunte sie da, ihr Stück Brot heile und ganz zu finden und den Becher so voll von Wasser, wie er zuvor gewesen war. Sie wußte um alles in der Welt nicht, was sie dazu sagen sollte. Nachdem sie sich von der Überraschung erholt hatte, ging Brigit hinaus, um nach den beiden Fremden zu sehen, aber sie entdeckte nichts von ihnen. Doch sah sie nun ein golden strahlendes Licht über der Stalltür; sie erkannte, daß es kein Todesstern war, ging hinein in den Stall und kam gerade zur rechten Zeit, der jungfräulichen Mutter zu helfen und beizustehen und das Kind in ihre Arme zu nehmen, denn die Fremden waren Josef und Maria, und das Kind war Jesus Christ, der Sohn Gottes, der zur Erde kam und geboren wurde im Stall eines Wirtshauses zu Bethlehem. Als das Kind geboren war, ließ Brigit drei Wassertropfen auf des Kindes Stirn tropfen, die kamen aus einem klaren Quell, der aus der dürren Erde hervorgebrochen war. Brigit tat das im Namen des Vaters und des Sohnes und des Heiligen Geistes.

Wie der Wirt heimkam und den Hügel hinaufstieg, auf dem sein Haus stand, hörte er das melodische Murmeln eines Baches, der an seinem Hause vorüberfloß. Und er sah das Licht eines hellen Sternes über der Tür seines Stalles stehen. An diesen Zeichen erkannte er, daß der Messias gekommen, daß Christ geboren war. Denn unter den Sehern des Volkes war es bekannt, daß Jesus Christus, der Sohn Gottes, in Bethlehem, der Stadt Davids, geboren werden sollte. Der Mann war voller Freude darüber, daß die Prophezeiung sich erfüllt hatte, er ging in den Stall und verehrte den neugeborenen Christ, dessen Wiege die Krippe der Pferde war.

Brigit die Göttin und Brigit die Heilige – in alten und in neueren Zeiten

Irland hat von ältesten Zeiten her viele Heilige, drei unter ihnen gelten als die größten, und diesen dreien brachten die Iren immer besondere Liebe und Verehrung entgegen, nämlich dem hl. Patrik, dem hl. Columcille und der hl. Brigit.

Brigit wirkte kurze Zeit nach Patrik, und einige Jahre hat sie noch mit ihm zusammen auf Erden gelebt, denn die Heilige wurde im Jahre 452 oder 456 geboren, sie starb am 1. Februar 524. Der Name, den sie trug, war seit Jahrhunderten und vielleicht Jahrtausenden den Menschen Irlands vertraut. Brigit hieß die höchste ihrer Göttinnen, die sie verehrten, ehe der Christus vom Himmel her sich der Erde näherte. Brigit war die Mutter dreier Götter; sie trug auch noch andere Namen, darunter war der bekannteste «Dana», und ein ganzer Götterstamm im alten Irland, ein besonders lichtvoller und schöner, nannte sich «Stamm der Göttin Dana», Tuatha De Dana. Unter ihrem Namen «Brigit» wurde die Göttin als Helferin angerufen und verehrt vor allem von den Dichtern, von den Schmieden und von den Ärzten und Heilkundigen.

Es wird erzählt, der Göttermutter Brigit sei ein Hügel mit einer uralten Eiche geweiht gewesen, der Baum soll bis ins zehnte Jahrhundert hinein gestanden haben. Dieser Ort galt als ein besonderes Heiligtum. Jungfrauen, Druidinnen, dienten der Göttin dort und hüteten ihr zu Ehren ein heiliges Feuer, das nie erlöschen durfte. Die Stätte aber, an der das geschah, war dieselbe, wo Brigit die Heilige später ihr Kloster errichtete: Kildare, das heißt Kirche von der Eiche. Und auch in diesem Kloster hüteten die Nonnen ein immerwährendes Feuer, das brannte von St. Brigits Zeiten die Jahrhunderte hindurch bis zur Reformation. Nur 1220 wurde es auf Geheiß eines Erzbischofs von Dublin für kurze Zeit ausgelöscht. So waren Brigit die Göttin und Brigit die Heilige beide dem Feuer verbunden, und auf den Hebriden-Inseln erhielt sich ein Brauch bis in unser Jahrhundert hinein. Am Vorabend des 1. Februar, der St. Brigits Festtag ist, wurde die Asche des offenen Feuers oder Kamines zusammengekehrt und sorgfältig geglättet. Man traf Vorkehrungen, sie vor Zugluft und anderen Störungen zu schützen, daß keine natürliche Einwirkung, kein Zufall das Aussehen des geglätteten Aschenhäufleins verändern könne. Am Brigitstag in aller Frühe prüften die Bewohner des Hauses die Asche, und groß war die Freude aller, wenn sie meinten, Brigits

Fußspuren darin zu erkennen. Das galt als sicheres Zeichen, daß die Heilige in der Nacht gekommen war, um Haus und Stall und Weide und Acker mit ihrem Segen zu bedenken.

Aus den älteren Zeiten wird von solchen Bräuchen nichts berichtet. Da galt die Heilige vor allem als Helferin und Beschützerin der Dichter und Gelehrten; daneben vertrauten die Menschen ihrer großen Kraft, Krankheiten zu vertreiben und zu heilen – bei Menschen und bei Tieren. Und alle diese Macht schrieb man Brigit zu wegen ihres frommen Lebens, das allein dem Herrn der Elemente, dem Christus geweiht war. Daher hieß sie die «Jungfrau des Herrn der Elemente», doch gab man ihr noch weitere Namen, die zeigen, wie hoch man sie schätzte, wie sehr man sie liebte. So hieß sie: die goldene, herrliche Flamme; der Blütenzweig; die Königin der Königinnen; die eine der beiden Säulen, die mit Patrik zusammen das Königreich Gottes stützen; das geheiligte Gefäß, das Christi Leib und Blut aufnahm; ein Tempel Gottes; ihr Herz nannte man einen Thron des Heiligen Geistes; sie war die Taube unter den Vögeln, der Weinstock unter den Bäumen, die Sonne unter den Sternen, die Maria der Iren.

Diese Namen erhielt Brigit in den frühesten Zeiten, sie stehen in den mehr als tausend Jahre alten Aufzeichnungen, die über ihr Leben und Wirken erzählen. Eine dieser Handschriften schließt:

«Brigit ist es, die jedem hilft, der in Not und Gefahr sich befindet; sie vermindert die Seuchen; sie bezwingt den Zorn und den Sturm auf dem Meere. Sie ist die Verkünderin des Christus, sie ist die Königin des Südens; sie ist die Maria der Gälen.»

In neueren Zeiten gaben die Menschen – vor allem in Schottland – ihr dann noch die Namen: Marias Helferin bei der Geburt des Christkindes, Pflegemutter Christi, Patin des Gottessohnes.

KIERAN VON CLONMACNOISE

Unter den Klöstern, die von den ersten Heiligen Irlands gegründet wurden, war eines der schönsten Clonmacnoise. In Resten hat es sich bis auf unsere Tage erhalten. Inmitten Irlands liegt es am Ufer des Shannonflusses. Der es begründete, hieß Kieran. Ein Jahrtausend und fast noch ein halbes dazu sind vergangen, seit er geboren wurde. Kieran stammte nicht – wie mancher der irischen Heiligen – aus vornehmem oder königlichem Geschlecht. Sein Vater war ein Zimmermann, der die Kunst verstand, Wagen zu bauen, wie sie in jenen alten Zeiten gebraucht wurden, von Ochsen oder von Pferden gezogen. Der Großvater von Kierans Mutter aber war ein Dichter.

Die Prophezeiung des Druiden

Unter sieben Geschwistern wuchs Kieran auf, vier Brüder hatte er und drei Schwestern. Er selber war das dritte Kind seiner Eltern. Bevor er zur Welt kam, geschah etwas Seltsames. Der Druide des Königs, in dessen Land Kierans Eltern lebten, hörte auf dem Wege draußen einen Wagen vorbeirumpeln. Er sprach zu einigen Burschen, die mit ihm im Hause waren: «Geht und seht nach, wer in dem Wagen sitzt, denn ich höre das Geräusch, das ein Wagen unter einem König macht.» Draußen erblickten die Burschen niemand anders als den Zimmermann und sein Weib, die auf dem Wagen dahinfuhren, deshalb meinten sie, der Druide habe sich getäuscht. Er aber sprach: «Die Frau auf dem Wagen trägt ein Kind in ihrem Leibe, das wird ein mächtiger König werden. Wie die Sonne alle Sterne des Himmels überstrahlt, so wird er durch Zeichen und Wunder, die kaum zu nennen sind, über die Erde hin leuchten.»

Nicht lange danach wurde Kieran geboren. Die Taufe empfing er von einem geweihten Mann, der Justus hieß, das heißt «der Gerechte». So wurde er, der heranwuchs als ein Gerechter vor Gott, getauft von einem, der den Namen «der Gerechte» trug.

Zwei Wunder aus Kierans Kinderzeit

Kieran war noch klein, da schalt seine Mutter ihn einst: «Die anderen Jungen des Dorfes tragen aus dem Walde Honig von den wilden Bienen heim, nur du bringst keinen.» Kieran hörte die Worte der Mutter, ging zu einem Quell und füllte mit dem klaren Wasser, das dort rann, einen Kessel. Dann segnete er das Wasser, so daß es zu dem wohlschmeckendsten Honig wurde. Den brachte der Junge seiner Mutter; die freute sich und ließ den Honig zu Justus, dem Mann Gottes, tragen als Dank für die Taufe, die er dem Kinde gespendet hatte.

Zuweilen pflegte Kierans Mutter Leinen zu färben. Einmal, als der blaue Farbstoff angerührt war und mehrere Kleidungsstücke hineingegeben werden sollten, sagte die Mutter: «Nun geh hinaus, Kieran», denn sie dachte, es sei nicht gut, daß Männer im Hause wären, solange sie die Färberarbeiten tat. Kieran kannte aber nichts Schöneres, als dabei zuzuschauen, und wie die Mutter es ihm nicht gewähren wollte, wurde er ärgerlich und sagte: «Alles, was in der Färberbrühe ist, soll einen dunklen Streifen kriegen.» Und von den Hemden, Kitteln, Hosen, die aus dem Färberbottich herausgeholt wurden, gab es nicht ein Stück, das ohne den dunklen Streifen gewesen wäre. Es half nichts, die ganze Arbeit mußte von neuem begonnen werden. «Diesmal geh aber hinaus, Kieran», sagte die Mutter, «und laß keinen dunklen Streifen wieder kommen, hörst du?» Kieran rief:

Alleluja Domine!
Mutters Zeug sei weiß wie Schnee!
Legt sie's in das Faß hinein,
laß es licht wie Knochen sein;
wird's gerührt und kocht es stark,
werd' es weiß wie frischer Quark.

Und genauso kam es: Alles Leinzeug, das die Mutter in den Farbstoff tauchte, kam lichtweiß wieder heraus, ein Stück wie das andere. Und zum dritten Male wurde der Bottich bereitet. «Kieran», bat die Mutter, «verdirb mir die Färberei nun nicht mehr. Gib der Arbeit lieber deinen Segen.» Das tat Kieran, und niemals zuvor gelang das Blaufärben so gut wie diesmal. Denn obwohl das Leinzeug aller Leute von der ganzen Gegend nach und nach in die Brühe gelegt wurde, so kam Stück für Stück leuchtendblau heraus. Schließlich wurde auch noch alles blau gefärbt, was nur in die Nähe des Bottichs kam, selbst die Hunde und die Katzen.

Wie Kieran zu lernen begann und wie ihm die Tiere dabei halfen

Als Kieran das Alter und die Reife erreicht hatte, um lernen zu können, wurde Justus sein Lehrer. Zugleich aber hatten Kierans Eltern ihm zu dieser Zeit aufgetragen, das Vieh zu hüten, wenn es tagsüber auf der Weide war. Und wunderbar genug trug sich's zu, daß beides geschehen konnte. War Kieran bei den Kühen und Kälbern seines Vaters, sein Lehrer Justus aber weit entfernt von ihm, so hörte der Junge dennoch, was dieser ihn lehrte, so deutlich und klar, als säßen sie Seite an Seite. Bald darauf kam auch ein Fuchs aus dem Walde herbei, gesellte sich zu Kieran und tat so zutraulich, daß Kieran schließlich meinte, er könne den Fuchs wohl um einen Dienst bitten. Das Buch mit den Psalmen, in dem bald Justus, bald Kieran zu lesen wünschte, mußte zwischen den beiden hin und her getragen werden, das wurde nun dem Fuchs aufgegeben. Ja, nicht nur das Psalmenbuch, sondern ebenso alle Üungen, die Kieran mit großem Fleiß schrieb, brachte der vierbeinige Läufer zu Justus hinüber und wieder zurück zu Kieran. Geduldig wartete der Fuchs jedesmal das Ende der Unterrichtsstunden ab und machte sich dann eifrig auf den Weg mit allem, was man ihm übergab. Das ging so eine lange Zeit hindurch. Zuletzt aber brach doch einmal die Freßlust beim Fuchs durch, das schöne Leder, mit dem das Buch eingebunden war, duftete ihm in die Nase, und er begann an dem Buche zu nagen. Da kamen plötzlich Männer mit ihren Hunden über die Wiesen daher, die Hunde spürten den Fuchs auf und begannen ihn zu jagen. Wo sollte er hin? Weit und breit gab es für ihn keinen Unterschlupf. Schließlich flüchtete er, so schnell er nur konnte, zu Kieran. Unter dessen weitem Hirtenmantel verbarg er sich, so daß er aller Gefahr entronnen war. Und durch ein Wunder fand sich an dem Buch, das der Fuchs noch im Maule trug, keine Spur von Zähnen oder von Bissen. Unversehrt fiel es wieder in Kierans Schoß; und nie mehr hat seitdem der Fuchs daran genagt.

Kieran sucht seiner Mutter eine Lehre zu geben

Als Kieran so weit herangewachsen war, daß er die Äcker bestellen konnte, die seinen Eltern gehörten, kehrte er eines Tages von der Feldarbeit heim und begegnete auf dem Wege einigen Männern. Die grüßte er und fragte sie: «Woher kommt ihr jetzt?» – «Geradewegs vom Hause des Zimmermannes», antworteten sie. Kieran fragte: «Hat man euch dort bewirtet und gestärkt um Christi willen?» Die Männer entgegneten: «Das hat man wahrlich nicht getan! Die Hausfrau, die wir antrafen, ist hartherzig, sie bot uns nicht einmal einen Schluck zu trinken an.» – «Gottes Segen sei mit euch auf euren weiteren Wegen», sprach Kieran. Dann eilte er heim, so schnell er konnte. Er fand das Haus leer, alle Bewohner waren mit einer Arbeit draußen im Freien beschäftigt.

Von heiligem Eifer getrieben, begann Kieran nun, allen Essensvorrat, den er im Hause fand, umherzustreuen: Die Milch schüttete er auf den Boden, die Butter mischte er unter den Mist der Schafe, das Brot warf er den Hunden vor. Er wollte deutlich machen, daß Speise, die nicht in Christi Namen den Gästen vorgesetzt worden war, besser vernichtet würde, als daß ein Mensch sich davon nährte.

Nach einer kleinen Weile kehrte Kierans Mutter heim, und als sie sah, wie in ihrem Hause das Unterste zu oberst gekehrt war, wollte sie laut zu jammern beginnen. Kieran aber erklärte ihr, warum das Ganze so habe kommen müssen. Da wurde die Mutter still und beschloß in ihrem Herzen, in Zukunft freigebiger zu sein.

Kieran und der Wolf

Einst war Kieran wieder mit dem Vieh draußen auf der Weide. Da nahte sich ihm ein elender, ausgehungerter Wolf. Bei diesem Anblick sprach Kieran die Worte, die man oft von ihm hören konnte: «Erbarmen komme über uns!» Und zum Wolf gewendet fuhr er fort: «Geh und friß das Kalb, aber laß alle seine Knochen heil.» Das ließ sich der Wolf nicht zweimal sagen. – Die Kuh aber, als sie ihr Kalb nicht mehr fand, begann laut zu brüllen. Das hörte Kierans Mutter, sie eilte herbei und rief: «Kieran, du weißt sicher, wo das Kalb ist! Schaffe es wieder her, ob es lebendig ist oder tot!» Kieran ging zu dem Ort, wo der Wolf das Kalb verschlungen hatte, sammelte alle Knochen, die dort umherlagen, und trug sie vor die Kuh. Sogleich erhob sich das Kalb, so lebendig und unversehrt, wie es zuvor gewesen war.

Mit Fleiß und Sorgfalt hütete
Kieranus seines Vaters Vieh.
Doch Mitleid füllte ihn so sehr,
daß er dem wilden Wolf verzieh.

Kierans Schwarzbraune

Bald darauf meinte Kieran, es sei nun an der Zeit, Vater und Mutter zu verlassen. Er wollte St. Finian von Clonard aufsuchen, bei ihm die Heiligen Schriften studieren und als sein Schüler lernen, wie man zu Wissen und Weisheit gelangen könne.

Gerne hätte Kieran eine Kuh mitgenommen, um Nahrung zu haben für sich und einige Mönchsbrüder. Sein Vater sprach zu ihm: «Geh durch die Herde, und die Kuh, die dir folgt, möge mit dir nach Clonard ziehen.»

Wie Kieran nun Abschied genommen hatte, kam er an der Herde vorüber, die er oft gehütet hatte. Darunter gab es eine Kuh mit dunkelbraunem Fell, die nicht lange vorher ein Kalb geboren hatte. Diese Kuh wandte Kieran ihren Kopf zu und trottete von nun an brav hinter ihm her, wohin er auch ging. Das Kalb folgte seiner Mutter. So kamen die drei nach Clonard.

Nun sollte das Kalb nicht den Euter der Kuh leertrinken, sondern sich gewöhnen, Gras zu fressen. Kieran fand aber bei Finians Kloster keine Hecken, um Kuh und Kalb voneinander zu trennen. Da nahm er seinen Stab und fuhr damit über den Boden hin, daß im Gras eine feine Spur entstand. Die lief zwischen den beiden Tieren hindurch. Und als wäre es eine hohe, dichte Hecke, so sicher schied sie die beiden voneinander, jedes blieb ohne Hüter an seinem Weideplatz. Nur bisweilen geschah es, daß die Kuh ihr Kälbchen leckte. Von den Mönchsbrüdern erhielt die Kuh den Namen: Kierans Schwarzbraune. Die Milch, die sie gab, wurde aufgeteilt unter die zwölf Bischöfe des Klosters samt ihren

Mönchsbrüdern; auch die Gäste, die des Weges kamen, erhielten noch davon und wurden satt.

Kierans Schwarzbraune gab Milch in Fülle,
für dreimal fünfzig Brüder genug.
Gab Milch für Kranke und Milch für Gäste,
für jeden zu jeglichem Mahl einen Krug.

Der Ruhm der Kuh verbreitete sich über ganz Irland. Ihre Haut wurde noch jahrhundertelang im Kloster Clonmacnoise aufbewahrt, und es heißt, sie sei wunderkräftig gewesen.

Kieran und der Hirsch

In jenen alten Zeiten, in denen Kieran lebte, gab es nur wenige Bücher. Sie wurden mit viel Sorgfalt und Kunstfertigkeit auf Tierhäute geschrieben und waren ebenso groß und schwer, wie sie kostbar waren.

Kieran liebte es, im Freien zu lesen, doch wußte er nicht, worauf er das schwere Buch legen sollte. Da kam aus dem nahen Walde ein Hirsch herangesprungen, ließ sich ruhig vor Kieran nieder und gab zu erkennen, daß das Geweih auf seinem Kopfe ein guter Platz für das Buch wäre. Zu diesem Dienste stellte sich der Hirsch nun Tag für Tag ein. Einmal erhob Kieran sich sehr plötzlich, als er die Glocke hörte, die die Mönche zum Gebet rief. Der Hirsch, erschrocken, sprang noch schneller auf als Kieran. Er rannte davon und trug das Buch auf seinem Geweih mit sich in den Wald. Der Tag wurde naß und regnerisch, die folgende Nacht ebenso. Mit Sorge dachte Kieran an das Buch, dessen Seiten aufgeschlagen waren. Als jedoch am Morgen der Hirsch zur gewohnten Stunde sich einstellte, war das Buch auf seinem Geweih ohne Schaden, ohne eine Spur von Feuchtigkeit, kein Buchstabe auf den Seiten war verwischt.

Wie Kieran dem Schieler das Buch lieh

Ein junger Mann, den die Leute Ninned den Schieler nannten, kam eines Tages nach Clonard, um bei Finian zu lernen. Er hatte aber kein Buch. «Suche eines zu leihen», riet Finian ihm. Ninned machte die Runde bei den Schülern des Klosters, doch keiner wollte sich von seinem Buche trennen. Betrübt kehrte der Schieler zu Finian zurück. Der sagte: «Warst du schon bei dem freundlichen Jüngling dort am nördlichen Ende der Wiese? Versuch es einmal bei ihm.» Es war aber Kieran, zu dem Finian den Ninned schickte. Als er bei ihm ankam, las Kieran im Buche des Evangelisten Matthäus gerade die Stelle: Omnia quaecumque vultis ut faciant homines nobis, ita et vos faciatis illis. – «Ich wollte dich bitten, mir ein Buch .zu leihen», sagte Ninned. – «Erbarmen komme über uns!» erwiderte Kieran, «eben lese ich einen Satz der Heiligen Schrift, der mir sagt, ich solle allen Menschen das tun, von dem ich wünsche, daß sie es mir täten. Da, nimm das Buch.»

Am folgenden Morgen, als die Schüler sich zum Unterricht versammelten, fragten sie Kieran: «Wo hast du dein Buch?» – «Er gab es mir», sagte Ninned der Schieler. «Ei, Kieran», neckten die Schüler, «so wirst du wohl nicht gelernt haben, was wir für heute lernen sollten.» – «Es ist wahr», bekannte Kieran ein wenig betrübt, «ich las das Evangelium des heiligen Matthäus bloß bis zur Hälfte.» Da rief einer scherzend: «So wollen wir Kieran von nun an Kieran-Matthäus-halb nennen.» – «Nein», entgegnete Finian, «aber Kieran-Irland-halb! Denn ihm allein und seinem Werk wird halb Irland gehören, während wir alle miteinander uns in die zweite Hälfte teilen werden.»

Was Finian im Geiste schaute

Einst fragten einige Mönche den heiligen Finian, wer von ihnen ihr Gebet anführen solle, wenn Finian nicht mehr auf

Erden weile. «Das wird dieser sein», sagte Finian, und er wies auf Kieran. «Du gibst ihm die Führung über uns alle, gibst ihm das Amt des Abtes?» rief da einer. Finian antwortete: «Es war ihm längst gegeben, es steht ihm zu, und es wird ihm gegeben werden.» Das sagte Finian mit solcher Sicherheit, weil einst, als er im Gebet war, Gott ihn etwas schauen ließ. Vor seinem inneren Blick erschienen dem Finian zwei Monde, von Goldglanz strahlend. Einer bewegte sich nach Nordosten hin über das Meer, der andere wandte sich zur Mitte von Irland und blieb dort stehen. Und Finian, als er das sah, wußte: Der eine Mond zeigte den Weg, den der heilige Columcille nehmen würde nach Schottland, der zweite Mond aber deutete auf den Ort, an dem Kieran wirken und sein Kloster gründen sollte.

Von dem Baum, den St. Enda und St. Kieran im Traume sahen

Auch dem heiligen Enda auf der Araninsel wurde vorausverkündet, wie groß und weitreichend das Werk Kierans sich gestalten sollte. Als Kieran den Enda einst besuchte und sie miteinander beteten, zeigte sich ihnen beiden das gleiche. Sie sahen einen mächtigen, fruchttragenden Baum, der stand an einem Fluß inmitten von Irland. Er breitete seine Äste schützend über die ganze irische Insel aus, seine Früchte hingen weit übers Meer, das die Insel rings umgab, und die Vögel aus den Lüften kamen herbei und holten sich von den Früchten des Baumes. Und Enda sprach zu Kieran: «Du bist der mächtige Baum, den wir sahen, denn du bist groß vor Gott und den Menschen. Im Schatten deines lichtvollen Werkes wird Irland geborgen sein. Daher brich auf und erfülle den Auftrag, den Gott dir gab. Geh hin zum Ufer des Stromes und errichte eine Kirche dort.»

Eine Geschichte von zwei Kutten

Nachdem Kieran den heiligen Enda und die Insel Aran verlassen hatte, suchte er in der Mündung des Shannon-Flusses eine Insel auf, die zu seiner Zeit Inis Cathaig hieß, ihr Name heute ist Scattery Island. Dort lebte in seinem Kloster der heilige Senan, und von ihm wollte Kieran sich verabschieden, bevor er weiterwanderte. Er traf aber auf seinem Wege einen armen Mann, dem gab er seinen leinenen Umhang und trug selber nur noch ein einfaches Gewand.

Dies wurde dem heiligen Senan in einem inneren Gesicht kundgetan, er nahm daher einen Kapuzenmantel unter seine Achselhöhle und ging Kieran damit entgegen. Als er ihn traf, sagte er zu ihm: «Ist es nicht eine Schande für einen Mönch, ohne Kapuzenmantel zu reisen?» Kieran antwortete: «Erbarmen komme über uns! Gott will sich meiner Blöße annehmen, denn da ist ein Kapuzenmantel für mich unter dem Umhang meines ehrwürdigen Bruders.»

Lange danach, als Kieran sich schon in Clonmacnoise befand, wünschte er dem Senan eine Kutte zurückzusenden. Sie ward auf das strömende Wasser des Shannon gelegt und reiste, ohne naß zu werden, zum Hafen von Inis Cathaig.

Zur selben Stunde sagte Senan zu seinen Mönchen: «Macht euch auf und geht zum Strand, ihr werdet dort einen Gast finden, den bringt mit euch in Ehren und Würden.» Als die Mönche hinauskamen, fanden sie den Kapuzenmantel auf dem Meer, trocken an jedem Faden. Sie trugen ihn zu Senan und brachten dem Herrn ein Dankopfer dar. Dem Mantel gaben sie den Namen «Senans Kutte».

Kieran bei den Brüdern in Isel

Kieran aber, nachdem er Senan und Inis Cathaig verlassen hatte, begab sich nach Isel, wo sein Bruder in einem Kloster lebte. Bei den Mönchen dort blieb er längere Zeit. Nicht weit vom Kloster war ein See mit einer Insel darin. Dort hatte sich allerlei Volk und Gesindel niedergelassen, dessen Lärm und Getöse die Mönche störte. Kieran betete zu Gott, er möge die Insel von ihrem Platz wegrücken, und es geschah. Die Stelle, an der sie gelegen hat, ist noch zu sehen zur Erinnerung an das Wunder.

Wie Kieran zur Insel Aingin kam

Die Brüder des Klosters von Isel wollten schließlich nicht länger dulden, daß Kieran so reichlich, wie er es liebte, Almosen und Geschenke an die Armen gab. Sie waren mißgünstig gegen ihn und sagten: «Mach dich auf und verlasse uns, wir können nicht miteinander an demselben Ort sein.» Kieran entgegnete: «Hätte ich hier bleiben können, so würde der Platz bald hoch in Ruhm und Ansehen gestanden haben, wenn er gleich niedrig liegt.»

Damit lud Kieran seine Bücher auf den Rücken eines wilden Hirsches und folgte diesem, wohin immer er ging. Der Hirsch wandte sich geradewegs nach Inis Aingin, einer Insel im See Ree, durch den der Shannonfluß hindurchfließt. Auf der Insel traf Kieran einen Kirchenältesten, Daniel mit Namen, der war von Britannien her gekommen. Der Teufel hetzte Daniel auf, daß er neidisch wurde auf Kieran. Da schenkte dieser ihm in seiner Großmut einen königlichen Becher mit drei goldenen Vögeln darauf. Der Kirchenälteste wunderte sich darüber sehr, er empfand Reue, diente dem Heiligen fortan als sein Schüler und überließ ihm die Insel.

Kieran erkennt eine Stimme

Einmal hörte Kieran einen Ruf vom Hafen her. Er sprach zu den Mönchsbrüdern: «Erhebt euch und geht eurem zukünftigen Abt entgegen!» Als sie aber zum Hafen kamen, fanden sie dort keinen Menschen außer einem Jüngling, der nicht Christ war. Das berichteten sie Kieran, der entgegnete: «Wie immer das sein mag, holt ihn dennoch her. An seiner Stimme erkannte ich, daß er es ist, der nach mir hier Abt sein soll.» Darauf wurde der Jüngling zu Kieran gebracht, und Kieran schor ihm das Haar, las mit ihm und unterwies ihn. Das war Enna, der ein Heiliger wurde, und als Abt Kieran nachfolgte.

Von Kierans Evangelienbuch und der Kuh

Einst geschah es, daß Kierans Evangelienbuch aus der Hand eines achtlosen Bruders in den See fiel, und darin blieb es über lange Zeit. Eines Tages im Sommer gingen die Kühe in das Wasser. Da heftete sich ein Lederband des Buches an dem Huf einer Kuh fest, und sie brachte es unversehrt vom Grund herauf ans Ufer. Seitdem gibt es den «Hafen des Evangelienbuches» auf Inis Aingin. – Als man das Buch aufschlug, zeigte sich, daß es weiß war, sauber und trocken, und nicht ein einziger Buchstabe war verwischt oder ausgelöscht.

Von der heiligen Ulme am Shannonfluß und von St. Patriks Prophezeiung

Nach seinem Traumgesicht hatte der heilige Enda zu Kieran gesagt: «Geh hin zum Ufer des Stromes und errichte eine Kirche dort!» Mit dem Strome war aber der Shannonfluß gemeint, und auch der Ort, an dem Kierans Kirche und sein Kloster entstehen sollten, war von Gott längst vorgesehen. Das war geschehen zu der Zeit, als der heilige Patrik noch lebte, und so hat es sich zugetragen.

Patrik hatte lange Zeit auf einem einsamen Berge

gewohnt zusammen mit einem Aussätzigen, den er pflegte. Schließlich verließ der Aussätzige den Heiligen. Er kam zu einem Ort am Shannonfluß. Dort hatte einst ein heiliger Baum gestanden, eine Ulme, deren Stamm vor Alter ganz ausgehöhlt war. In diesen Stamm verkroch der Aussätzige sich.

Ein Fremder kam des Weges gegangen, den bat der Aussätzige, er möchte ihm ein Bündel Binsen ausrupfen; an dem Ort, wo es geschähe, würde ein klares Wasser hervorsprudeln, das möge er in einen Kessel füllen und ihm geben. Dann aber solle er gehen und Spaten und Schaufel herbeiholen, denn die Krankheit in ihm habe ihn dem Tode nahe gebracht, und er bitte den Fremden, ihn bei der Ulme zu begraben. So geschah es, und der Aussätzige war der erste Tote, der an dieser Stelle am Ufer des Shannonflusses begraben wurde.

Nicht lange darauf kam ein Brudersohn des heiligen Patrik, ein Bischof, an denselben Ort. Er kehrte eben von Rom zurück, wohin der Heilige ihn gesandt hatte, und er trug bei sich Reliquien, die er seinem Oheim Patrik bringen wollte. Da sah er plötzlich Engel über dem Grab des Aussätzigen schweben; der Bischof verstand des Zeichen, er erkannte, daß er sich an einer Stätte befand, wo ein frommer Mann begraben lag. Er barg die Reliquien in der hohlen Ulme und streckte sich selbst auf dem Boden hin, um zu schlafen. Am Morgen aber, als er weiterwandern und die kostbaren Reliquien aus der Höhlung des Stammes holen wollte, entdeckte er, daß der alte, totgeglaubte Baum sich um sie herum geschlossen hatte, so fest, daß keine Hand und kein Auge sie mehr erreichen konnte. In großer Sorge um den Verlust teilte der Bischof das Geschehene seinem Oheim Patrik mit. Der Heilige tröstete ihn und weissagte, ein Mensch, erfüllt von himmlischem Leben, Kieran nämlich, des Zimmermanns Sohn, sei ausersehen, zu dem Grabe und der Ulme zu kommen, einer Stätte, wo seit alten Zeiten schon ein heiliger Quell rinne. Kieran werde ein Kloster gründen dort, eine Kirche werde er mit seinen Brüdern bauen, und der kostbarste Schatz darin würden die Reliquien sein, die der Baum für diesen Zweck bewahre.

So wurde von Finian, von Enda und am frühesten schon von Patrik das Wirken Kierans vorausverkündet.

Wie Kieran sein Kloster Clonmacnoise gründete

Drei Jahre und drei Monate weilte Kieran auf der Insel im See Ree. Danach kam er zu einem Ort nahe am Shannonfluß, und als er dessen Schönheit sah, sagte er zu den Mönchsbrüdern, die ihn begleiteten: «Wenn wir hier wohnen, werden wir viel Gut und Reichtum haben, und es werden nur wenige Seelen sein, die von hier aus zum Himmel eingehen.» Sie zogen weiter und kamen zu einem Ort, der zu jener Zeit Ard Tiprat hieß. Da sagte Kieran: «Hier wollen wir bleiben, denn viele Seelen werden es sein, die von hier zum Himmel eingehen. Gott und Menschen werden diesen Platz aufsuchen für alle Zeit.»

Am achten Tage des Monats Februar ließ Kieran sich am Ufer des Shannonflusses nieder; es war der zehnte Tag des Mondes und ein Sonnabend. Und sie waren acht Männer insgesamt, die dort das Kloster bauten, das heute Clonmacnoise heißt.

Wie Kieran seinen Mönchen ein Fest bereitete

Eines Tages schnitten die Mönche Getreide. Es war heiß, die Sonne brannte und Durst quälte die Brüder. Sie sandten einen Boten zu Kieran und baten, er möchte ihnen Wasser aufs Feld bringen lassen. Kieran ließ ihnen bestellen, wenn sie an diesem Tage den Durst aushalten wollten, so könnten sie damit den Brüdern, die ihnen einst nachfolgen würden, großen Reichtum erwirken. «Fürwahr», sagten die Mönche, «wir wollen lieber in Geduld uns üben, wenn es den Brüdern, die nach uns kommen, Vorteil verschaffen kann. Auch haben wir selber Gewinn von solcher Übung.»

Am Abend, als die Arbeit getan war, segnete Kieran einen Kessel voll Wasser. Da verwandelte sich das in köstlichen Wein, der ward den Mönchen ausgeschenkt, und nie gab es ein Fest, das dieses Fest übertroffen hätte. Lange Zeit später kamen Brüder aus dem Kloster des heiligen Columcille von der Insel Iona nach Clonmacnoise. Ein Fest wurde ihnen bereitet, und im ganzen Ort hieß es, nie habe es ein Fest gegeben, das diesem gleichkäme. Da erhob sich ein alter, ehrwürdiger Bruder, der sagte: «Ich weiß von einem Fest, das besser war als dieses ist. Wahrhaftig, weit besser war das Fest, das Kieran für seine Mönche bereitete, nachdem sie einen Tag lang argen Durst ertragen hatten. Wasser verwandelte er in Wein. Die Wahrheit dessen könnt ihr heute noch prüfen, denn ich war es, der damals den Wein ausschenkte, und mein Daumen war über den Rand der Kanne gebogen bis in den Wein. Kommt und nehmt den Duft wahr an dem Daumen, der damals in den Wein getaucht war.» – Alle kamen und wurden erquickt vom Duft, den der Finger ausströmte. Und sie sagten: «Besser als jegliches Fest muß wahrlich das gewesen sein, von dem ein Duft sich bis heute erhalten hat. Gesegnet sei Kieran und gesegnet sei der Herr im Himmel, der ihm solche Wohltaten gewährte.»

Wie Crichid ein Feuer löschte und Kieran es wieder entzündete

Crichid, ein Diener Kierans, ging einst nach Saigir und blieb dort lange Zeit. Ein Namensbruder Kierans war der Abt dieses Klosters, der heilige Kieran von Saigir. Der aber, der Clonmacnoise gründete, wurde genannt: Kieran, der Sohn des Zimmermanns.

Der Teufel gab dem Crichid ein, das heilige Feuer auszulöschen, das die Mönche in ihrer Küche hüteten. Da sagte Kieran von Saigir, er wolle keine Nahrung zu sich nehmen, bevor nicht Gäste kämen, die ihm Feuer brächten.

Crichid wanderte durch das Tor in der Klostermauer ein Stück weit hinaus aufs Feld, da kamen Wölfe und töteten ihn, den Leib Crichids aber ließen sie liegen.

Als Kieran der Zimmermannssohn vom Tode seines Dieners hörte, machte er sich auf nach Saigir, um nach dem Toten zu suchen. Bei seiner Ankunft empfing Kieran von Saigir seinen Namensbruder von Clonmacnoise mit den Worten: «Als erstes brauchtest du Wasser für deine Füße, doch wir haben kein Feuer, um Wasser für dich zu wärmen. Gib du als Gast uns Feuer, denn so ist es Gottes Wille.»

Da erhob Kieran der Zimmermannssohn seine Hände zum Himmel und betete mit aller Kraft seines Herzens. Und als er das Gebet beendet hatte, fiel Feuer vom Himmel herab auf seine Brust. Das trug Kieran durch die Gänge des Klosters bis zum Herd in der Küche, dort ließ er es aufglühen. Und das Feuer hatte nicht ein Haar von Kierans Gewand versengt, auch er selber war unverletzt geblieben.

Dann brachte Kieran von Clonmacnoise seinen Diener wieder zum Leben, den die Wölfe getötet hatten. Er nahm mit seinem Abtsbruder zusammen ein Mahl ein, und danach vertieften sie sich in ein Gespräch. Als Kieran der Zimmermannssohn Abschied nahm, sagte er: «Dem Kloster von Saigir und meinen Brüdern darin möge es wohlergehen.» Darauf erwiderte der Abt von Saigir: «Wissen und Ansehen seien für immer in Clonmacnoise!»

Von Kierans frühem Tode und von dem, was vorher und nachher geschah

Kierans Seele war nicht länger als sieben Monate in seiner Klosterstadt, bevor sie zum Himmel einging. Das geschah am neunten Tage des September. Als es dem Heiligen kundgetan war, daß sein Sterbetag heranrückte, tat er in großem Kummer eine Weissagung. Er verhieß, daß seiner Gründung harte Verfolgungen durch böse Menschen bevorstünden. «Wie sollen wir uns verhalten, wenn das eintritt», fragten die Brüder. «Sollen wir bei deinen Reliquien bleiben oder anderswo hingehen?» – «Meine Reliquien laßt liegen gleich dem Gebein eines Hirsches, das in der Sonne bleicht. Im Himmel werdet ihr mit mir leben, und das ist besser, als hier bei meinen Reliquien auszuharren», sagte Kieran.

Und der Tod nahte sich dem heiligen Kieran in der kleinen Kirche, die er mit seinen sieben Mönchen gebaut hatte. Dies war im 33. Jahr seines Erdenlebens, an einem Sonnabend in der Reihe der Wochentage und am achtzehnten Tage des Mondes. «Tragt mich hinaus auf die kleine Anhöhe», bat Kieran. Und als er zum Himmel hinaufblickte und die klare Luft hoch oben über seinem Kopfe sah, sprach er: «Furchtbar ist der Weg dort hinauf.» – «Furchtbar ist er nicht für dich», sagten die Mönche. «Wahrhaftig», entgegnete Kieran, «mir ist nicht bewußt, daß ich eines von Gottes Geboten übertreten hätte, und dennoch: David, der Sohn Jesses, und auch Paulus der Apostel, selbst sie fürchteten diesen Weg.»

Um ihm das Liegen zu erleichtern, wollten die Brüder Kieran den Stein unter seinem Kopf wegnehmen, der dem Heiligen immer als Kopfkissen gedient hatte. Er duldete es nicht und sagte: «Nein, legt den Stein unter meine Schultern. Wer Auferlegtes bis zum Ende trägt, dem wird das Heil zuteil werden.» Und es füllte sich der Raum zwischen dem Himmel und der Erde mit Engeln, die hielten sich bereit, Kierans Seele aufzunehmen.

Die Mönche aber trugen ihn zurück in die kleine Kirche. Der Heilige hob seine Hand und segnete alle. Dann bat er die Brüder, die Kirche hinter ihm zu schließen, bis der heilige Kevin vom Osten her aus dem Tal der zwei Seen käme.

Kevin kam nach drei Tagen. Die Mönche in ihrer Trauer empfingen ihn zunächst widerwillig und unfreundlich. Kevin sprach zu ihnen: «Diese Trauermiene sei fortan immer auf euern Gesichtern!» Da merkten die Brüder, daß sie unrecht handelten an Kevin, sie gewährten ihm, worum er sie bat, und schlossen ihm die kleine Kirche auf.

Sogleich nahten Kierans Geist und Seele sich wieder seinem Leibe, und er begann ein Gespräch mit Kevin, das währte von einer Gebetsstunde bis zur nächsten. Danach segnete Kieran seinen Bruder Kevin und gab diesem seine Glocke als ein Zeichen ihrer Verbundenheit. Darauf kehrten Kierans Geist und Seele zurück in den Himmel.

BRENDAN, SEINE SEEFAHRTEN UND ABENTEUER

In Patriks Seele ist – seinem eigenen Zeugnis nach – der Gedanke und Glaube an Gott aufgekeimt, während er als Sklave die Herden seines Herrn hütete. Auch der heilige Kieran von Clonmacnoise hat lange Zeit als Hirt gearbeitet. Die heilige Brigit kannte sich meisterhaft aus im Melken und Buttern, im Versorgen der Kühe überhaupt. Columcille war zeit seines Lebens Schreiber und Dichter. Der heilige Brendan aber war der Seefahrer unter Irlands Heiligen. Im äußersten Westen, an der Küste der Dingle-Halbinsel, gibt es zwei Orte, die mit Brendan in besonderer Weise verbunden sind. Der eine von ihnen gehört dem Meere, dem Atlantik schon mehr an als dem Lande. Der Westspitze der Halbinsel vorgelagert ragen die zerklüfteten Blasket-Inseln empor. Sie sind der Brandung so stark ausgesetzt, daß die letzten der wenigen Menschen, die auf ihnen gelebt hatten, sie vor einigen Jahrzehnten schon verließen. Nördlich von ihnen, noch weiter draußen, liegt Inishtooskert, ein winziges Felseneiland. Auf ihm gab es ein kleines steinernes Bethaus, ein Oratory, wie die irischen Mönche sie bauten, um sich im Schutz der Steinmauern ins Gebet versenken zu können, abgeschlossen von der Welt. Die Reste dieses Oratorys sind heute noch zu sehen. Errichtet wurde es von St. Brendan vor mehr als eintausendvierhundert Jahren. Der Heilige starb im Jahre 578. Er muß es geliebt haben, dort zu sein, wo die Wellen am Stein in Gischt versprühen, wo die Gewalten von Fels und Meer im Aufeinandertreffen sich ineinander verschränken.

Der zweite Ort, den man als bevorzugten Aufenthalt St. Brendans nennt, ist der Rücken des Mount Brandon, des zweithöchsten Berges von Irland, der sich am nördlichen Küstensaume der Dingle-Halbinsel rund tausend Meter hoch über den Meeresspiegel erhebt. Selten und meist nur für Stunden lösen sich die Nebel und Wolken vom Gipfel des Mount Brandon los und geben ihn frei. Wer das Glück hat, dann oben zu stehen auf dem Bergrücken, dem zeigt sich ein seltenes Schauspiel. Wie auf einer Landkarte zeichnet sich der Küstenverlauf nach Norden und Westen hin ab gegen die Brandung des Atlantik. Bis über das breite Mündungsgebiet des Shannonflusses hinüber reicht der Blick ungehindert. Auch nach Südosten hin wandert er weit über das Land. Doch wird man diese Sicht nur an wenigen Tagen des Jahres über längere Zeit hin genießen können. Zu leicht verdichten die von den Westhängen hochgezwungenen Seewinde die Luft zu Nebeln und Wolken. Man steht in ständigem Wechsel zwischen der Verlockung, entweder den Blick von Land und Küste nach unten hin fesseln zu lassen oder das Unten ganz zu vergessen über dem bewegten Spiel des lichten, feuchten Grau, von dem man in jedem Augenblick anders eingehüllt und umgeben ist, bald dicht, bald durchscheinend mit Sicht auf ein Stück Erdreich, auf ein zerfallenes Gemäuer oder auf die spärlichen Überreste uralter kleiner Steinkreise.

Immer wieder steigert das Schauspiel sich zu Höhepunkten, wenn über dem Meer ein Regenbogen aufleuchtet vor blauschwarzem, geballtem Gewölk oder vor silbergrauer Nebelwand. Manches der siebenfarbigen Himmelstore ist schon wieder vergangen, kaum daß man es ahnte. Andere leuchten so farbenkräftig, daß sie gleichsam ein Echo hervorrufen, einen zweiten Bogen unter ihnen und schließlich noch einen dritten darüber.

Trotz des Höhenunterschiedes, der zu bewältigen ist, wäre der Aufstieg zum Gipfel des Mount Brandon einigermaßen leicht, führte der Weg nicht immer wieder über sumpfige Strecken, bei denen jeder Schritt sagt: wet, wet, wet, naß, naß, naß. Und hier an Irlands Westküste, wo es angeblich nicht einen Tag im Jahr ohne Sonne – und nicht einen Tag ohne Regen gibt, sorgt das Klima schon dafür, daß der Boden unterm Schuh dieses Wort nicht verlernt. Wollen dann nachgeborene Schwestern in Christo den Lieblingsplatz des heiligen Brendan aufsuchen, Nonnen in weiten langen Wollröcken, so kann man es ihnen nicht verdenken, wenn sie bei warmer, milder Luft ihre Röcke schürzen, Schuhe und Strümpfe sich über die Schultern hängen und bar- und leichtfüßig fröhlich hinaufsteigen zum reinen Hauch von Bergeshöhe und Heiligkeit.

Von Brendans Geburt

Das Land, zu dem die Dingle-Halbinsel gehört, ist Kerry, und in Kerry wurde St. Brendan geboren. Sein Vater hieß Findlug. Nicht weit von Findlugs Haus wohnte ein wohlhabender Mann, dem viel Land und Vieh gehörte. Airdi war der Name des Mannes. Als die Nacht anbrach, in der Brendan geboren werden sollte, kam ein Druide, ein Wahrsager zum Hause des Airdi, und der reiche Mann fragte ihn: «Was steht uns in nächster Zeit bevor?» Der Druide antwortete: «Dein eigener König wird diese Nacht geboren werden zwischen dir und dem Ozean. Könige und Prinzen werden ihn verehren, und er wird sie mit sich zum Himmel nehmen.»

Im Laufe der Nacht, in der Brendan zur Welt kam, wurden dem Airdi von dreißig Kühen aus seiner Herde dreißig Kälber geboren. Da eilte Airdi zu Findlugs Haus, um das neugeborene Kind zu sehen und in Ehrfurcht zu begrüßen. Und er schenkte ihm die dreißig Milchkühe samt ihren Kälbern.

In derselben Nacht sah auch der Bischof des Landes – Erc war sein Name – über der Gegend, wo Brendans Eltern wohnten, einen großen Glanz, wie er dort nie zuvor erblickt worden war. Engel in lichten Gewändern schwebten über dem Land. Da machte Bischof Erc sich in aller Morgenfrühe auf den Weg. Er kam zu Findlugs Haus, nahm das Kind auf seinen Schoß und sprach zu ihm: «O du von Gott gesandter Mensch, den der Herr zu seinem Diener auserkoren hat, laß mich einer deiner Mönche werden; und sind viele gleich voller Freuden über deine Geburt, so ist mir mein Herz und mein Gemüt doch fröhlicher noch.»

Als Brendan einige Zeit nach seiner Geburt getauft wurde, sprangen drei Widder bei dem Brunnen auf, und sie bildeten Brendans Tauflohn.

Ein Jahr lang blieb das Kind bei seiner Mutter. Dann holte Bischof Erc es fort und brachte es in die Gegend von Limerick zu einer Nonne, die hieß Ita. Sie übernahm es nun, als Pflegemutter Brendan zu ernähren und großzuziehen. Fünf Jahre hindurch blieb er bei ihr. Sie liebte das Kind über alles, denn sie nahm die Gnade des Heiligen Geistes wahr, die auf dem Knaben ruhte. Und Brendan lachte fröhlich, so oft er seine Pflegemutter ansah. Einst fragte sie ihn: «Was erfreut dich so?» Er antwortete: «Ei, ich sehe dich, wie du zu mir sprichst, und zugleich sind da zahllose andere Jungfrauen, die dir gleichsehen und die mich pflegen wie du.» Die aber, von denen der Knabe sprach, waren Engel.

Als fünf Jahre vergangen waren, begann Brendan bei Bischof Erc zu lernen. Die Psalmen waren das erste, das Brendan in sein Gedächtnis aufnahm.

Nun hatte Bischof Erc weder Milch noch Milchkuh, und Almosen wollte er nur von Mönchen annehmen. Da geschah es eines Tages, daß Brendan seinen Pflegevater um einen Trunk Milch bat. «Gott kann möglich machen, daß ich Milch für dich bekomme», sagte der Bischof. Und wirklich, eine Hirschkuh mit ihrem Kälbchen stellte sich ein, die kam nun Tag für Tag aus den Wäldern herbei und ließ sich geduldig und ohne Scheu melken.

Nachdem Brendan vertraut geworden war mit dem Alten und dem Neuen Testament, wünschte er die Ordensregel der Heiligen von Erin aufzuschreiben und zu lernen. Bischof Erc gewährte ihm das, er ließ Brendan ziehen, daß er in den Klosterschulen sich umsähe und dort das fände, wonach ihm der Sinn stand.

Zunächst wurde Brendan der Schüler von St. Iarlath in Tuam; so blieb er noch ein Weile im Westen von Irland. Später aber wechselte er hinüber nach Osten, nach Clonard, zu dem Kloster, das auch Kieran den Zimmermannssohn und Columcille zu seinen Schülern zählte. Nun dauerte es nicht mehr lange, da sammelten sich schon erste Schüler um Brendan, und er wurde ihnen ein Lehrer und Meister.

Brendan wird ein Seefahrer

Da geschah es – so erzählt man –, daß auf seinen Wegen dem Brendan ein Mann begegnete, Barinthus mit Namen, der erzählte von einer wunderbaren Insel, die er weit draußen im westlichen Meere gefunden habe. «Das Land der Heiligen» nannte er sie, und er beschrieb sie als eine Insel von solcher Schönheit, daß der Gedanke daran Brendan fortan keine Ruhe ließ.

Vierzehn Mönche waren damals um ihn, die fragte er, ob sie gewillt seien, mit ihm aufs Meer hinauszufahren, um die Insel zu suchen, von der Barinthus so Wunderbares erzählt hatte. Als die Mönche freudig zustimmten, suchten alle miteinander durch Fasten und Gebet zu ergründen, ob es Gottes Wille sei, daß sie zu dieser Reise aufbrächen. Und Brendan hörte im Schlaf die Stimme eines Engels, er vernahm die Worte: «Mache dich auf, Brendan, Gott wird dir gewähren, um was du ihn bittest; du wirst einst das Land der Verheißung finden.»

Brendan erhob sich sogleich, und er begab sich zu einem Ort, der entfernt war von den Brüdern. Ein Eiland suchte er auf, wo er nach jeder Seite hin weit auf das Meer hinausschauen konnte. Da tauchte die wunderbare Insel vor seinen Blicken auf, Engel umgaben sie, und einer von denen sprach: «Ich will künftig immer bei dir sein und dich eines Tages die Insel finden lassen, die du jetzt nur schaust.» Da wurde Brendans Herz von großer Freude erfüllt. Er kehrte zu seinen Mönchsbrüdern zurück und wandte sich mit ihnen nach Kerry, dorthin, wo er geboren war. An der Küste, in Meeresnähe, stieg Brendan auf einen hohen Berg, und hier festigte sich in seiner Seele der Entschluß, die abenteuerliche Seefahrt anzutreten.

Es wurden nun drei Boote sorgfältig vorbereitet und ausgerüstet. In jedem von ihnen sollten zwanzig Mönche fahren. Mit Ochsenhäuten waren die Boote bespannt und mit Pech und Harz bestrichen. Auch als Segel dienten die Häute wilder und zahmer Tiere. Für die Zeiten der Windstille wurden Ruder mitgenommen. Als alles fertig war, segnete Brendan die Mannschaften und die Boote, und die Reise begann. Genau nach Westen segelte die Schar, und erst fünf Jahre später sollte sie nach Irland zurückkehren. Von allen Abenteuern, die ihnen begegneten, seien nur einige hier erzählt.

Die Seereise voller Wunder und Abenteuer
Erste Fahrt

Einst, als kein Wind wehte, ruderten die Brüder, und sie erreichten die Insel, die das Paradies der Vögel genannt wird. Dort gingen sie an Land. Da fanden sie viele Sorten der schönsten Früchte. Prächtige Vögel sangen in allen Baumwipfeln, und unzählige Bienen summten umher, die trugen Blütenstaub und Honig in ihre Waben. Herrliche Ströme flossen durch das Land, aus ihren Wassern erglänzten Edelsteine in allen Farben. Auch Kirchen gab es, und in der Mitte der Insel lag ein Kloster, auf dessen Altären brannten Kerzen, und Meßkelche aus Kristall standen darauf.

Nicht lange, so begegneten die seefahrenden Brüder auch den Mönchen, die die Insel bewohnten. Wie staunten sie aber, als sie entdeckten, daß diese Mönche kein Wort untereinander sprachen. Sie verständigten sich allein durch Zeichen und bedienten sich der Sprache nur, wenn sie beteten oder Gott in ihren Liedern lobsangen. Dem heiligen Brendan aber gewährte der Abt des Klosters ein Gespräch, darin erzählte er ihm, daß er mit seinen Mönchen schon achtzig Jahre lang in Schweigen und Stille auf der Insel wohne, und daß keine Krankheit des Leibes oder der Seele sie während dieser Zeit befallen habe.

Eine Weile blieben die Seefahrer bei den schweigsamen Mönchen, dann fuhren sie in ihren Schiffen wieder hinaus aufs hohe Meer. Nicht selten geschah es, daß sie die Boote ohne Ruder und ohne Steuer treiben ließen in dem sicheren Vertrauen darauf, daß Gott sie auf diese Weise am leichtesten zu dem Ort bringen könne, zu dem er sie führen wollte.

Einst, als Brendan und seine Brüder schon mehrere Jahre unterwegs waren, nahte sich wieder einmal das Osterfest. Die Mönche sagten: «Wir müssen Ausschau halten nach Land, daß wir zum Gedenken an die Auferstehung Christi eine Messe feiern können.» Es war aber nirgendwo eine Insel oder eine Küste zu sehen; so weit die Blicke reichten, wogte ringsumher die grüne See. Brendan sagte: «Gott vermag uns Land finden zu lassen, wo immer es ihm gefällt.» Und wirklich, als der Ostermorgen herangekommen war, erhob ein mächtiger Walfisch seinen Leib aus den Fluten, nicht anders, als wäre er ein Stück trockenen Landes. Die Brüder faßten sich ein Herz, verließen ihre Schiffe und feierten die Ostermesse auf dem Rücken des Wales. Ja, sie blieben einen Tag und zwei Nächte hindurch dort, und während dieser ganzen Zeit rührte sich das Tier nicht. Doch als die Mönche wieder in ihre Boote zurückgekehrt waren, tauchte der Wal im selben Augenblick unter in die Meerestiefen und schwamm davon.

Nicht immer war das, was Brendan und seiner Schar widerfuhr, von friedlicher Art. Eines Tages sahen sie auf dem Meer, das bis zu diesem Augenblick wunderbar azurblau gewesen war, plötzlich ein heftiges Strömen und Fluten, und tiefe Strudel bildeten sich. Es schien, als müßten die Boote allesamt untergehen vor der Gewalt des Sturmes, der sich erhoben hatte. Die Mönche wußten keine Rat, in ihrer großen Not schaute jeder von ihnen auf Brendan. Der erhob seine Stimme, daß sie mächtig ertönte, und er rief:

«O du wilde, wütende See, es ist genug, wenn du mich umkommen läßt, verschone die Schar der Brüder!» Sogleich beruhigten sich Sturm und Wogen, das Brodeln und Wirbeln der Strudel ließ nach, und die Mönche konnten ihre Reise ungefährdet fortsetzen.

Einmal, als sie ihre Boote mit kräftigen Ruderschlägen durch die Wellen westwärts trieben, sahen sie eine wunderschöne Insel. Hoch ragte sie auf, aber die Rudernden entdeckten nirgendwo einen Hafen, wo sie hätten anlegen können, um an Land zu gehen. Die Mönche ließen nicht nach in ihrem Bemühen, sie sagten, eine Woche lang wollten sie, wenn es nötig wäre, die Insel unaufhörlich umkreisen. Und wirklich taten sie das. Doch auch nach dieser Zeit hatte sich kein Zugang gefunden. Indessen vernahmen die Mönche hin und wieder menschliche Stimmen, hörten auch Gesänge, die aus einer schönen Kirche bis zu ihnen heraus ertönten. Einmal aber, nachdem Brendan und seine Schar den Klang dieser Stimmen mit großer Deutlichkeit vernommen hatten, fielen sie allesamt in einen Schlaf, der nicht von natürlicher Art war. Als sie daraus erwachten, sahen sie, daß von der Insel her auf den Wellen des Meeres eine Wachstafel zu ihnen hingetrieben war, und sie lasen darauf: «Müht euch nicht, dieses Eiland zu betreten. Nie und nimmer wird euch das gelingen. Doch die Insel, die ihr sucht, ihr werdet sie finden! Diese aber, die ihr vor euch seht, ist es nicht. – O Brendan, kehre heim in dein eigenes Land, denn viele Menschen verlangen dort nach dir!»

Nachdem die Mönche die Inschrift auf der wächsernen Tafel gelesen hatten, steuerten sie von der Insel weg. Die Tafel nahmen sie mit sich, und jeden Tag lasen sie laut die Worte, die darauf standen. Es schien ihnen, als wäre Gott selber es gewesen, der ihnen die Botschaft hatte zukommen lassen.

Inzwischen waren fünf Jahre vergangen, seit Brendans Schar zu der großen Reise aufgebrochen war, und eines Tages legten die Boote wieder in Irland an. Die wunderbare

Insel, um derentwillen sie hinausgefahren waren, hatten die Mönche nicht gefunden.

Alle Welt war froh, Brendan und seine Brüder unversehrt wiederzusehen. Brendan aber eilte auf dem schnellsten Wege zu seiner Pflegemutter Ita. Die begrüßte ihn mit herzlicher Freude und tat ihm alles Gute, das sie nur tun konnte für ihn. Doch dann sprach sie: «Du mein lieber Sohn, warum tratest du deine große Reise an, ohne dir zuvor bei mir einen Rat zu holen? Das Land, nach dem du mit dem Willen Gottes auf der Suche bist, das läßt sich nicht finden auf diesen toten, weichen Tierhäuten, mit denen deine Boote überzogen sind. Das Land ist ein heiliges, geweihtes, in dem nie eines Menschen Blut vergossen ward. Lasse hölzerne Schiffe für dich bauen, mag sein, daß du auf diese Weise dein Ziel erreichen kannst.»

Sogleich begab sich Brendan in das Gebiet von Connaught. Ein prächtiges, geräumiges Schiff wurde da gebaut, darin schiffte er sich ein mit seiner ganzen Mannschaft. Reichliche Vorräte nahmen sie mit. Zuletzt wurden auch Zimmerleute und ein Schmied noch aufgenommen in die Schar, die hatten Brendan darum gebeten, mitkommen zu dürfen. So ging es zum zweiten Male hinaus aufs Meer zu der großen Reise.

Die zweite Fahrt

Noch nicht lange waren sie unterwegs, da erblickten sie ein kleines, unscheinbares Land ganz in ihrer Nähe. Als sie dort ankerten, war der Hafen plötzlich angefüllt mit Dämonen, die hatten die Gestalt von Zwergen und Kobolden mit kohlrabenschwarzen Gesichtern. Sie schickten sich an, die Mönche anzugreifen, sobald sie das Land beträten. Brendan sagte: «Windet den Anker hoch, denn dieses Land kann nur jemand betreten, der es unternimmt, als Mensch gegen Dämonen zu kämpfen.» Wie sie nun aber den Anker einholen wollten, zeigte sich, daß sie ihn nicht lösen konnten vom Grunde, worin er steckte. Sieben Tage und sieben Nächte wurden die Mönche im Hafen festgehalten. Schließlich durchschnitten sie die Ankerkette, ließen ihren Anker zwischen den Felsen zurück und segelten davon.

Sie waren aber in arger Bedrängnis, da ihr Schiff nun keinen Anker mehr hatte. Zu allem Unglück war auch der Schmied, der zu ihrer Mannschaft gehört hatte, kurze Zeit zuvor gestorben, und die Brüder hatten seinen Leichnam den Wellen des Ozeans übergeben. Da sprach Brendan einen Priester aus seiner Schar an und sagte zu ihm: «Tue du das Werk des Schmiedes für uns und vollende es, bevor ein Monat zu Ende geht.» Darauf segnete Brendan des Priesters Hände, und obgleich dieser nie das geringste vom Schmiedehandwerk erlernt hatte, gelang es ihm, einen prächtigen Anker zu schmieden, so meisterhaft, daß es nie zuvor und auch nie danach je einen Anker gab, der an vollendeter Handwerkskunst mit diesem hätte verglichen werden können.

Eines Tages sahen Brendan und seine Brüder in einiger Entfernung eine riesige Säule aus dem Meer aufragen. Sie dachten schon, sie könnten in kurzer Zeit zu ihr hinkommen, doch zeigte es sich, daß sie in Wirklichkeit drei Tage dafür brauchten. Wie sie der Säule endlich nahe waren, schien sie ihnen noch einmal so hoch zu sein, so daß die Spitze fast an den Himmel stieß. Vom Boden bis in die Höhe hinauf war das schlanke Gebilde ganz aus Kristall, und eine Art Mauer umgab es ringsum, die hatte ebenfalls die Farbe von Silber oder von Glas. Die Beschaffenheit der Säule wie auch die der Mauer war von solcher Zartheit, daß von innen wie von außen alles durch sie hindurch gesehen werden konnte, und doch war der Stoff, aus dem sie beide bestanden, härter als Glas. Große Tore führten durch die Mauer hindurch, die waren breit genug für Boote und Schiffe. Brendan forderte seine Mannschaft auf, die Segel einzuholen, die Masten umzulegen, die Ruder zu ergreifen und in eines der Tore hineinzusteuern. Da war es wieder so, als müßten sie eine ganze Seemeile zurücklegen von dem Tore bis an die Säule selber. Und als die Männer in ihrem Boot am Fuß der Säule entlangruderten, zeigte es sich, daß sie für ein Viertel des Umfanges einen ganzen Tag brauchten. Nachdem sie den Fuß der Säule rudernd endlich umkreist hatten, entdeckten die Männer am vierten Tage auf einem Riff einen Meßkelch. Brendan nahm diesen Fund als ein Zeichen, er forderte die Mönche auf, den Schöpfer zu preisen, weil er bewirkt hatte, daß sie nun schon die ganze Zeit über weder Speise noch Trank vermißten, so groß war das Entzücken, das sie beim Anschauen der Säule empfanden. Am fünften Tage verließen sie den Raum hinter der gläsernen Mauer durch dasselbe Tor, durch das sie hineingefahren waren. Sie richteten die Masten wieder auf, hißten die Segel und setzten ihren Weg fort.

Eines Tages sah Brendan in ziemlicher Nähe ein Eiland, das war häßlich, finster, gebirgig und felsig. Sein höchster Gipfel war zerklüftet, und das ganze Land trug weder Bäume noch Gras oder Kräuter, vielmehr war es bedeckt mit Häusern, die wie Schmieden aussahen.

Als Brendan das alles bemerkte, sprach er zu seiner Schar: «Meine lieben Brüder, um euretwillen empfinde ich Schrekken vor diesem Eilande. Mein Wille wäre es nicht, dorthin zu fahren, wenn wir es eben vermeiden könnten. Doch der Wind treibt uns geradewegs darauf zu.»

Wie sie nur noch einen knappen Steinwurf weit von der Insel entfernt waren, hörten sie das Donnergetöse von Blasebälgen, die angetrieben wurden, dazu das Klingen von Schmiedehämmern, die auf Ambosse niedersausten. Große Furcht ergriff da alle. Brendan erhob seine Hand, machte das Zeichen des Kreuzes in alle vier Himmelsrichtungen und sprach: «Herr Jesus Christ, lasse uns nicht in die Gewalt der Wesen geraten, die diese Insel bewohnen!»

Gleich darauf erblickten die Mönche zwei Gestalten, abscheulich waren sie und so schwarz wie Schmiedekohle.

Die kamen aus einem der Häuser. Wie sie die Männer Gottes erblickten, kehrten sie augenblicklich in die Schmiede zurück und brachten zwei große Stücke geschmolzenes Eisen heraus, das war rotglühend; sie hielten die Blöcke mit Zangen in ihren Händen, rannten eilends zum Strand hinab und schleuderten von dort aus die Eisenstücke gegen das Boot. Aber es geschah den Brüdern nach dem Willen Gottes dadurch kein Leid, sondern die glühenden Klötze sausten über die Köpfe der Mönche hinweg und fielen in einiger Entfernung vom Schiff nieder. Gleich darauf schickte Gott auch einen günstigen Wind für Brendans Schar, der vom Strande her kräftig in ihre Segel blies. Und das war ein Glück, denn aus den vielen Schmieden heraus strömten nun unzählige der häßlichen, teuflischen Wesen, und alle hielten sie in Zangen glühende Eisenstücke, die schleuderten sie nach den Männern im Boot. Wo aber diese Klumpen auf die Meeresoberfläche auftrafen, kochte die salzige See hoch auf wie Wasser in einem Kessel über gewaltig großem Feuer. Als die Inselbewohner sahen, daß sie der Besatzung des Bootes kein Leid antun konnten, kehrten sie zu ihren Schmieden zurück, und sie waren so voller Zorn und giftiger Wut, daß sie sämtliche Häuser in roter Glut aufflammen ließen. Dann begannen sie gar, sich mit den roten Eisenklötzen gegenseitig selber zu bewerfen. Und das Schreien und Kreischen, das sie dabei ausstießen, vernahmen die Mönche noch lange, nachdem die Insel längst außer Sicht gekommen war. So befreite Gott die Mönche aus der Gewalt des Teufelsvolkes, denn es ist klar, daß alle diese finsteren Wesen auf dem Eilande der Höllengesellschaft angehörten.

Doch kaum war die eine Gefahr überstanden, so nahte schon eine neue. Ein riesiger, garstiger Fisch kam geschwommen, der warf rechts und links auf seinem Wege hohe Wellen auf, so groß war die Eile, mit der er sich näherte, um das Boot samt seiner Besatzung zu verschlingen. Die Brüder riefen laut zum Herrn des Himmels: «O

Gott, der du den Menschen erschaffen hast und die Elemente, hilf uns!» Brendan sprach die gleichen Worte und fügte hinzu: «Befreie deine Diener von jenem schrecklichen Ungeheuer!» Dann wandte Brendan sich zu den Mönchen und sagte: «Brüder, seid nicht verzagt! Allzu klein ist euer Vertrauen, denn Er, der uns bisher aus jeder Gefahr errettete, der uns allezeit beschützte, Er wird uns auch vor dem Rachen jenes Ungeheuers bewahren.»

Das Untier kam indessen auf das Boot zu, und es richtete sich auf, hoch über die Häupter der Mönche. Da ging Brendan zum Bug des Schiffes, hob seine Hände zum Himmel empor und sprach mit lauter Stimme: «Domine, libera nos; Herr, rette dein Volk, wie du David errettet hast aus der Gewalt des Goliath und Jonas aus dem Bauch des Walfisches.»

Als der Heilige sein Gebet beendet hatte, sahen alle ein zweites Ungeheuer von Westen herankommen, das wandte sich jedoch nicht gegen das Boot, sondern es griff das erste Untier an. Einen feurigen Ball schleuderte es ihm aus seinem Rachen entgegen, und ein wilder Kampf entbrannte. Als Brendan das sah, sprach er zu seinen Brüdern: «Erkennt ihr die Wunder des Herrn und den Gehorsam, den die Kreatur ihrem Schöpfer erweist?» Nicht lange dauerte es, da trieb das Untier, das Brendans Schar bedroht hatte, in Stücke zerrissen in den Wellen. Das Ungetüm aber, das diese Tat vollbracht hatte, kehrte sich wieder nach Westen und verschwand in der Ferne, aus der es gekommen war.

Eines Tages sahen Brendan und seine Mannschaft von weitem eine Insel, darauf wuchsen hochaufragende Bäume, dicht an dicht. Alle waren sie von derselben Art und behangen mit Früchten von gleicher Farbe und gleichem Aussehen. Nicht einen Baum gab es darunter, der dürr oder unfruchtbar gewesen wäre. Die Brüder betraten die Insel, und Brendan umwanderte sie ganz. Schon der bloße Duft, der über dem Eiland lag, stillte den Hunger der Mönche. Und Brendan fand klare Quellen, an denen wuchsen Wurzeln und allerlei Kräuter. Da aßen alle von dem, was die Insel ihnen bot, sie sättigten sich daran und freuten sich der Früchte. Vierzig Tage und vierzig Nächte blieben sie dort, dann brachen sie wieder auf und nahmen von den Früchten mit sich, so viel ihr Boot fassen konnte.

Einmal, als sie wieder auf hoher See waren, entdeckten Brendan und seine Brüder einen grauenerregenden Vogel hoch über ihren Köpfen. Ein Greif war es mit mächtigen Krallen, groß wie ein Maultier oder ein Ochse. Wieder wurden alle von Furcht und Schrecken gepackt, Brendan jedoch sprach: «Auch aus dieser Gefahr wird der Herr uns erretten.»

Nun war ihnen schon auf ihrer ersten Seereise hin und wieder ein wunderbarer Vogel erschienen, der hatte sie jedesmal mit Hoffnung und Zuversicht erfüllt. Diesen Vogel erkannten sie auch jetzt über sich in den Lüften; er stürzte sich aus großer Höhe auf den schrecklichen Greif und besiegte ihn nach heftigem Kampf. Da atmeten die Brüder erleichtert auf, sie dankten Gott und priesen ihn.

Nicht lange danach feierte Brendan die Messe im Schiff, denn es war ein Sonntag. Die Brüder waren froh gestimmt in ihren Herzen. Wie aber einige von ihnen unversehens über den Schiffsbord ins Wasser schauten, durchfuhr sie ein heftiger Schrecken. So weit sie sehen konnten, waren die Fluten angefüllt mit riesigen Fischen, mit Kraken und anderen Meeresungetümen. Nie zuvor hatten die Mönche dergleichen je erblickt. Dabei war das Wasser so durchsichtig klar an dieser Stelle, daß es den Seefahrern erschien, als glitte ihr Schiff durch die bloße Luft, während unter ihnen die Ungeheuer der Meerestiefen sich drängten, dicht an dicht, als wären es Mauern. Voller Angst baten da die Brüder den heiligen Brendan, er möge die Worte und Gesänge der Messe leise sprechen und singen, damit die Meeresungeheuer ihn nicht hörten. Brendan lachte und staunte, daß sie sich wieder so furchtsam zeigten, obwohl Gott ihnen doch oft schon bewiesen hatte, daß er sie nicht verlassen wollte. Und statt leiser zu sprechen und zu singen, tat er es nun lauter als je zuvor. Voller Schrecken und wie gebannt starrten die Mönche auf die Fische und Ungeheuer in den Meerestiefen. Kaum aber hatten diese die Stimme des Heiligen vernommen, da schwammen sie in alle Weiten davon, nicht eine Spur von ihnen war fortan mehr zu sehen. Über die sonnbeglänzte, durchscheinend klare See jedoch glitt das Schiff mit Brendans Mannschaft noch sieben volle Tage, und ihre Segel waren die ganze Zeit über prall gespannt vom Wind.

Endlich ließ der Wind nach, und die Brüder mußten wieder rudern. Immer noch fuhren sie geradewegs nach Westen. Da kamen sie an eine liebliche kleine Insel. Sie legten an und begannen landeinwärts zu wandern. Sie fanden eine niedrige, aus Steinen erbaute Kirche, darin kniete ein uralter Mann im Gebet. Bleich war er und bekümmert, er schien nicht Fleisch noch Blut mehr zu haben, nur eine dünne faltige Haut lag über seinen harten Knochen. Er wandte sich Brendan zu und sagte: «Fliehe, Brendan, so schnell du kannst! Denn es gibt hier eine Meerkatze, groß wie ein junger Ochse oder wie ein dreijähriges Pferd. Vor diesem Tier müßt ihr auf der Hut sein!»

Die Brüder eilten zu ihrem Schiff zurück und ruderten mit aller Kraft aufs Meer hinaus. Doch die Meerkatze hatte sie inzwischen schon erblickt und schwamm pfeilgeschwind hinter ihnen her. Jedes ihrer beiden Augen war groß wie ein mächtiger Kessel, Hauer hatte sie wie ein Wildeber, dazu Borsten wie lange Stacheln, den Rachen eines Leoparden, die Kraft eines Löwen und die Angriffslust eines tollwütigen Hundes. Alle, die im Schiff waren, begannen zu beten; Brendan sprach: «O allmächtiger Gott, halte deine Ungeheuer fern von uns, daß sie uns nicht verschlingen.»

Da erhob sich aus den Fluten zwischen dem Schiff und dem Katzenungeheuer ein großer, großer Walfisch, der schwamm auf die Katze zu, und es begann ein Kampf, in dem jedes der beiden Tiere versuchte, das andere hinunterzuzwingen zum Grunde des Meeres. Schließlich verschwanden sie beide, und keines von ihnen tauchte wieder auf.

Die Mönche dankten Gott und kehrten zurück zur Insel und zu dem uralten Mann. Der weinte vor Freude und sagte: «Ich komme von Irland, und wir waren unser zwölf, als wir zu einer Pilgerfahrt aufbrachen. Ein kleines Kätzchen nahmen wir mit uns und waren sehr stolz auf das Tier. Das aber wuchs und wuchs, wurde größer und größer, und schließlich wurde es zu der greulichen Meerkatze, die ihr gesehen habt. Nur uns tat sie nie etwas zuleide. Von unserer ursprünglichen Schar sind elf inzwischen gestorben. Ich blieb allein am Leben und wartete darauf, daß ihr kämet, um mich zu segnen, bevor ich die Reise zum Himmel antrete.» Er wies ihnen noch den weiteren Weg zu der kleinen Insel, die sie so lange schon suchten, zum Lande der Verheißung. Dann empfing er das Sakrament von Brot und Wein aus Brendans Händen und starb. Die Mönche begruben ihn dort, wo die Gräber der übrigen elf waren, und sie sangen Psalmen und schöne Hymnen dabei. Dann setzten sie ihre Reise fort, voller Zuversicht darauf, daß sie ihr ersehntes Ziel nun bald erreichen würden.

Und wirklich: Nachdem sie insgesamt sieben Jahre auf dem Meere zugebracht hatten, fünf davon auf ihrer ersten Fahrt und zwei nun schon wieder auf der zweiten, da stießen sie auf das Land der Verheißung.

Nun ist es sonderbar und ganz so, als schwebe ein Geheimnis um diese kleine Insel, um derentwillen Brendan und seine Brüder so viele Entbehrungen auf sich genommen, so viele Gefahren bestanden hatten. Fast scheint es, als sei ihnen Schweigen geboten worden über das meiste von dem, was ihnen dort begegnete. Denn keine Schönheiten wurden von ihnen beschrieben, es ist nicht die Rede von fruchtbehangenen Bäumen, von herrlichen Vögeln oder edelsteinschimmernden Flüssen. Solche Wunder waren den Reisenden ja auf ihrer ersten Fahrt begegnet. Im Lande der Verheißung gab es von alledem nichts, oder die Mönche mußten, was sie an Dingen dieser Art erlebt hatten, zeit ihres Lebens als Geheimnis hüten. Auch berührt es seltsam, daß nach allem, was die Brüder später erzählten, sie nur einen einzigen Menschen auf der Insel antrafen. Diesem aber war ihr Kommen zuvor bereits bekannt gewesen, er hatte sie erwartet. Und nachdem er ihnen kundgetan hatte, was als Wissen für sie bestimmt war, verschwand er. Es heißt gar, er sei gestorben, doch will das schlecht passen zu dem Wesen und Aussehen des Alten, so wie es beschrieben wird. Fast könnte man meinen, das Land der Verheißung sehe vielleicht für jeden Menschen anders aus, und dieses sei eben nur das für Brendan und seine Schar bestimmte gewesen. Doch möge der Bericht, den die Brüder von ihrer Ankunft in diesem Lande später gaben, nun fortgesetzt werden.

Als sie sich der Insel näherten, hörten sie die Stimme eines ehrwürdigen Alten, und sie vernahmen die Worte: «O ihr weitgereisten Männer, ihr heiligen Pilger, die ihr auf der Suche seid nach einer himmlischen Erquickung! Mühsam war bis heute euer Leben! Ruht euch nun ein wenig aus.» Nach einer Weile sprach der Alte weiter: «Liebe Brüder, ihr schaut jetzt das glorreiche, friedvolle Land, in dem nie eines Menschen Blut vergossen wurde, in dessen Boden nie ein Sünder oder ein Übeltäter begraben werden könnte. Laßt alle eure Habe in eurem Schiff zurück und kommet an Land!»

Das taten die Mönche, und groß war ihre Freude. «Seht die paradiesischen Gefilde», sagte der Alte wiederum, «wo es Gesundheit gibt ohne Krankheit, Vergnügen ohne Streit, Eintracht ohne Hader, Herrschaft ohne Unterlaß, wo Engel eurer warten, dazu Feste ohne Aufhören, süß duftende Wiesen und liebliche Blumen. Glücklich ist fürwahr derjenige, den Brendan, der Sohn des Findlug, einst auffordern wird, mit ihm zusammen für alle Zeiten auf dieser Insel zu wohnen.» Als die Mönche nun das wunderbare Land inmitten der weithin wogenden See schauten, staunten sie über die Wunder Gottes und über seine große Macht.

Wie aber sah der Alte aus, der sie begrüßt hatte? Er trug keinerlei irdische Kleidung, sein Leib war vielmehr über und über bedeckt mit weißem Flaumgefieder, das dem einer Taube oder einer Seemöve glich. Das Sprechen des Alten aber klang wie das eines Engels. Er forderte die Brüder auf, die Zeit in stiller Betrachtung und im Gebet zu verbringen, jeder für sich, getrennt von den anderen. Nachdem das geschehen war, fragte Brendan den wunderbaren Alten: «Ist es Gottes Wille, daß ich hier bleiben darf bis ans Ende der Zeiten?» Die Antwort lautete: «Wer nur seinem eigenen Willen zu folgen sucht, widerstrebt dem Willen Gottes. Ich werde euch jetzt verlassen und werde zum Himmel eingehen. Ihr aber, wenn ihr die Gebete der neunten Tagesstunde gesprochen habt, tretet den Heimweg an in euer eigenes Land. Und du Brendan, lehre die Menschen von Erin, daß ihre Untaten und Sünden ausgeglichen und verhindert werden durch dich. Einst aber, sieben Jahre vor dem jüngsten Gericht, wirst du mit allen, die zu dir gehören, mit Mönchen und Nonnen, dazu auch mit den Heiligen Irlands, wiederum herkommen, und ihr werdet ankern hier mit dem kunstvollen Anker, den der Priester für dich schmiedete. So hat Christus es mich wissen lassen.»

Nachdem er das gesagt hatte, verschwand der ehrwürdige Alte. Die Mönche befolgten seine Worte und nahmen zur bestimmten Stunde von der Insel Abschied.

Und war die Reise von Brendans Schar auf der Suche nach dem wunderbaren Lande angefüllt gewesen mit Abenteuern, so verlief die Heimreise nun schnell und glatt, so daß von ihr nichts Besonderes zu erzählen ist.

Die Insel Aranmore vor Irlands Westküste berührten die Reisenden als erste wieder. Dort begrüßten sie den heiligen Enda und seine Brüder. Dann kehrten die Seefahrer in ihre Heimat zurück, wo jedermann sich ihrer Rückkehr von Herzen freute.

Brendan begann bald darauf sein großes Werk in Irland. Im Tale des Shannonflusses gründete er sein Hauptkloster

Clonfert. Ursprünglich hatte der Ort den Namen Cluain Fhearta getragen, was «Feld des Grabmales» bedeutete. An dem Platz, wo Brendan im Jahre 558 sein Kloster erbaute, steht heute noch eine halbzerfallene Kirche, deren großes Portal, das von einer seltenen, schlichten Schönheit ist, glücklicherweise erhalten blieb.

Nicht lange fand der Heilige, der so weit umhergekommen war, Ruhe an einem Ort. Bald schon bestieg er wieder ein Schiff, segelte den Shannonfluß hinunter und dann nordwärts, der Westküste Irlands entlang. An verschiedenen Orten auf diesem Wege errichtete er Klöster und Klosterschulen. Später steuerte Brendan um Irlands Nordküste herum ostwärts auf Alba, auf Schottland zu. Auch dort finden sich heute noch mancherorts Reste von Brendans Gründungen; mehrere waren es, und nicht allein auf der Seite von Schottland, die Irland zugewendet liegt, sondern auch im Osten des Landes. Brendan liebte das Leben im Boot, auf dem Wasser, auf hoher See, und so fügte es sich, daß er viele Jahre hindurch kraftvoll in die Weite wirkte.

Schließlich aber überkam ihn das Alter. Und aus dem siebenten Jahre vor seinem Tode wird etwas Seltsames berichtet.

Warum Brendan im Alter keine Musik mehr hören wollte

Der Heilige hielt sich damals in Clonfert auf, im Shannontal. Es war wieder der Tag des Osterfestes, das Brendan siebenmal auf dem Meere gefeiert hatte. Die österlichen Messen und Gesänge waren vorüber, und die Mönche hatten sich in den Speisesaal des Klosters begeben. Nur Brendan war alleine zurückgeblieben in der Kirche. Damals war der Heilige schon sechsundachtzig Jahre alt.

Die Mönche freuten sich des Festtages, sie waren fröhlich und guter Dinge. Unter ihnen befand sich ein junger Mönch, der hatte eine kleine Harfe in seiner Hand. Er begann darauf zu spielen, und die Brüder segneten ihn dafür.

«Ich wäre von Herzen froh», sagte der Jüngling, «wenn Brendan mich in die Kirche einließe und ich ihm dort drei Weisen vorspielen dürfte.» – «Er wird dich nicht einlassen», entgegneten die Brüder, «denn schon seit sieben Jahren hat der heilige Vater nie mehr gelächelt, wenn Musik ertönte, er hat ihr auch nie mehr zugehört. Zwei kleine Wachskugeln, die mit einem Faden aneinandergebunden sind, liegen immer vor ihm, neben seinem Buch. Und sobald er irgendeine Musik vernimmt, stopft er sich die Kugeln in die Ohren.» – «Ich will dennoch gehen und die Harfe für ihn spielen», sagte der junge Mönch.

Er machte sich auf und hielt die sorgsam gestimmte Harfe in der Hand. «Öffne mir!» rief er vor der Kirchentüre. «Wer ist dort?» fragte Brendan. «Ein junger Bruder», war die Antwort, «der für dich die Harfe zu spielen wünscht.» «Spiele nur da draußen!» rief Brendan. – «Falls du mir gestatten könntest, einzutreten zu dir in die Kirche, wäre ich glücklich», bat der Jüngling. «Nun denn», gab der Heilige seinen Widerstand auf, «so öffne die Tür!» Der Musikant schickte sich an zu spielen. Brendan stopfte sich die Wachskügelchen in die Ohren. «Ich mag nicht auf diese Weise vor dir spielen», sprach der junge Mönch, «bitte, nimm doch das Wachs aus den Ohren.» – «Auch diesen Gefallen will ich dir tun», gewährte Brendan schließlich, und er legte die Wachskügelchen auf das Buch. Nun spielte der junge Bruder seine drei Weisen. «Meinen Segen gebe ich dir», sprach Brendan, «und einstmals möge die himmlische Musik dir erklingen.»

Der Harfenspieler verließ aber den Heiligen noch nicht, er fragte ihn vielmehr: «Warum hörst du keine Musik mehr an? Meinst du, sie sei schlecht?» – «O nein, junger Bruder, das meine ich nicht», entgegnete Brendan, «ich will dir erzählen. Vor sieben Jahren, an einem Ostertage wie heute, war ich nach Messe und Festtagsgesängen in dieser Kirche geblieben. Meine jüngeren Brüder hatten sich zum Refektorium, zum Speisesaal begeben, nur ich befand mich noch hier.

Ein großes Verlangen nach Christus, meinem Herrn, hatte mich nach dem Meßopfer überkommen. Das war so stark in mir, daß Furcht und Zittern mich erfaßten.

Da erblickte ich in der Fensteröffnung einen großen Vogel, der flog herbei und ließ sich auf dem Altare nieder. Ich konnte meine Augen nicht hinwenden zu ihm und konnte ihn nicht anschauen, so hell war um ihn ein Glanz und ein Leuchten von Sonnenstrahlen. ‹Segne uns, o Mann Gottes›, sprach der Vogel zu mir. ‹Möge Gott dich segnen›, erwiderte ich, ‹wer ist es, der zu mir spricht?› – ‹Der Erzengel Michael schickt mich›, antwortete der wunderbare Vogel, ‹daß ich spreche mit dir.› – ‹Dafür danke ich Gott›, sagte ich, ‹warum aber bist du zu mir gekommen?› – ‹Um dich zu heiligen und zu stärken›, antwortete er, ‹und um für dich und für den höchsten Herrn zu spielen.› – ‹Willkommen bist du mir!› sagte ich.

Da begann der sonnenumglänzte Vogel mit seinem Schnabel über die ebenmäßig gefügten Federn seiner Schwingen zu streichen, und eine Musik erklang, wie ich sie nie zuvor gehört hatte. Ich lauschte ihr bis zur gleichen Stunde des folgenden Tages. Da verließ der Vogel mich. Ich aber fand mich wunderbar getröstet und gekräftigt. – Seit diesem Tage dünkt mich süß nur noch der leise Klang des Lesezeichens, wenn ich in die Bücher der Heiligen Schrift mich vertiefe.» Damit nahm Brendan sein Lesezeichen, ließ es über die Saiten der Harfe gleiten und sagte: «Hörst du, mein junger Bruder, wie lieblich das tönt?»

Daß es ein Wesen aus Michaels Schar war, das Brendan zu Tröstung und Erquickung gesandt war, braucht nicht zu verwundern. Wiederholt heißt es in den alten Berichten, der Erzengel Michael sei Brendans Engel gewesen und ihm besonders zugeneigt. Dem Heiligen, der so viele Abenteuer zu bestehen hatte, stand der bei, der vor allen anderen

Engeln weiß, wie die dunklen Drachengewalten zu bannen und zu überwinden sind.

Brendan verhindert einen Krieg

Irdischen Kampf und Krieg aber liebte Brendan nicht. Kurze Zeit vor seinem Tode geschah es, daß die Männer von Munster plündernd in Connaught einfielen. Brendan ging ihnen entgegen und suchte zu bewirken, daß sie umkehrten oder einen Waffenstillstand gewährten. Die Eindringlinge aber wollten davon nichts wissen, sie prahlten, sie würden ihre Unternehmung bis zum Ende fortsetzen, und niemand könne sie daran hindern.

Da ließ Gott es geschehen, daß die Männer von Munster am selben Orte unaufhörlich in die Runde gingen; jeder von ihnen kam immer wieder an den Platz zurück, von dem er ausgegangen war. Und wie sehr sie sich auch mühten, es änderte sich nichts an diesem Zustand, bis sie endlich ihr Vorhaben aufgaben und nach Munster zurückkehrten. Das hatte Brendan mit Hilfe von Gottes Macht und Gnade durch sein Gebet bewirkt. Auf diese Weise wurde das Land Connaught vor der Plünderung bewahrt.

Als Brendan dreiundneunzig Jahre alt geworden war, verließen sein Geist und seine Seele die Erde. Friedlich starb er in der frohen Zuversicht, in des Himmels Herrlichkeit aufgenommen zu werden. Sein Leib wurde zum Kloster Clonfert gebracht und dort begraben.

COLUMCILLE
(COLUMBA VON IONA)

Die alten Namen für Irland und Schottland sind Erin und Alba. Und vom heiligen Columcille wird gesagt, er sei das Licht von Erin, Alba und dem ganzen Westen der Welt gewesen. Nur wenige Jahre nach dem heiligen Kieran von Clonmacnoise wurde er geboren, doch war es ihm vergönnt, ein viel höheres Alter zu erreichen als der Sohn des Zimmermannes, welcher der Überlieferung nach schon mit 33 Jahren starb.

Engel, Heilige und Heiden sagen Columcilles Geburt voraus

Daß Columcille einst Großes vollbringen würde in Erin und in Alba, wurde mehr als hundert Jahre vor seiner Geburt vorausgesagt, und zwar nicht nur von Heiligen, sondern sogar von solchen Männern, die noch nichts vom christlichen Glauben wußten. So heißt es, Finn Mac Cool, der Held und Anführer der Schar der Fianna, habe Columcilles Kommen prophezeit, und das habe sich so zugetragen:

Finn jagte eines Tages in einem Tale von Donegal, das heute «Glenn Columcille», das Tal des Columcille, heißt. Er erblickte einen Hirsch und hetzte seinen berühmten Hund Bran, das Tier zu verfolgen. Doch Bran ließ vor dem Fluß, der das Tal durchfließt, von dem Hirsch ab und jagte ihn nicht länger, Darüber wunderten sich alle, denn Bran hatte niemals zuvor je von einem verfolgten Wilde gelassen.

Finn befragte seinen Weisheitsdaumen, und erleuchtet vom Geiste der Weissagung sprach er dann: «Ein Kind wird in diesem nördlichen Lande von Erin geboren werden, das wird Columcille heißen. Der Knabe wird aus dem Geschlechte Cormacs stammen und aus dem des Königs Conn. Er wird die Gnade und den Segen jenes Gottes in sich tragen, der zugleich Einer ist und Drei, der ist, der war und der sein wird. Viele heilige Stätten und Kirchen wird Columcille in Erin und Alba gründen. Das Land hier und den Fluß dort unten wird er segnen. Und ihm zu Ehren fühlt Bran Mitleid mit dem Hirsch und verfolgt ihn nicht über das Wasser hin.»

Auch einem Hochkönig von Irland ward Columcilles Geburt vorausgesagt, lange bevor diese geschah.

Der König war schon viele Jahre vermählt, aber es wurde ihm und seiner Gemahlin kein Kind geschenkt. Das war kummervoll für die beiden und für ihr ganzes Land.

Eines Tages erhob der König sich zu früher Stunde und wanderte über das grüne Land von Tara zu einer Quelle, in der wollte er sich waschen. Er war noch nicht lange dort, als er drei Männer auf sich zukommen sah in weißen, lichten und strahlenden Gewändern. Der Hochkönig staunte, denn nie zuvor hatte er solche Erscheinungen gesehen. Die drei begrüßten ihn im Namen des Vaters, des Sohnes und des Heiligen Geistes.

«Seltsam dünkt mich euer Gruß», sagte der König. «Ich kenne die nicht, deren Namen ihr nennt. Woher kommt ihr und was ist euer Begehr?» Sie antworteten ihm: «Der allmächtige Gott, der Himmel und Erde und alle Elemente erschaffen hat, der ein Gott ist in drei Personen, er hat uns zu dir gesandt, um dir zu sagen, du sollest lassen von dem Königsgesetz, das bisher das deine war und das heißt: ein Auge für ein Auge, einen Fuß für einen Fuß, eine Hand für eine Hand. Ein besseres Gesetz sollst du annehmen. Jedes

Unrecht und jede böse Tat, die unter deiner Herrschaft geschehen, sollen nach deinem Willen gesühnt werden können mit Gold, Silber oder Vieh in solcher Menge, klein oder groß, wie es dir und den weisen und gelehrten Männern in deinem Reiche recht erscheint. Erfüllst du das, wird Gott es dir vergelten. Dein Weib, das so lange unfruchtbar war, wird einen Sohn gebären, und Erin und Alba und alle Welt ringsum werden erfüllt sein von seinem Ruhm. Conn von den hundert Schlachten wird er heißen, und Könige werden von ihm abstammen. Überdies aber wird in der Nachkommenschaft von Conn einer geboren werden, der Columcille heißt. In der Generationenreihe wird er der zwölfte nach dir sein. Glück wird seine Geburt bedeuten für den Westen der Welt, denn er ist ein Pflegesohn des Königs von Himmel und Erde. Gott wird ihm seine Gnaden reichlich zuteil werden lassen. Er aber wird in der Liebe zu Gott entbrennen in solchem Maße, daß der Herr ihn jeden Donnerstag in die himmlischen Reiche führen wird, um mit ihm zu sprechen. Drum wisse, o König von Erin, diesem Kinde zu Ehren, und weil es aus deinem Stamme hervorgehen soll, gewährt Gott dir nun Nachkommenschaft.»

In einer Nacht, nicht lange, bevor Columcille geboren werden sollte, erschien seiner Mutter im Traum ein Engel, der gab ihr ein Gewand von seltener Schönheit. Die Farben aller Blumen schienen darin abgebildet zu sein. Nach einer kleinen Weile aber nahm der Engel ihr das Kleid wieder aus den Händen, hob es hoch empor, breitete es aus und ließ es in die Lüfte schweben. Die Frau war betrübt und sprach: «Warum nimmst du mir diesen schönen Mantel so bald wieder?» Der Engel erwiderte: «Weil er über alle Maßen verehrungswürdig ist, kannst du ihn nicht länger bei dir behalten.» Während dieser Rede sah die Frau, daß das Gewand sich im Fluge mehr und mehr entfernte von ihr. Es breitete sich aus über das Land und übertraf in seinen Maßen alle Berge und Wälder. Und die Frau hörte die Worte: «Gräme dich nicht, du wirst einen Sohn zur Welt bringen, der wird herrlich begabt sein, und Gott hat ihn dazu vorbestimmt, zahllose Seelen zum Himmel hin zu lenken.» Bei diesen Worten erwachte die Frau.

Der heilige Buite, der das Kloster Monasterboice gründete, starb in einer Nacht zu Beginn des Winters. Es war das Jahr 521, der 7. Dezember und ein Donnerstag. In der Stunde seines Todes sprach Buite zu den Mönchen seines Klosters: «In dieser Nacht ist ein Kind geboren worden, ein Knabe, der edel ist und voll Würde vor Gott und den Menschen. Wenn dreißig Jahre verflossen sein werden, wird er hierher kommen. Zwölf Brüder werden bei ihm sein, er wird meine Begräbnisstätte erkennen und wird mein Gedächtnis und alles, was blieb von meinem Werke, in Ehren halten; und Columcille wird sein Name sein.»

Aus Columcilles Kindheit und Jugend

Im Norden von Irland wurde Columcille geboren und in königlicher Familie. In der Taufe erhielt er den Namen Colum, doch als er heranwuchs, fügten die Menschen «cille», das heißt «Kirche», hinzu. «Colum von der Kirche» nannte man ihn, weil er sich schon in jungen Jahren gern in der Kirche aufhielt.

Das Kind war noch klein, und die Eltern hatten es für einige Zeit der Obhut eines Priesters anvertraut, der es pflegte und lehrte. Als der Priester eines Nachts nach langem Gebet von der Kirche heimkehrte, fand er sein Haus von hellem Licht erstrahlend, und über dem Antlitz des Kindes, das im Schlafe lag, schwebte ein Schein von loderndem Feuer. Da erfaßte Furcht den Mann, er fiel auf die Knie und neigte sich tief, denn er erkannte, daß in dem, was er schaute, die Gnade des Heiligen Geistes sich offenbarte, die den Knaben überstrahlte.

Früh schon hatte Columcille den Wunsch, als Mönch und Diener Christi zu leben. Daneben wollte er lernen und sich üben, ein Dichter zu werden. Die Klosterschule des heiligen Finnian von Moville suchte er als erster auf. Hier empfing er die vorbereitenden Weihen zum Priester. Danach wählte er einen Dichter und Sänger zum Lehrer, den Barden Gemman. Bei ihm übte er sich in allen Künsten, in denen dieser ihn unterweisen konnte. Als Columcille den Gemman verließ, wandte er sich Clonard zu, wo St. Finian lehrte, dessen Schüle auch der heilige Kieran gewesen war. Bei Finian wurde Columcille zum Priester geweiht.

Des Studierens noch nicht müde, zog er nun nach Glasvenin zum heiligen Mobi. Doch konnte er dort nicht lange bleiben, denn in der Klostersiedlung brach die Pest aus, durch die Mobi starb. Columcille wurde von der Krankheit verschont. Er zog nordwärts, zu seinen Eltern und Verwandten, und blieb zunächst dort. Aus dem Land, das die Familie Columcilles beherrschte, schenkte sie ihm einen Hügel, auf dem wuchs ein Eichenwald. Bis zu seinem Tode hat Columcille diesen Ort besonders gerngehabt und auch die Eichen hat er sein Leben lang vor allen anderen Bäumen geliebt. Darin glich er den Druiden, denen der Eichbaum von jeher heilig war. Auf dem Eichenhügel, der später den Namen «Doire Choluim Chille», «Columcilles Eichwald», erhielt, gründete der Heilige sein erstes Kloster. Damals war er 25 Jahre alt. Von diesem Kloster blieb keine Spur, der Name des Ortes verwandelte sich von Doire in Derry. Derry war aber nur der Anfang einer Reihe von Klostergründungen, die Columcille unternahm.

Die Abschrift der Psalmen

Einmal ereignete sich etwas, das Columcille nicht nur als Mönch und Dichter zeigte, sondern auch als Sohn und Enkel von Königen und Kriegern, die den Kampf nicht scheuten, wenn sie meinten, ihnen sei Unrecht geschehen. So trug das Ganze sich zu:

Columcille weilte wieder beim heiligen Finnian von Moville. Dieser besaß ein kostbares Buch, eine Abschrift der Psalmen. Columcille bat, darin lesen zu dürfen, und es wurde ihm gestattet. Heimlich aber, wenn die Klosterbrüder nach Gebet und Messe die Kirche wieder verlassen hatten, setzte Columcille sich hin und schrieb das Buch ab. St. Finnian wußte nichts davon. Abends, bei Dunkelheit, brauchte Columcille keine Kerzen, denn die fünf Finger seiner rechten Hand waren von so hellem Licht umstrahlt, daß es den ganzen Raum erleuchtete.

In der letzten Nacht aber, in der Columcille nur noch wenige Zeilen zu schreiben hatte, schickte Finnian einen Diener, der ihm das Buch holen sollte. Als dieser zur Kirchentür kam, wunderte er sich über das Licht, das er dahinter bemerkte. Großer Schrecken packte ihn und ängstlich spähte er durch einen Spalt im Holz der Türe. Da sah er Columcille und wagte weder, ihn anzusprechen, noch das Buch von ihm zu fordern.

Der Heilige aber nahm wahr, daß der Bursche ihn belauschte. Er wurde zornig und sagte zu dem zahmen Kranich, der in der Nähe war: «Du hast Erlaubnis von mir, und wenn du sie auch von Gott erhältst, so picke das Auge aus, mit dem der Bursche hinter meinem Rücken nach mir späht.» Der Kranich erhob sich sogleich, steckte seinen Schnabel durch den Spalt in der Tür und pflückte das Auge aus der Höhle, daß es dem Jungen auf der Backe hing. Er lief zu Finnian und berichtete ihm alles. Was der Heilige da hörte und sah, mißfiel ihm sehr. Er segnete und heilte das Auge des Burschen, daß es gesund wie zuvor an seinem Platze saß. Dann klagte er Columcille an und sagte, es sei unrecht von ihm, das Buch ohne des Besitzers Erlaubnis abzuschreiben. Columcille erwiderte:

«Diarmuid, der König von Erin, soll in dieser Sache entscheiden.»

«Ich stimme zu», sagte Finnian.

Darauf gingen die beiden zum König. Finnian sprach

zuerst und sagte: «Columcille schrieb mein Buch ohne mein Wissen ab, und ich meine, das Junge von meinem Buch gehört mir.» Columcille entgegnete: «Ich meine, Finnians Buch ist durch mein Abschreiben nicht schlechter geworden, und ich halte es für unrecht, daß Gottes Wort im Buche verkümmert, daß man mich und alle anderen hindert, es zu lesen und unter den Menschen zu verbreiten.»

Nachdem Diarmuid beide angehört hatte, sprach er dieses Urteil: «Zu jeder Kuh gehört ihr Kalb, zu jedem Buch gehört seine Abschrift. Deshalb gehört auch das Buch, das du, Columcille, geschrieben hast, dem Finnian und nicht dir.» – «Das Urteil ist ungerecht», rief Columcille, «und du wirst bestraft werden dafür!»

Um ein Buch wird Krieg geführt

Der König und Finnian sammelten alle Angehörigen ihrer Familien um sich, dazu noch viele Krieger; das gleiche tat Columcille. Auf jeder der beiden streitenden Seiten gab es mehrere Könige.

In der Nacht vor dem Kampf fastete Columcille. Alle Stunden bis zum Tagesanbruch verbrachte er im Gebet, und er flehte, Gott möge ihm den Sieg verleihen und nicht zulassen, daß die Krieger aus seiner Schar verwundet würden. Der Erzengel Michael kam zu Columcille und sagte, Gott gewähre nicht gerne, worum er da gebeten worden sei. Er könne jedoch Columcille schwer etwas abschlagen, und so werde der Sieg ihm und seiner Schar zufallen. Doch müsse Columcille danach zur Buße Irland verlassen. Von seinen Kriegern werde in der Schlacht nur einer getötet werden. Columcille solle verhindern, daß die Kämpfenden den Fluß überschritten, der sich zwischen den Heeren befinde, wer es tue, werde sterben.

Und es kam zur Schlacht. Der König von Erin wurde

besiegt, und es fielen zehn- und zwanzigmal hundert aus seinem Heer, das sind dreitausend Männer. Aus Columcilles Heer fiel nur einer, der hatte entgegen dem Befehl des Engels den Fluß überschritten.

Nach dem Kampf schloß Columcille Frieden mit dem König. Zwar hätte der Heilige damals das Königtum über Erin für sich selber haben können, aber ihm schien es besser, ein Königtum im Gottesreich zu erwerben.

Das Buch, um dessentwillen der Krieg geführt worden war, bekam den Namen «Cathach», das bedeutet «Streiter». Mit vergoldetem Silber wurde es umgeben. Wenn man es in Richtung des Sonnenweges dreimal um das Heer des Conall-Stammes trug, bevor dieses in den Kampf zog, so kehrten seine Krieger siegreich und sicher heim. Doch mußte der Mann, der mit dem Buch vor seiner Brust das Heer umschritt, frei sein von schweren Sünden.

Es gab für Columcille noch einen zweiten Grund, dem Hochkönig Diarmuid zu zürnen.

In diesen alten Zeiten galt es in Irland als ein Vorrecht der Druiden und Fili, einem Verfolgten Freistatt zu gewähren. Wer – schuldig oder unschuldig – sich in ihren Schutz flüchtete, entging damit zwar nicht dem endgültigen Urteilsspruch, doch gewann er eine Frist, um entweder seine Unschuld zu beweisen oder seine Verteidigung vorzubereiten.

Die frühen irischen Heiligen betrachteten sich auch auf diesem Felde als Erben und Nachfolger der Druiden und Fili. Ihre Klöster galten als Freistätten. So hatte ein Mann, Curnan mit Namen, sich unter Columcilles Schutz gestellt. Unschuldig war dieser Verfolgte nicht, er hatte entgegen der Heiligkeit und dem Festesfrieden von Tara dort einen Edlen getötet. Und Diarmuid, der Hochkönig, kümmerte sich um die Unantastbarkeit von Columcilles Freistattbereich nicht, er ließ Curnan ergreifen und hinrichten. Damit setzte er das Ansehen des Heiligen herab, zeigte Nichtachtung vor Columcille und vor dessen Familie.

Doch ob dieses Geschehen oder die Psalmenabschrift zu dem genannten Krieg führte, er fand statt, und Columcille und Diarmuid standen dabei einander feindlich gegenüber.

Warum Columcille doch nicht ausgeschlossen wurde aus der Gemeinschaft der Mönche

Der Krieg, der entfacht worden war, weil Columcille gegen das Urteil des Hochkönigs aufbegehrte, hatte mehr als dreitausend Menschen das Leben gekostet. Die Bischöfe, Mönche und Kirchenältesten von Irland meinten, Columcille habe damit eine Schuld auf sich geladen, die bei einem Mönch und Priester Gottes doppelt schwer wiege. Eine Kirchenversammlung wurde einberufen, die Columcille verurteilen und ihm eine Strafe auferlegen sollte. Columcille wurde aufgefordert, seine Sache zu vertreten.

Als aber St. Brendan von Birr ihn von weitem herankommen sah, erhob er sich schnell, neigte sein Haupt tief vor Columcille und küßte ihn. Einige der Ältesten aus dem Kreise fanden das nicht recht getan, und sie rügten Brendan: «Wie konntest du dich erheben vor einem Bruder, den wir aus unserer Gemeinschaft ausschließen wollen? Wie kannst du ihn so freundlich begrüßen?» Brendan erwiderte: «Hättet ihr gesehen, was der Herr mich zuvor schauen ließ, den betreffend, den ihr schmäht, ihr würdet niemals beschlossen haben, ihn von euch zu stoßen.» – «Wie sollen wir das verstehen?» fragten die Brüder. Brendan antwortete: «Ich sah eine leuchtende Säule, die von feurigen Strahlen umwunden war. Sie ging dem Manne Gottes voraus, den ihr mit Verachtung straft. Und Engel sah ich, die ihn auf seiner Wanderung durch das Land geleiteten. Deshalb wage ich es nicht, den geringzuschätzen, der so ersichtlich von Gott dazu bestimmt ist, vielen Menschen den Weg zum Leben zu weisen.» – Nach diesen Worten des heiligen Brendan nahmen die Kirchenältesten, auch alle Bischöfe und Mönche, Columcille wieder in ihre Gemeinschaft auf, und sie begegneten ihm mit Achtung und mit Ehrfurcht.

Die «Eibe der Heiligen» in Derry

Der heilige Columcille selber aber wußte, daß er Irland verlassen mußte, wie es ihm der Erzengel Michael in der Nacht vor dem Kampfe auferlegt hatte. Er begab sich nach Derry zu seinem Hügel mit dem Eichenwald, den er so liebte. Von diesem Erdenort sagte er, die Engel, die dort schwebten, seien zahlreicher als die Blätter an den Bäumen und die Halme im Gras. Ihrer seien so viele, daß sie in den Lüften über dem Lande nicht Platz fänden, sondern noch neun Wogen weit bis aufs Meer hinaus zu sehen seien. Eine besonders große Schar umgebe allezeit den Eibenbaum vor der kleinen Kirche, in der die Mönche ihre Stundengebete zu singen pflegten. Die Eibe der Heiligen wurde dieser Baum genannt.

Wie bittere Früchte süß wurden

Einmal, noch bevor der Heilige nach Schottland reiste, geschah das Folgende. An der Südseite des Klosters vom Eichenwald-Hügel stand in unmittelbarer Nähe ein Apfelbaum, schwer behangen. Die Menschen, die dort wohnten, klagten über die außerordentliche Bitternis dieser Äpfel. Eines Tages im Herbst kam Columcille zu dem Ort. Und da er sah, daß der Baum zu niemandes Nutzen eine Menge von Früchten trug, die jedem, der sie kostete, eher Bauchgrimmen bereiteten als Freude, hob er seine heilige Hand, segnete den Apfelbaum und sprach: «Im Namen des allmächtigen Gottes, o bitterer Baum, laß alle Bitterkeit wegziehen aus dir; laß alle deine Äpfel, die bis zur Stunde so bitter sind, in die allersüßesten sich wandeln.» Wunderbar ist es zu erzählen: Im selben Augenblick und schneller als das Wort, verloren die Äpfel des Baumes ihre Bitterkeit und hatten eine Süße angenommen, die jeden erstaunte. Das war geschehen durch Columcilles Wort.

Columcille verläßt Irland und segelt nach Schottland

Columcille wollte über das Meer nach Schottland segeln, um den Menschen dort von Christus zu erzählen. Zwölf Brüder wählte er aus, die sollten ihn begleiten. Als nun alles zur Reise bereit war, ließ der Heilige das Boot in den Loch Foyle senden, in die tiefe Bucht, durch die das Meer weit ins Land hineinragt. Columcille selber wanderte die Küste entlang. Und als er den Ort erreichte, wo die Mönche mit dem Boot auf ihn warteten, nahm er Abschied von Irland. Er wusch seine Hände im Wasser der Meeresbucht. Darauf segnete er einen Stein, der dort stand, und umschritt ihn in der Richtung des Sonnenweges. Von diesem Stein aus ging er dann in sein Boot. Und er sagte, wer immer in Zukunft in gleicher Weise die Runde um diesen Stein mache, bevor er eine Reise oder eine Pilgerfahrt antrete, der dürfe vertrauen, daß er sicher ankomme und ungefährdet sei.

Das Boot, in dem Columcille mit seinen zwölf Brüdern saß, segelte nordwärts, und am 12. Mai des Jahres 563, an einem Pfingstsamstag, legte es an in einer Bucht der kleinen Insel Iona. Die galt von den ältesten Zeiten her als ein besonderes Heiligtum unter den vielen Inseln, die der Nordwestküste Schottlands vorgelagert sind. In Irland trug sie den Namen Hy. Jahrhundertelang hatten Druiden auf Iona gelebt, und die alten Schriften berichten, Druiden seien auch bei Columcilles Ankunft noch dort gewesen; als sie aber erkannt hätten, daß die Weisheit des Heiligen groß war und jeglichen Trug durchdrang, seien die Druiden bereit gewesen, ihm und seinen Mönchen die Insel zu überlassen. Vierunddreißig Jahre lang konnte Columcille auf ihr wirken; von Iona aus richtete er sein Wirken bis nach Schottland, doch vergaß er auch Irland nicht, das er noch einige Male aufsuchte. Zahlreich sind die Wunder, die der Heilige während seines langen Lebens verrichtete, und viele Male offenbarte sich die Kraft seines Geistes, die ihn auch Verborgenes und Zukünftiges erkennen ließ.

Die überaus schnell reifende Gerste

Einmal, nachdem die dreizehn sich auf Iona niedergelassen hatten, schickte der Heilige seine Mönche zu dem kleinen Hof eines Bauern. Dort sollten sie Reisigbündel holen zum Bau einer Hütte. Der Bauernhof befand sich auf einer benachbarten Insel. Die Mönche kehrten zurück mit einer Schiffsladung der gewünschten Reisigbündel. Sie erzählten dem Heiligen, der arme Mann sei sehr betrübt gewesen, daß man soviel von ihm erbeten habe. Darauf sprach Columcille: «Damit wir dem Mann kein Unrecht tun, bringt ihm von uns zweimal drei Maß Gerste und heißt ihn die auf seinem Acker aussäen.»

Und nach des Heiligen Worten ward dem armen Landmann das Korn gebracht und erklärt, was er damit tun solle. Der Mann dankte, sagte aber dann: «Was kann Gutes erwachsen aus Korn, das wider die Natur dieses Erdbodens nach Mittsommer ausgesät wird?» Sein Weib dagegen meinte: «Tu, was der Heilige dich zu tun hieß, denn ihm wird Gott gewähren, was immer er von Ihm erbittet.» Auch die Mönche sagten: «Columcilles Worte waren: Dieses Korn, wenngleich es erst jetzt gesät wird, da zwölf Tage des Juli vorüber sind, wird reif sein zu Beginn des Monats August.» Also pflügte und säte der Bauer nun, und die Gerste, die er ohne alle Hoffnung zu der besagten Zeit säte, stand zur Bewunderung aller Nachbarn Anfang August in schönster Reife.

Der Heilige hilft die Pest bekämpfen

Eines Tages, als der Heilige auf einem der Hügel von Iona saß, sah er im Norden eine dichte Regenwolke vom Meer aufsteigen; ringsum aber war der klarste Tag. Da sagte Columcille zu einem Mönch, der neben ihm saß: «Diese Wolke wird Menschen und Vieh Unheil bringen. Sie wird heute den Tag über einen großen Teil von Irland überqueren, und am Abend wird ein Pestregen aus ihr niederfallen, der auf den Leibern der Menschen und auf den Eutern der Kühe ekelhaft riechende Beulen hervorrufen wird. Davon werden viele sterben. Wir aber sollten suchen, sie mit Gottes Hilfe von diesem Leiden zu befreien. Daher steige mit mir jetzt vom Hügel hinunter und mache dich bereit zu einer Reise, die du morgen antreten sollst. Ich werde dir Brot geben, das ich mit Anrufung Gottes gesegnet habe. Das tauche in Wasser, und wenn du dieses dann über Menschen und Tiere sprengst, werden sie schnell wieder gesund sein.»

Was ist mehr zu sagen? Am nächsten Tage, nachdem alles Notwendige eilig getan war, empfing der Mönch – Silnan war sein Name – das Brot aus den Händen des Heiligen, und als er aufbrach, gab Columcille ihm diese Worte zum Trost: «Sei guten Mutes, mein Sohn, du wirst frischen, günstigen Wind haben bei Tag und Nacht, so daß du den Kranken bald Hilfe bringen kannst.» Und wie Columcille es gesagt hatte, reiste Silnan mit Gottes Hilfe schnell und sicher, bis er in die Gegend im Lande Meath kam, die der Heilige ihm bezeichnet hatte und wo der Pestregen aus der dunklen Wolke niedergegangen war. Am ersten Ort, nahe der Küste, fand Silnan zwei mal drei Menschen in einem Hause, die dem Tode nahe waren. Nachdem er sie mit dem geweihten Wasser besprengt hatte, wurden sie noch am selben Tage geheilt. Die Kunde von dieser plötzlichen Genesung verbreitete sich rasch über das ganze Land. Alle Kranken suchten Columcilles Boten auf, der nach des Heiligen Worten Mensch und Vieh mit dem Wasser besprengte, in das zuvor das gesegnete Brot getaucht worden war. Sogleich wurden alle gesund, und die Geheilten priesen in Dankbarkeit Christus und Columcille.

Zwei Wunder, die sich bei Sturm auf dem Meere ereigneten

Einst befand sich Columcille in großer Gefahr auf dem Meer. Das ganze Boot wurde von hohen, sich überschlagenden Wellen erschüttert und hin und her geworfen. Ein mächtiger Sturm tobte. Die Seeleute schöpften unentwegt das Wasser aus dem Schiff, und der Heilige half ihnen dabei nach Kräften. Da sagten die Männer zu ihm: «In der Gefahr, in der wir sind, ist das, was du tust, für uns von geringem Nutzen. Du solltest lieber beten, daß wir nicht untergehen!» Darauf ließ Columcille ab von seinem Tun, und statt das bittere Wasser der grünen See aus dem Boot zu schöpfen, begann er, mit aller Kraft seiner Seele zu beten. Und wunderbar! Im selben Augenblick, da der Heilige am Bug des Bootes stand, die Hände zum Himmel erhob und mit lauter Stimme betete, legte sich der Sturm, das Wüten des Meeres hörte auf, schneller, als erzählt werden kann, und eine vollkommene Stille folgte gleich darauf. Alle, die im Boot waren, staunten sehr, dankten und priesen Gott, der sie durch seinen Heiligen dieses Wunder erleben ließ.

Ein andermal, als wiederum ein wilder und gefährlicher Sturm tobte, und die Gefährten des Heiligen ihn laut anflehten, er möge zum Herrn beten für sie, antwortete er: «Heute ist es nicht an mir, für uns zu beten in der Gefahr, die uns umgibt, sondern am Abt Cainnech, dem heiligen Mann.» Und wunderbar zu sagen: Zur selben Stunde befand sich St. Cainnech in seinem Kloster in Schottland. Durch eine Offenbarung des Heiligen Geistes hörte er mit dem inneren Ohr seines Herzens die Worte Columcilles. Es war die neunte Stunde, und der Abt hatte gerade begonnen, im

Speisesaal des Klosters das geweihte Brot zu brechen. Da verließ er hastig den Tisch, und mit einem Schuh am Fuß – der andere blieb in der großen Eile zurück – rannte Cainnech schnell zur Kirche und rief: «Wir haben jetzt nicht Zeit zu essen, dieweil das Boot Columcilles in Seenot ist. In diesem Augenblick klagt er und ruft den Namen Cainnechs, daß dieser für Columcille und seine Gefährten zu Christus bete.» Nach diesen Worten betrat der Heilige die Kapelle und betete auf den Knien eine kurze Zeit. Und der Herr erhörte sein Gebet, der Sturm ließ augenblicklich nach, und das Meer beruhigte sich. Im Geist hatte Columcille trotz der großen Entfernung, die zwischen ihnen lag, die Eile gesehen, mit der Cainnech zur Kirche gelaufen war. Und aus seinem reinen Herzen, zur Verwunderung aller, sprach Columcille: «Nun weiß ich, o Cainnech, daß Gott dein Gebet erhört hat, und es ist für uns von großem Nutzen gewesen, daß du mit nur einem Schuh so schnell zur Kirche ranntest.» – Leicht ist einzusehen, daß am Zustandekommen dieses Wunders die Gebete beider Heiligen gleichen Anteil hatten.

Wind von Süden und Wind von Norden am selben Tage

Der heilige Baithene und der heilige Columban waren einst zu Besuch gewesen bei Columcille auf Iona. Wie sie nun wieder heimkehren wollten, wünschten beide, Columcille möge im Gebet günstigen Segelwind für sie erflehen, wenn sie am nächsten Tage aufbrächen.

Da war aber eine Schwierigkeit, denn Baithene wollte zur Insel Tiree fahren, das heißt: nach Norden; Columban dagegen wollte nach Irland segeln, das heißt: nach Süden. So wünschte Baithene sich Südwind, Columban aber Nordwind. Columcille sprach zu Baithene: «Wenn du morgen in der Frühe die Segel setzt im Hafen von Iona, wirst du günstigen Wind haben bis zur Landung auf Tiree.» Und

Gott gewährte diese Gunst gemäß dem Worte des Heiligen. Denn Baithenes Boot glitt mit windgefüllten Segeln über die See nordwärts.

Nachmittags aber, zur dritten Stunde, rief der Heilige den Priester Columban zu sich und sagte zu ihm: «Baithene ist nun glücklich angekommen, jetzt mache du dich zum Segeln bereit. Der Herr wird gleich den Wind nach Norden hinüberwechseln lassen.» Und zur selben Stunde, als diese Worte von dem heiligen Manne gesprochen wurden, drehte der Wind, und statt von Süden her wehte er nun von Norden. So verließen die beiden heiligen Männer Iona am selben Tage und segelten: der eine am Morgen nach Tiree, der andere am Nachmittag nach Irland, und beide machten die Fahrt mit vollen Segeln und bei gutem Wind.

Columcille segnet ein Messer

Eines Tages kam einer der Brüder, Molna mit Namen, zu dem Heiligen, als dieser gerade schrieb, und er sagte zu ihm: «Ich bitte dich, dieses Messer zu segnen, das ich in Händen halte.» Ohne das Gesicht von dem Buche zu wenden, aus dem er gerade abschrieb, streckte Columcille die Hand, in der er die Feder hielt, ein wenig aus und segnete das Messer, in dem er das Kreuz darüber machte. Doch als Molna mit dem so gesegneten Messer verschwunden war, fragte der Heilige: «Was war es für ein Messer, das ich für diesen Bruder gesegnet habe?» Diormit, der aufmerksame Diener des Heiligen, antwortete: «Du hast ein Messer gesegnet, mit dem man Stiere und Ochsen töten kann.» Darauf sagte Columcille: «Ich hoffe zu Gott, daß das Messer, worauf mein Segen ruht, niemals weder Mensch noch Tier verwunden wird.» Dieses Wort des Heiligen erhielt zur selben Stunde noch volle Bestätigung, denn als der Bruder Molna hinausging auf die Weide, um einen Ochsen zu töten, konnte er, obwohl er dreimal mit aller Kraft zustieß, dem Tier nicht einmal die Haut ritzen.

Als die Mönche davon erfuhren, brachten sie kunstgerecht die Schneide des Messers zum Schmelzen und trugen eine dünne Schicht davon auf alle eisernen Werkzeuge auf, die sich im Kloster befanden. Und die fortdauernde Wirkung vom Segen des Heiligen war solcher Art, daß diese Werkzeuge fortan niemals lebendigem Fleisch eine Wunde zufügten.

Columcilles Begegnungen mit den Druiden von Schottland

Einst suchte Columcille den Druiden Broichan in Schottland auf. Er wollte diesen bewegen, eine irische Gefangene freizugeben. Aber Broichan weigerte sich hart und standhaft, das Mädchen gehen zu lassen. Da sprach der Heilige: «Wisse, o Broichan, wenn du dieser Gefangenen die Freiheit nicht geben willst, so wünsche ich dir, daß du eines plötzlichen Todes sterben mögest, noch bevor ich diese Gegend wieder verlasse.» Der schottische König Brude war zugegen und hörte die Worte. Der Druide schien solchen Sprüchen des Heiligen keine große Kraft zuzumessen, denn er ließ Columcille unverrichteterdinge gehen.

Der schied vom Palaste König Brudes und zog weiter zum Loch Ness, einem langgestreckten, schmalen See, der so tief ist, daß er niemals zufriert. Hier hob der Heilige aus dem Wasser einen weißen Kieselstein auf, zeigte ihn seinen Gefährten und sagte: «Seht diesen weißen Kiesel, durch ihn wird Gott die Heilung mancher Leiden inmitten dieses heidnischen Volkes bewirken.» Und gleich darauf fügte er hinzu: «In diesem Augenblick ist Broichan schwer bedrängt. Ein Engel vom Himmel schlug ihn hart, er zerbrach das Glas, das Broichan in seiner Hand hatte, in tausend Stücke. Nun ringt der Druide schwer nach Atem und ist halb tot. Laßt uns hier eine kleine Weile warten, denn zwei Boten des Königs wurden in aller Eile zu uns abgesandt. Sie werden uns auffordern, schnell zurückzukehren und dem sterbenden Broichan zu helfen, denn nun, da er so furchtbar gestraft wird, ist er bereit, das Mädchen freizugeben.»

Und siehe, während der Heilige noch sprach, kamen zwei Reiter, vom König gesandt, die erzählten, was mit Broichan in der Königsburg sich zugetragen hatte, und alles stimmte mit den Weissagungen des Heiligen überein. Schließlich sagten die Boten: «Der König läßt dich bitten, den Broichan, der sein Pflegevater ist, zu heilen; er liegt im Sterben.» Darauf sandte Columcille zwei seiner Mönche zum König, gab ihnen den weißen Kieselstein, den er zuvor gesegnet hatte, und er trug ihnen auf: «Wenn Broichan verspricht, das Mädchen freizugeben, dann taucht geschwind diesen Stein in Wasser und laßt den Druiden trinken davon, er wird sogleich gesund sein.» Die beiden Mönche begaben sich zum Palast und überbrachten Brude die Worte Columcilles. Darauf lieferten König und Druide eilends die Gefangene den Botschaftern des Heiligen aus. Der Kieselstein wurde in Wasser getaucht, und wunderbarerweise, entgegen den Gesetzen der Natur, schwamm er darauf wie eine Nuß oder ein Apfel; seit er den Segen des Heiligen auf sich trug, konnte er nicht mehr untergehen. Der Druide trank von dem Wasser und kehrte vom Rande des Todes ins Leben zurück. – Der Kieselstein wurde fortan unter König Brudes Kleinodien aufbewahrt und bewirkte Heilung noch bei manchem Leidenden. Doch war es wunderbar: Wenn der Stein gesucht wurde für solche Kranke, deren Lebensende nach Gottes Willen herangekommen war, lag der Kiesel nicht an seinem gewohnten Platz und war auch sonst nirgendwo zu finden.

Nicht lange, nachdem all das sich zugetragen hatte, führte der Druide Broichan ein Gespräch mit dem Heiligen; er fragte ihn: «Sage mir, Columcille, wann hast du vor, zu segeln?» – «Wenn Gott will und mir das Leben erhält, will ich meine Reise in zwei Tagen beginnen», antwortete der Heilige. «Das wird dir nicht gelingen», sagte darauf der Druide, «denn ich kann bewirken, daß die Winde ungünstig sind für deine Fahrt. Überdies werde ich eine große Finsternis kommen lassen, die dich mit ihren Schatten umhüllt.» Columcille erwiderte: «Gottes Allmacht lenkt alle Dinge, in seinem Namen und unter seiner Vorsehung steht alles, was wir tun.»

An dem Tage, den er zur Abreise bestimmt hatte, begab Columcille sich mit seinen Begleitern zum Loch Ness. Die Druiden, die schon dort waren, frohlockten, denn es war sehr dunkel geworden, und ein widriger, heftiger Wind brauste daher. Columcille sah die wild aufgewühlte See und sah auch, daß der Wind für seine Fahrt so ungünstig wehte, wie nur möglich. Doch er vertraute sich Christus an und bestieg sein kleines Boot. Und während die Seeleute noch zögerten, befahl er ihnen ruhig, die Segel gegen den Wind zu setzen. Kaum war das geschehen, so begann das Schiff zunächst mit ungewöhnlicher Geschwindigkeit gegen den Wind dahinzufahren. Bald darauf aber drehte sich der Wind, der den Reisenden hinderlich gewesen war, und trieb fortan das Boot in der gewünschten Richtung schnell vor sich her. Alle, die am Ufer standen, staunten. Und die leichte Brise, so günstig, wie die Reisenden sie sich nur wünschen konnten, hielt den ganzen Tag über an und brachte das Schiff sicher an sein Ziel.

Wie ein verschlossenes Tor sich auftat

Als Columcille den König Brude das erste Mal aufgesucht hatte, war es geschehen, daß der König, erfüllt von Hochmut und Stolz, dem Heiligen die Tore seiner Burg nicht hatte öffnen wollen. Darauf näherte Columcille sich mit seinen Begleitern den Flügeltüren. Er beschrieb das Kreuzzeichen darauf, klopfte an und legte schließlich seine Hand auf das Tor. Sogleich wurden die Riegel mit großer Kraft zurückgeschoben, und die mächtigen Flügel sprangen auf. Der Heilige schritt mit seinen Gefährten ruhig hindurch.

Als der König merkte, was sich ereignet hatte, ergriff ihn und seine Ratgeber heftiger Schrecken. Sie begaben sich augenblicklich in den Burghof und beeilten sich, Columcille mit der schuldigen Ehrfurcht zu begrüßen. Seit diesem Tage bewahrte Brude, solange er lebte, hohe Achtung vor dem heiligen Mann.

Wie Columcille sich in Irland für die Dichter einsetzte

Als Columcille im Jahre 563 nach Iona kam, gab es im Südwesten von Alba eine Siedlung christlicher Iren, die sich fünfundsechzig Jahre früher dort niedergelassen hatten. Die Siedler hatten ein eigenes Reich begründet; Dalriada wurde es genannt und unterstand einem König. Unter den Inseln, die zu diesem Reich gehörten, war auch Iona. Nördlich von Dalriada lag das Königreich der Pikten, dort herrschte zur Zeit Columcilles der König Brude. Er und sein Land hatten den christlichen Glauben noch nicht angenommen. – Conall, der König von Dalriada, war ein Verwandter Columcilles, und er sah es gern, daß auf Iona ein Kloster unter der Führung seines Vetters entstand. Von der kleinen Insel aus unternahm der Heilige viele Fahrten, die ihn nicht nur zu den Iren Dalriadas führten, sondern auch zu den Pikten in das Reich König Brudes. Nachdem Columcille elf Jahre hindurch in Alba gewirkt hatte, starb König Conall. Sein Erbe, der ihm in der Herrschaft nachfolgen sollte, hieß Eogan, und der Heilige von Iona machte sich bereit, diesen neuen König der irischen Siedler zu salben und zu krönen. Er reiste zunächst zu der kleinen Insel, die in alten Zeiten den Namen Hinba trug und wie Iona von jeher im Ruf besonderer Heiligkeit gestanden hatte. Sie ist die südlichste in der Inselgruppe, die heute Garvelloch Islands heißen.

Als Columcille dort weilte, hatte er einen Traum. Er sah in geistiger Entrückung einen Engel, der in seiner Hand ein gläsernes Buch hielt, darin war aufgezeichnet, welche unter den Edlen von Alba dazu berufen waren, Könige zu werden. Der Engel gab Columcille das Buch und forderte ihn auf, es zu lesen. Wie nun der Heilige damit begann, sah er, daß als neuer König von Dalriada Aidan bezeichnet war, nicht Eogan. Deutlich stand es so in dem gläsernen Buch. Aber Columcille widerstrebte das, denn er empfand eine größere Neigung zu Eogan, der ein Bruder Aidans war. Da streckte der Engel plötzlich die Hand aus und schlug den Heiligen mit einer Geißel, daß er die bläulichen Spuren davon zeit seines Lebens auf der Schulter trug. Dazu sprach der Engel: «Wisse, Gott hat mich mit dem gläsernen Buch zu dir gesandt, damit du nach den Worten, die darin stehen, Aidan zum Könige weihest. Weigerst du dich aber, diesem Gebot zu folgen, werde ich dich wiederum schlagen.» Drei Nächte hintereinander erschien der Engel in der gleichen Weise und sprach jedesmal auch die gleichen Worte. Da segelte der Heilige, dem Gebote Gottes gehorsam, nach Iona, wo zur gleichen Zeit mit ihm Aidan eintraf. Und Columcille bestimmte ihn zum König, legte ihm die Hand aufs Haupt, weihte und segnete ihn.

In demselben Jahre 574, in dem das geschehen war, berief der irische König Aed eine große Versammlung ein. Sie sollte stattfinden im Nordosten von Irland, in Drumceat. Könige, Fürsten, Krieger, Priester, Mönche, Bischöfe, Druiden, Barden und Fili, alle waren aufgefordert zu kommen, denn wichtige Fragen sollten besprochen, wichtige Entscheidungen gefällt werden. An diesen Beratungen wollte auch Columcille teilnehmen, und er begab sich auf die Reise mit einer großen Schar.

Zwei Sorgen waren es, die den Heiligen von Iona bestimmten, Irland nach elf Jahren zum ersten Male wieder aufzusuchen. Bis zu diesem Zeitpunkt waren die Iren von Dalriada verpflichtet gewesen, dem irischen König Tribut zu zahlen. Davon wollte Columcille sie befreien lassen, damit sie ein selbständiges Königreich würden, das neben dem des Königs Brude ungefährdet und kraftvoll bestehen könnte. Aidan, den neuen, eben gekrönten König von Dalriada, nahm der Heilige mit nach Drumceat.

Das hauptsächliche Anliegen Columcilles aber war dieses: Die Fili, die Dichter, waren sehr zahlreich geworden in Irland, die irischen Könige wie auch die großen vornehmen Familien meinten, sie könnten die Fili nicht länger ernähren, unterstützen und belohnen, wie es von jeher Brauch gewesen war. Wo man die Fili aber ungern sah, hatten diese sich mit Spottgesängen gerächt, in einigen Fällen auch durch zauberkräftige Sprüche. Deshalb waren nun die Männer von Erin entschlossen, die Sänger und Dichter zu verbannen. Und das war der wichtigste Grund, um dessentwillen Columcille nach Erin reiste zu der großen Versammlung von Drumceat. Er wollte sich dafür einsetzen, daß die Fili in Erin bleiben könnten.

Er reiste mit einer großen Schar von Begleitern, mit 20 Bischöfen, 40 Priestern, 30 Diakonen und 50 Studenten. Als sie auf dem Meere waren, geriet das Boot, in dem der Heilige zusammen mit vielen anderen sich befand, in große Gefahr. Ein greuliches Ungeheuer tauchte aus den Fluten auf, das wühlte die See rings um sich her auf, daß das Boot zu kentern drohte. Den Kopf streckte das Ungetüm weit vor, öffnete sein schreckliches Maul, und es fehlte nicht viel, so hätte es das Boot samt allen, die darin waren, in seinen ungeheuren Schlund hinuntergeschlungen. Columcilles Begleiter fürchteten sich sehr. Sie flehten den Heiligen an, er möge für sie beten, daß Gott ihnen zu Hilfe komme in ihrer großen Not und Gefahr. Columcille antwortete: «Nicht an mir ist es heute, für euch von Gott Hilfe zu erlangen. Das kommt an diesem Tage einem anderen zu, einem heiligen Manne, der in Erin lebt. Es ist Senach, der alte Schmied.»

Und was auf dem Meere sich zutrug, wurde dem Senach in seiner Seele kundgetan. Er weilte zu der Stunde am Ufer des Loch Erne in Donegal, beschäftigt mit einer Schmiedearbeit, denn er war ein Meister im Schmieden. Glühendrotes Eisen hielt er mit einer Zange in Händen. Da verließ er plötzlich die Schmiede und schleuderte die Eisenmasse mit solcher Kraft in die Lüfte, daß sie weithin über Land und Wasser geradewegs bis in das aufgesperrte Maul des Ungeheuers fiel, das Columcilles Boot bedrohte. Davon starb das Untier augenblicklich. Columcille bat Gott, er möge dessen Leichnam dorthin gelangen lassen, wo sein Boot Erin erreichen würde. Und wirklich fanden die Ankommenden den mächtigen Leib des Ungeheuers auf dem Strande des Loch Foyle. Columcille ließ ihn öffnen und das Eisen herausholen. Das sandte er zurück zu Senach, und dieser schmiedete drei Glocken daraus. Gottes Name, Columcilles Name und der Name von Senach, dem alten Schmied, wurden dadurch verherrlicht.

Darauf ließ Columcille sein Boot vom Loch Foyle in den Fluß hineinsegeln, der heute Roa River heißt. Kein Boot sonst vermöchte auf diesem Fluß zu fahren wegen der Seichtheit seines Wassers und wegen seiner Enge. Allein das Boot Columcilles sollte dort gleiten durch die Kraft von Gottes Gnade und von Columcilles Wundern. Und nicht nur den Fluß hinauf segelte das Schiff, sondern auch noch eine oder zwei Meilen über Land, so, als fliege es vor einem frischen Winde über die See dahin. Schließlich hielt es an einem Platz in der Nähe der großen Versammlung von Drumceat, und der Ort heißt bis auf den heutigen Tag: das Feld des Coracle. Ein Coracle aber ist ein Boot, wie die Iren sie in alten Zeiten bauten. In Richtung des Sonnenweges schritt der Heilige nun mit der Schar seiner Begleiter auf den Hügel zu, wo die Könige und die vielen Männer von Erin versammelt waren.

Als König Aed vernahm, daß Columcille zu ihm auf dem Wege war, wurde er unwillig und mochte ihm nicht entgegengehen, denn er wußte, weshalb der Heilige kam. Der König drohte den Männern seines Gefolges, wer immer Columcille Freundschaft bezeige oder Ehre erweise, den werde er töten lassen oder ihm all sein Hab und Gut nehmen.

In der großen Menge stieß Columcilles Schar nun zunächst auf Conall, einen Sohn des Königs Aed, der stand dort mit seinem Gefolge. Bis zu diesem Tage hatte Conall ohne Frage das Zeug und das Ansehen gehabt, einmal König von Erin werden zu können. Nun aber, wie er sah, daß Columcilles Schar sich näherte, hetzte er alles üble Volk seiner Gefolgschaft auf die heiligen Männer. Conalls Leute warfen Steine und Erdklumpen und streckten damit manchen zu Boden. Und jedesmal, wenn einer von Columcilles Begleitern niederfiel, gab es unter dem schlechten Volk aus Conalls Gefolge ein großes Freudengeheul. Columcille fragte: «Wer johlt da und verhöhnt uns? Wer von Erins Männern tut uns solche Schande an?» Als man ihm sagte, es sei Conall, der Sohn Aeds, rief Columcille: «Läutete eure Glocken gegen Conall! Läutet auch die kleinen Glocken mit allen übrigen zugleich! Fluch sollen sie gegen Conall tönen! Das Königtum und die Herrschaft trenne ich ab von ihm. Er werde ein Narr, dem es an Kraft des Verstandes und an Kraft der Erinnerung fehlt! Schwingt eure Glocken gegen Conall, der uns Unrecht getan hat! Er möge ein Narr sein, nicht ein König, seine Stärke wandle in Schwäche sich!»

König Aed hatte einen anderen Sohn, Domnall mit Namen. Als dieser den Columcille herankommen sah, stand er eilig auf, küßte den Heiligen, hieß ihn willkommen und bot ihm seinen eigenen Sitz zum Ruheplatz an. Und Columcille segnete Domnall und begabte ihn mit vielen Tugenden und verhieß ihm, er werde dreißig Jahre lang als König über Erin herrschen und während all dieser Zeit siegreich sein über seine Feinde. Und Domnall konnte in der Tat solchen Segen wohl brauchen, denn bis zu dieser Zeit war er nur ein Kuhhirt gewesen. Die Königin, die nicht die Mutter Domnalls war, hatte ihren eigenen Sohn Conall über ihn gesetzt, jenen Conall nämlich, den Columcille verflucht hatte.

Die Königin stand ein wenig entfernt vom König, umgeben von allen Königinnen Irlands. Da erzählte man ihr, Flüche und Verwünschungen hätten ihren Sohn getroffen, Segen aber sei Domnall zuteil geworden. Voll Zorn sandte die Königin ihre Dienerin zum König und ließ ihm ausrichten, wenn er diesem Kranich von einem Kirchenmanne, dem Columcille nämlich, Freundschaft oder Ehrungen zuteil werden lasse, wolle sie nie mehr mit dem König vereint sein.

Columcille hörte diese Worte, ergrimmte und sprach: «Für die Nichtachtung, die die Königin mir gegenüber zeigt, indem sie mich mit einem Kranich verglich, lasse ich sie an dieser Furt dort unten für immer einen Kranich sein!» Und augenblicklich stand die Königin, in einen Kranich verwandelt, da.

Ihre Dienerin begann sogleich über alle Maßen laut und heftig zu schimpfen und zu schelten, und auch sie nannte den Gottesmann einen Kranich. Columcille sagte: «So folge deiner Königin nach!» Da ward die Dienerin ebenfalls zum Kranich. Die beiden Vögel erhoben sich in die Lüfte im Angesicht der Männer von Erin. Und nachdem sie eine Strecke weit geflogen waren, ließen sie sich bei der Furt nieder. Dort blieben sie und lebten als Sumpfkraniche an dieser Stätte bis zum heutigen Tage fort.

Columcille aber ließ sich von Domnall nun zum König führen. Der war in Not und Sorge wegen der großen Wunder, die Columcille in der Versammlung bereits vollbracht hatte. Er erhob sich vor dem Heiligen und hieß ihn willkommen. Columcille aber entgegnete, bevor er den Gruß annehme, wünsche er zu wissen, wie der König zu entscheiden gedenke wegen der Dichter von Erin. Und weiter sagte der Heilige: «Mein Urteilsspruch heißt: Die Fili sollen in Erin bleiben!» – «Sie zu behalten ist keine leichte

Sache», sprach der König. «Ihrer sind gar viele, und schwer ist es, ihnen dienlich zu sein, denn sie stellen eine Menge ungerechter Forderungen.» – «Sprich nicht so», erwiderte Columcille, «bedenke vielmehr: Bleibend und dauerhaft werden die Lieder sein, in denen sie dein Lob singen, ebenso unvergänglich wie die Preisgesänge sind, die sie auf Cormac Mac Art, den Hochkönig, dichteten. Alle Schätze und Reichtümer, die man den Fili je gab und ihnen je geben wird, sie sind vergänglich; lebendig aber bleibt, was sie schaffen. Deshalb geht der Spruch: ‹Cormac besiegte Habgier mit höfischem Sinn, sein Lob erklingt frisch für alle Zeiten.› So könnte es einst auch von dir heißen, Aed. Die Schätze, die du zu hüten suchst, werden nach dir nicht mehr sein. Die Gesänge aber, die dich rühmen, wenn du die Dichter in Erin hältst, die werden leben. Und wisse wohl: Nicht Großzügigkeit noch Freigebigkeit gäbe es, wenn die Dichter nicht wären, die Bittschriften schreiben; und wie sollten die Menschen Barmherzigkeit und Mildtätigkeit üben, gäbe es die Armen und Bedürftigen nicht? Alles dieses gehört zusammen. Bedenke, daß Gott selber dreimal fünfzig lobsingende Psalmen annahm von König David, und er gab ihm dafür Glück für seine Erdenzeit, Davids himmelsgeborener Seele gab er den Himmel. Aus allen diesen Gründen stünde es dir wohl an, Aed, die Gesänge der Dichter zu kaufen und die Fili in Erin zu halten. Was sie schaffen, sind nicht leere Fabeleien. Wenn die Verse der Fili nur Schatten sind, dann sind auch Speisen und Kleider nur Schatten, dann ist die ganze Welt ein Märchen und ein Märchen auch der Mensch aus Staub. Doch so wirklich wie Speisen und Kleider, wie Welt und Menschen sind die Werke der Dichter, und sie dauern, so lange Welt und Menschen bestehen.»

Als König Aed die Worte Columcilles angehört hatte, sagte er: «Nicht ich will es sein, der die Fili aus Erin verbannt. Wie aber wird es möglich sein, sie zu halten?»

Nun fällte der Heilige dieses Urteil: «In den Werken der Fili soll es zukünftig weder Schärfe noch Gift mehr geben.

Sie sollen sich allein der Güte und Freundlichkeit befleißigen.» Das sagte Columcille, weil es bis dahin zuweilen vorgekommen war, daß die Dichter mit ihren Spottliedern Leute zu Tode gebracht oder durch das Gift, mit dem sie ihre Verse anfüllten, Blasen und Pusteln auf Stirnen und Gesichtern der Verspotteten hervorgerufen hatten. Dem setzte der Heilige nun ein Ende, und er wies auch sonst noch in manchen anderen Dingen die Fili und Barden zur Mäßigung an.

Den Menschen von Irland aber erlegte er auf, für jeden Stamm, für jede der großen Familien einen Meisterdichter zu unterhalten und nach Verdienst zu lohnen. Die Versammlung von Drumceat stimmte diesen Urteilen in allem zu. So wurden die Fili durch Columcille gerettet, und er sicherte ihnen seinen Segen zu, solange sie die auferlegten Bedingungen erfüllten. Das gleiche versprach er auch den Menschen von Erin.

Von einem armen Landmann, der Columcille nicht genügend vertrauen konnte

Nach Columcilles Rückkehr aus Irland kam eines Tages ein Landmann zu ihm, der war sehr arm. Erfüllt von Mitleid für den Unglücklichen, der nicht wußte, wie er Weib und Kinder ernähren sollte, gab der Heilige ihm als Almosen, was er nur geben konnte, und er sprach zu ihm: «Armer Mann, hole einen Ast aus dem Walde dort und bringe ihn mir schnell.» Als das geschehen war, nahm Columcille den Ast in seine Hände, spitzte ihn an einem Ende zu einem Pfahl, darauf segnete er ihn, gab ihn dem Notleidenden zurück und sagte: «Hebe diesen Pfahl mit großer Sorgfalt auf, er wird – so denke ich – weder Menschen noch Weidevieh verletzen, sondern nur wilde Tiere und Fische. Und so lange, wie du den Pfahl bewahrst, werdet ihr nie ohne Überfluß an Wildbret sein in deinem Hause.»

Als der arme Schlucker das hörte, freute er sich sehr, eilte heim und befestigte den Pfahl an einem abgelegenen Platz, den die Tiere des Waldes aufzusuchen pflegten. In aller Morgenfrühe machte er sich auf, um nach dem Pfahl zu sehen, und fand einen Hirsch von mächtiger Größe darauf, der auf den Pfahl gefallen und von ihm getötet worden war. Und nun verging kein Tag, an dem der Mann nicht einen Hirsch fand oder ein Reh oder ein anderes Wild, das sich auf dem Pfahl gefangen hatte. Er hatte bald nicht nur sein ganzes Haus angefüllt mit Wildfleisch, sondern konnte das, was übrigblieb, noch an die Nachbarn verkaufen. Aber, geradeso wie es bei Adam geschehen war, so fand der Teufel auch diesen armseligen Mann heraus, und es geschah ebenfalls durch sein Weib.

Das sprach nämlich – und tat es nicht etwa als besorgte Mutter, sondern ganz wie eine Verblendete –: «Hol den Pfahl aus der Erde, denn wenn Menschen oder Rinder unversehens darauf geraten und umkommen, dann wird man dich und mich und unsere Kinder zum Tode verurteilen oder gefangennehmen.» Der Mann entgegnete: «Das wird nicht geschehen, denn wie der heilige Mann den Pfahl segnete, sagte er, daß dieser weder Menschen noch Weidevieh je verletzten würde.» Dennoch gab der unglückliche Mann seinem Weibe nach, holte, als hätte er allen Verstand verloren, den Pfahl aus der Erde und lehnte ihn im Hause gegen eine Wand. Nicht lange, so fiel sich der Hund darauf zu Tode. Nun jammerte die Frau: «Eines deiner Kinder wird auf die gleiche Weise umkommen!» Also trug der Mann den Pfahl aus dem Hause, ging damit tief in den Wald hinein und stellte ihn im dichtesten Gebüsch auf, wo – so meinte er – kein Tier sich daran verwunden könne. Doch wie er am nächsten Tage nachschaute, fand er eine tote Hirschkuh an dem Ort. Wieder nahm der Mann den Pfahl weg und suchte ihn zu verbergen, indem er ihn beim nahen Fluß in das Ufer stieß, tief unters Wasser. Doch bei seiner Rückkehr am folgenden Tag sah er, daß der Pfahl einen

Salm von ungewöhnlicher Größe festgehalten hatte; der Mann war kaum imstande, den Fisch heimzutragen in sein Haus. Zugleich nahm er aber auch den Pfahl wieder mit sich und befestigte ihn auf dem Dachfirst seines Hauses. Gleich kam eine Krähe, ließ sich auf dem Pfahl nieder und wurde getötet. Da folgte der elende Mann wieder dem Rat seines närrischen Weibes, holte den Pfahl vom Dach herunter, schlug ihn mit der Axt in Stücke und warf ihn ins Feuer. Nachdem der Unglückliche sich so selber des Mittels beraubt hatte, wodurch sein Elend gemildert worden war, mußte er wiederum betteln gehen. Hätte er den Pfahl gehütet, wie Columcille es ihm aufgetragen hatte, wäre er für sein Lebtag frei gewesen von aller Not. Es blieb ihm nichts anderes übrig, als nachträglich über das, was er getan hatte, zu jammern und zu klagen, doch das war nun zu spät und zu nichts mehr nütze.

Columcille betet für eine glückliche Geburt

Eines Tages während der Zeit, die der Heilige auf Iona weilte, stand er plötzlich vom Lesen auf und sagte lächelnd: «Ich muß eilig in die Kapelle gehen und zu Gott beten wegen einer armen Frau in Irland, die in diesem Augenblick die Nöte und Schmerzen einer sehr schweren Geburt erleidet, und sie ruft dabei meinen Namen an. Sie vertraut darauf, Gott werde ihr Erleichterung von den Qualen schikken kraft meiner Gebete. Denn sie gehört zu meiner Verwandtschaft von meiner Mutter Seite her.»

Nachdem Columcille das gesagt hatte, voller Mitleid für die arme Frau, eilte er zur Kirche und betete auf seinen Knien inständig zu Christus, der durch sein Geborenwerden auf Erden selber teilhatte am Menschsein.

Als der Heilige nach seinem Gebete zurückkam aus der Kirche, sagte er zu einigen Brüdern, die ihm begegneten: «Jesus der Herr, geboren von einem Weibe, hat der armen

Frau rechtzeitig Hilfe zuteil werden lassen und hat sie gnädig von ihrer Not befreit. Sie ist unbeschadet eines Kindes entbunden und wird daran nicht sterben.» Und wie der Heilige es geweissagt hatte, wurde die Frau, als sie Columcilles Namen anrief, glücklich entbunden und erhielt bald ihre volle Gesundheit wieder. Das haben Reisende aus der Gegend, in der die Frau wohnte, später in Iona berichtet.

Columcille kämpft mit bösen Geistern

Einmal, als der Heilige noch auf Iona lebte, ging er aus, um im Walde einen Platz zu suchen, der fern von den Menschen wäre und recht geeignet zum Gebet. Und als er dort zu beten begann, bemerkte er plötzlich, wie er später einigen Brüdern erzählte, eine dunkle Schar von bösen Geistern, die mit eisernen Spießen und Wurfspeeren auf ihn eindrangen. Diese argen Dämonen hatten sich vorgenommen, Columcilles Klostersiedlung anzugreifen und mit den Speeren viele Brüder zu töten. Das enthüllte der Heilige Geist dem Columcille. Er aber kämpfte allein gegen die zahllosen Widersacher, er focht mit äußerster Tapferkeit, denn er hatte die Rüstung des Apostels Paulus empfangen.

Und so wurde der Kampf durchgehalten über den größten Teil des Tages, und die Dämonen, ob ihrer gleich unendlich viele waren, konnten den Heiligen nicht bezwingen, doch auch er war nicht imstande, sie aus eigener Kraft von der Insel zu vertreiben. Da kamen Engel Gottes ihm zu Hilfe, und wenngleich diese gering waren an Zahl, ergriffen vor ihnen die bösen Geister die Flucht.

Als der Heilige darauf zum Kloster zurückkam, berichtete er von den feindlichen Heeren und sagte dann: «Die todbringenden Scharen, die heute durch Gottes Gnade und mit Hilfe seiner Engel von diesem kleinen Eiland vertrieben wurden, haben sich nach Tiree gewandt, und dort wollen sie als wilde Eindringlinge die Klöster der Brüder angreifen und Pestübel hervorrufen, an denen viele erkranken und sterben werden.»

Und alles geschah so in diesen Tagen, wie der heilige Mann es im voraus geschaut hatte.

Zwei Tage später sprach er dann kraft der Erleuchtung durch den Heiligen Geist: «Baithene, unser Bruder in Tiree, hat mit Gottes Hilfe alles wohlweislich so gelenkt, daß die Schar von Frommen, die unter seiner Führung stehen, in der Ebene der Insel durch Fasten und Beten gegen die Angriffe der Dämonen sich verteidigen konnten. Nur einer von ihnen ist an der Krankheit gestorben.»

Und wirklich hat das Ganze sich genauso zugetragen. In den anderen Klöstern von Tiree fielen zahlreiche Menschen der Pest zum Opfer, in der Klostergemeinde des heiligen Baithene jedoch nur der eine.

Columcille verbannt die giftigen Schlangen

Als er das Alter von zweiundsiebzig Jahren erreicht hatte, wünschte Columcille sich, Gott möge seine Arbeit für Christus auf Erden nun als beendet ansehen und ihn zu sich nehmen. Denn es waren zu der Zeit genau dreißig Jahre, daß er auf Iona wirkte, ungerechnet die Jahrzehnte der Klostergründungen in Irland. Gott aber tat dem Heiligen durch einen Engel kund, es gäbe so viele Menschen, die für ein langes Leben Columcilles beteten und denen er schmerzlich fehlen würde, wenn er die Erde verließe, daß vier weitere Lebensjahre ihm zugedacht seien, die möge er ausharren, so tätig, wie seine Kräfte es ihm erlaubten.

Wie nun aber auch diese vier Jahre sich ihrem Ende zuneigten, begann der Heilige Abschied zu nehmen von allen Menschen und Stätten, die ihm teuer waren. So ließ er sich eines Tages im Mai in einem kleinen Wagen zur Westküste von Iona fahren, um seine Mönche zu besuchen, die dort mit einer schweren Arbeit beschäftigt waren. Und als er sie gefunden hatte, sagte er zu ihnen: «Im eben vergangenen April, während wir die Tage des Osterfestes feierten, war es mein sehnliches Verlangen, zu Christus dem Herrn aufbrechen zu dürfen, und er hätte es mir wohl gewährt. Doch da dann ein freudenvolles Fest für euch sich in Trauer gekehrt hätte, dachte ich, es sei besser, meinen Erdenabschied noch ein wenig hinauszuzögern.»

Als sie diese kummervolle Nachricht hörten, waren Columcilles treue Mönche alle tief betrübt, und er bemühte sich, sie mit Worten des Trostes aufzuheitern, so gut ihm das möglich war. Dann wandte er sein Antlitz nach Osten, hob seine Hände auf und segnete die ganze Insel; danach sprach er die Worte:

«Von diesem Augenblick an wird es giftigen Schlangen nicht mehr möglich sein, Mensch oder Vieh auf Iona zu verletzen, solange die Bewohner des Eilandes daran festhalten werden, Christi Gebot zu beachten.»

Wie ein Packpferd betrübt war und weinte

Columcille kehrte in sein Kloster zurück. Mehrere Tage später suchte der Heilige mit seinem treuen Diener Diormit die Scheune der Mönche auf, um sie zu segnen. Nachdem er das getan hatte und die zwei Haufen Korn betrachtete, die dort lagen, schon gesäubert von der Spreu, sagte er: «Ich beglückwünsche meine lieben Mönche von Herzen, daß sie auch dieses Jahr, in dem ich euch verlassen muß, ausreichenden Vorrat haben.»

Als er das hörte, wurde Diormit betrübt und sagte: «Dieses Jahr und die ganze Zeit schon quälst du uns oft, Vater, indem du immer wieder davon sprichst, daß du uns verlassen wirst.» Der Heilige suchte ihn zu trösten, so gut er konnte. Dann verließen sie die Scheune und gingen zum Kloster zurück. Auf halbem Wege rasteten sie an einer

Stelle, wo später ein Kreuz aufgerichtet wurde, in einem Mühlstein befestigt. Und während Columcille, von Alter gebeugt, dort saß, um ein wenig auszuruhen, kam zu ihm ein weißes Packpferd, dasselbe, das als williger Diener die Milchkannen vom Kuhstall zum Kloster zu tragen pflegte. Es ging auf den Heiligen zu und legte ihm den Kopf an die Brust. Gewiß wurde es von Gott veranlaßt, sich so zu verhalten, wie jedem Tier ja nach dem Willen des Schöpfers von kommenden Dingen Kunde zuteil wird. Und weil das Pferd ahnte, daß sein Herr es in kurzer Zeit verlassen würde, daß es ihn jetzt zum letzten Male sah, begann es jämmerliche Schreie auszustoßen, und als wäre es ein Mensch, vergoß es reichlich Tränen an des Heiligen Brust und wehklagte laut. Der Diener wollte das trauernde Tier wegtreiben, Columcille aber untersagte es ihm und sprach: «Laß es nur, da es mich so gern hat. Siehe, du bist ein Mensch und hast Verstand in deiner Seele und kannst doch von meinem Erdendasein nur so viel wissen, wie ich selber dir darüber sage. Doch diesem unvernünftigen Tier hat offensichtlich der Schöpfer selber auf irgendeine Weise kundgetan, daß sein Herr nahe daran ist, es zu verlassen.» Indem der Heilige das sagte, segnete er das Arbeitspferd, das sich in Betrübnis von ihm wandte.

Columcille segnet vor seinem Tode das Kloster, die Insel und die Mönchsbrüder

Nach der Rast stieg Columcille den Hügel hinan, der sich hinter dem Kloster erhebt, und stand eine kleine Weile auf dessen Rücken; er hob beide Hände auf, segnete das Kloster und sprach: «Wenn gleich dieser Erdenfleck klein und gering erscheint, so wird er doch hoch in Ehren gehalten werden, und das nicht nur von schottischen Königen und deren Stämmen, sondern auch von den Herrschern fremder, noch ungesitteter Völker. Es werden sogar die Heiligen anderer Religionen diesem Ort ungewöhnliche Verehrung zukommen lassen.»

Nachdem er das gesagt hatte, stieg Columcille vom Hügel herab und kehrte zum Kloster in seine Zelle zurück, wo er den Psalter abschrieb. Er kam zu dem Vers im 33. Psalm, der heißt: «Die den Herrn suchen, haben keinen Mangel an irgendwelchem Gut.»

«Hier», sagte der Heilige, «am Ende dieser Seite, muß ich aufhören; was folgt, laßt Baithene, meinen Bruder von Tiree, schreiben.»

Nachdem er den letzten Buchstaben vollendet hatte, legte Columcille die Feder nieder und begab sich zur Kirche. Es war ein Samstag, der Vorabend zum Tage des Herrn, und die nächtlichen Gebete wurden gesprochen. Kaum waren sie vorüber, so kehrte der Heilige in seine Zelle zurück und verbrachte die weiteren Stunden der Nacht auf seiner Schlafstätte; die bestand aus einer bloßen Steinplatte, und an Stelle eines Kopfkissens lag auf ihr ein weiterer Stein. Weil der soviele Jahre hindurch das Haupt des Heiligen gestützt und getragen hatte, stellte man ihn später neben seinem Grabe auf.

Während Columcille nun in jener Nacht in seiner Zelle ruhte und niemand als sein Diener bei ihm war, gab er seine letzten Weisungen für die Brüder: «Dies, o meine Kinder, sind meine letzten Worte an euch – daß ihr möget im Frieden bleiben und wahre Nächstenliebe untereinander pflegen. Folget ihr so dem Beispiel der ersten heiligen Väter in Irland, wird Gott euer Helfer sein, und wenn ich bei ihm sein kann, werde ich bitten für euch.»

Nachdem er das gesagt hatte und die Stunde seines Erdenabschieds näherrückte, wurde der Heilige still. Doch sobald die Glocke Mitternacht läutete, erhob er sich eilends und ging zur Kirche. Und da er in schnellem Laufen die anderen alle überholte, betrat er den Kirchenraum allein und kniete neben dem Altar im Gebete nieder. Im selben Augenblick sah sein Diener Diormit, der dem Heiligen in einigem

Abstand folgte, daß das Innere der Kirche mit himmlischem Licht erfüllt war. Doch als er zur Türe kam, wurde das Licht, das Diormit und einige andere Brüder gesehen hatten, schwächer und verschwand plötzlich ganz. Diormit ging in die Kirche und rief: «Vater, wo bist du?» Er mußte sich durch die Dunkelheit tasten, denn die Brüder hatten die Kerzen noch nicht gebracht. Da fand er Columcille vor dem Altare liegend. Und Diormit richtete ihn ein wenig auf, kniete neben ihm nieder und legte das Haupt des Heiligen auf seinen Schoß. Inzwischen kamen die übrigen mit ihren Lichtern schnell herbeigelaufen, und als sie sahen, daß ihr Vater und Abt im Sterben lag, begannen sie zu jammern. Er aber hob seine Hand, so gut er es noch vermochte, und während seine Seele sich schon löste, segnete er die Brüder noch einmal. Unmittelbar darauf tat er den letzten Atemzug. Dabei war sein Antlitz noch gerötet und in wunderbarer Weise erstrahlend, als schaue der Heilige die Engel. Nicht wie ein Toter lag er da, sondern wie ein Lebender im Schlaf.

Was irische Fischer dem Adamnan erzählten

Alles dies wurde aufgeschrieben von Adamnan, der dem Columcille als neunter Abt in Iona folgte. Er kam wie Ionas erster Abt von Irland her. Und als Adamnan noch ein Jüngling war, erzählte ihm ein sehr alter Mann, was er erlebt hatte in der Nacht, in der Columcille von der Erde schied. Das waren seine Worte:

«In dieser Nacht fischte ich mit einigen anderen Burschen und Männern im Tal des Flusses Fend, der von Fischen überquillt. Da sahen wir, wie das ganze Himmelsgewölbe plötzlich erhellt wurde. Überwältigt von diesem Wunder hoben wir unsere Augen und schauten nach Osten hinüber. Und siehe, dort erschien etwas wie eine ungeheure Feuersäule, die zu der mitternächtigen Stunde geradewegs emporstieg, als wolle sie die ganze Erde in Licht tauchen wie die Sommersonne am Mittag. Und nachdem die Säule in die Himmel eingedrungen war, wurde es dunkel, als wäre die Sonne eben untergegangen. Und nicht nur wir, die wir am gleichen Orte beisammen waren, beobachteten den Glanz dieser Lichtsäule, auch andere Fischer, die hier und dort an verschiedenen Stellen denselben Fluß entlang bei der Arbeit waren, wurden, wie sie uns später erzählten, durch die gleiche Erscheinung in Furcht und Schrecken versetzt.» Zugetragen hat sich das Ganze im Westen von Donegal, in der Gegend, wo Columcille geboren worden war.

Warum zu Columcilles Begräbnis kein Boot die Insel ereichen konnte

Als Columcille noch auf Erden weilte, hatte einst ein einfältiger Bruder zu ihm gesagt: «Nach deinem Tode wird alles Volk aus der Gegend hier übers Meer gerudert und gesegelt kommen, um bei deiner Totenmesse zugegen zu sein, die ganze Insel wird dann voll sein.» Darauf hatte der Heilige geantwortet: «Nein, mein Sohn, es wird sich nicht so zutragen, wie du sagst. Einer kunterbunten Menschenmenge soll es nicht möglich werden, zu meiner Beerdigung zu kommen. Kein Fremder, einzig die Mönche meines Klosters werden die heiligen Begräbnisbräuche ausüben und die letzten Messen feiern, die sie mir zuwenden wollen.»

So hatte Columcille gesprochen, und die Prophezeiung erfüllte sich durch Gottes allmächtige Kraft. Denn unmittelbar nach des Heiligen Tod erhob sich ohne Regen ein Sturmwind, der blies so heftig die drei Tage und Nächte hindurch, während derer die Sterbefeierlichkeiten andauerten, daß jedermann daran gehindert war, die See in einem kleinen Boot zu überqueren. Unmittelbar nach der Bestattung des heiligen Mannes aber war die Kraft des Sturmes gebrochen, der Wind legte sich, und das Meer ringsum wurde ruhig.

Ein Wunder, das sich lange nach Columcilles Tod ereignete

Manches Wunder geschah noch nach Columcilles Tod. Eines davon ist dieses, das von Adamnan erlebt und berichtet wurde.

Einst, im Frühling, herrschte auf Iona mit seinem sonst so morastigen Boden eine große und lang andauernde Dürre. Ebenso war es auf den benachbarten Inseln. Über die Menschen schien verhängt zu sein, was im Buch des Leciticus den Sündern angedroht wird: «Ich will euch einen Himmel wie von Eisen geben und eine Erde wie von Messing. All eure Arbeit soll vergebens sein, der Boden wird keinen Ertrag hervorbringen, die Bäume keine Früchte . . .»

Die Mönche hatten sich diese Worte ins Gedächtnis gerufen. Sie fürchteten das drohende Unheil, berieten sich miteinander und beschlossen, daß einige von den älteren Mitgliedern der Klostergemeinde rund um ein frisch gepflügtes und eben eingesätes Ackerfeld gehen sollten. Dabei sollten sie das weiße Gewand Columcilles mit sich tragen, auch einige Bücher, die von seiner Hand geschrieben waren. Die sollten sie in die Luft emporheben, das Gewand aber, das der Heilige in seiner Sterbestunde getragen hatte, sollten sie dreimal schwenken. Darauf sollten sie die Bücher öffnen und auf dem kleinen Hügel darin lesen, der der Hügel der Engel heißt, weil dort die Bewohner des Himmels einige Male zu sehen waren, wie sie herabstiegen, wenn der Heilige sie darum bat.

Als nun dieses alles in der vorgenommenen Weise ausgeführt worden war, bedeckte plötzlich den Himmel ein dichter Dunst, der mit außerordentlicher Schnelligkeit vom Meere aufstieg. Während der Monate März und April war das blaue Gewölbe unverändert klar und ohne Wolke gewesen. Nun aber strömte Tag und Nacht der Regen nieder. Bald war die ausgedörrte Erde bis zum Grund durchfeuchtet, sie brachte ihre Früchte zur rechten Zeit hervor und gewährte in dem Jahr zur Herbsteszeit eine überreichliche Ernte. Das dankten die Menschen Columcille, der durch Gottes Macht die Not von ihnen abgewendet hatte.

Eine Geschichte von Columcille, die man in Schottland erzählt

Einst besuchte Columcille ein Kloster auf der schottischen Insel Eigg. Da fand er zwei Mönche, die in einem unguten Sinne als Rivalen gepredigt hatten, und jeder von den beiden beanspruchte für sich, ein besserer Prediger zu sein als der andere.

«Streckt beide die rechte Hand gen Himmel auf», befahl Columcille. Nachdem die Mönche das getan hatten, fuhr er fort: «Einer von euch ist ein wenig größer als der andere, aber keiner von euch beiden kann die schöne weiße Wolke erreichen, die über uns hinsegelt. Auf eure Knie, o Menschen! Betet füreinander und für die Leute um euch her, und beide werdet ihr höher reichen, als die Wolken sind.» Die Brüder fielen auf ihre Knie nieder, und ihre Gebete, die für gewöhnlich im Dachstroh hängenblieben, stiegen gleich Feuerfunken in den Himmel empor. Seitdem empfanden sie für alle Zeiten brüderlich füreinander, und die Brüderlichkeit der Mönche ließ auch unter den Menschen ringsum Brüderlichkeit aufblühen.

Wie einer von Columcilles Mönchen seinen Abt pries

Einer von Columcilles Mönchen, Fintan war sein Name, wurde in Irland bei einer Versammlung von Mönchen,

Äbten, Priestern und Bischöfen einst gefragt, was er sagen könne über seinen Abt in Iona. Fintan erhob sich und sagte:

«Columba von Iona ist nicht zu vergleichen mit den Philosophen und Gelehrten, wohl aber mit den Patriarchen, Propheten und Aposteln. In ihm wirkt der Heilige Geist. Er ist von Gott für alles Gute auserwählt. Er ist ein Weiser unter Weisen, ein König unter Königen, ein Einsiedler unter Einsiedlern, ein Mönch unter Mönchen. Und um sich selber auf die Ebene von Ungeweihten zu versetzen, weiß er armen Herzens zu sein mit den Armen. Dank der Nächstenliebe der Apostel, die ihn durchglüht, kann er fröhlich sein mit den Fröhlichen, kann mit den Unglücklichen weinen. Und inmitten all der Gaben, die Gottes Großzügigkeit an ihn verschwendet hat, ist die wahre christliche Demut so königlich in seiner Seele verwurzelt, daß sie wie darin geboren erscheint.»

ANMERKUNGEN

Im Folgenden sind für die einzelnen Kapitel die benutzten Quellen angegeben.

Atlantis

R. Steiner, Unsere atlantischen Vorfahren, in: Aus der Akashachronik.
R. Steiner, Die Schöpfung der Welt und des Menschen. Darin: Vortrag vom 9. 7. 1924.

Von seltsamen Tieren, von einem Leben über Jahrtausende und einer großen Kraft der Erinnerung

Die Gründung des Herrschaftsgebietes von Tara

Chr. Guyonvarc'h, Textes mythologiques irlandais, I. – Guyonvarc'h übersetzte vom Yellow Book of Lecan, einem Manuskript aus dem 14. Jhdt. Die Geschichte findet sich auch im Book of Lismore. Das wurde von mehreren Schreibern in der 2. Hälfte des 15. Jahrhunderts zusammengestellt. Zugrunde lagen ältere, heute verlorene Manuskripte. Das Book of Lismore wurde 1814 in Lismore Castle zufällig entdeckt von Arbeitern, die das Gebäude ausbesserten. Im Jahre 1629 war das Buch noch an anderer Stelle, in Timoleague Abbey, gesehen worden.

Die Geschichte von Tuan, dem Sohn des Cairell
Chr. Guyonvarc'h, Textes . . . (s. oben)
Es gibt die Geschichte in drei Manuskripten (12., 14. und 16. Jahrhundert). Guyonvarc'h übersetzte den ältesten Text, der sich im Lebor na hUidre findet.

Die Abenteuer von Leithin, der Grauen Adlermutter
D. Hyde, Saints and Sinners.
Hyde schreibt dazu: «Die folgende interessante Geschichte, die – so weit ich weiß – niemals zur Kenntnis genommen wurde, ist uns überliefert in einem spät-mittelirischen Text, aus dem ich sie nun zum ersten Male übersetze.» Hyde berichtet, er habe die ihm vorliegende Abschrift eines in Australien aufgefundenen Manuskriptes sorgfältig verglichen mit vier anderen Abschriften, die er in der Royal Irish Academy fand, und deren älteste lediglich von 1788 stammt. Es heißt dann weiter: «Ich entdeckte praktisch keinen Unterschied zwischen den Abschriften, und es ist ersichtlich, daß sie alle von demselben Original her genommen sind.»

Was die Fili unternahmen, als ihnen eine der großen Geschichten nicht mehr ganz erinnerlich war
Chr. Guyonvarc'h, Les Druides, darin: Évocation et interprétation.
R. Thurneysen, Das Kundwerden des Wegtreibens der Rinder von Cuailnge. In: Die irische Helden- und Königssage, II, 12. Kapitel.

Thurneysen übersetzte vier verschiedene Fassungen, wovon es zwei bereits um die Mitte des 12. Jahrhunderts gegeben hat.

König Conchobars Geburt und Tod, und was die Druiden von Christus sagten

Chr. Guyonvarc'h in OGAM XII, XI und X.
R. Thurneysen, Die irische Helden- und Königssage, II, Kap. 14 und Kap. 61.
R. Thurneysen, Sagen aus dem alten Irland, Kap. 6 und 7.

Von der Geltung des Wortes im alten Irland

Chr. Guyonvarc'h, Les Druides, darin: Le serment.
Ch. Plummer, The Conversion of Loegaire and his Death, in: Revue Celtique, VI, pp. 162–169.
Fr. Le Roux, Taranis, Dieu du ciel et de l'orage, in: OGAM X, pp. 35–39.
W. Stokes, The Colloquy of the two Sages, in: Revue Celtique, XXVI, 1905, pp. 4–64. Der Text dieses Zwiegesprächs geht wahrscheinlich bis ins 9. Jhdt. zurück.

Die Helden und die Heiligen

Arbois de Jubainville, Le cycle mythologique irlandais.
J. G. Campbell, Celtic Tradition. The Fians.
E. Hull, Pagan Ireland.
D. Hyde, Saints and Sinners.
P. W. Joyce, Old Celtic Romances.
Silva Gadelica, The Colloquy of the Ancients.
M.-L. Sjoestedt, Dieux et héros des Celtes.
R. Thurneysen, Die irische Helden- und Königssage, II. Kap. 64 «Cuchulainns Geisterwagen». Thurneysen übersetzte Handschriften aus dem 16. Jahrhundert, doch meint er, ihrer Sprache nach gehe die Geschichte schwerlich über das 10. Jahrhundert hinauf.
Die Geschichte von Oisin wurde von D. Hyde nach mündlicher Überlieferung aufgeschrieben. Sie ist im Irischen seit langem bekannt. Hyde bemerkt dazu: «Wahrscheinlich ist sie in allen Ländern verbreitet, die von Gälen bewohnt werden. Sie enthält Elemente, die sehr, sehr alt sind.» . . . «Die Geschichte hat ihren Ursprung zweifellos in der Sorge, die einige Menschen empfanden, als die Männer der Kirche ihnen erzählten, ihre geliebten Fenier und Oisin und Finn seien [zur Höllenpein] verdammt. Da erfanden wohl geschickte Leute die Geschichte, um die Helden vor der ewigen Verdammnis zu retten.»

Die Druiden und die Heiligen

Chr. Guyonvarc'h, Les Druides; darin: Le pouvoir des druides sur les éléments und l'incantation divinatoire.

Le Roux/Guyonvarc'h, La civilisation celtique.
D. Mould, Ireland of the Saints.
Der Rinderraub, Altirisches Epos.
R. Steiner, Rhythmen im Kosmos und im Menschenwesen.
Darin: Vortrag vom 10. 9. 1923.
– – Initiationswissenschaft und Sternenerkenntnis.
Darin: Vortrag vom 10. 9. 1923.
– – Die Weltgeschichte in anthroposophischer Beleuchtung.
Darin: Vorträge vom 27. und 29. 12. 1923.
– – Esoterische Betrachtungen karmischer Zusammenhänge, Bd. VI.
Darin: Vorträge vom 21. und 17. 7. 1924.

Kieran der Ältere von Saigir

H. Zimmer nennt das Jahr 350 als Kierans Geburtsjahr. Die spätere Legende machte ihn zum Vorgänger, aber auch zum Zeitgenossen von Patrik. Es gibt verschiedene Darstellungen von Kierans Leben, eine aus dem 14. Jahrhundert und eine um 1400 geschriebene. Alle gehen anscheinend zurück auf ein sehr frühes Werk, das ein Mönch von Saigir geschrieben hatte.
Die im vorliegenden Buch aufgeschriebenen Legenden folgen dem englischen Text von Ch. Plummer in «Lives of Irish Saints».

Patrik

W. Stokes, The Tripartite Life of St. Patrick . . .
Die Vita Tripartita des Patricius wurde geschrieben zwischen 895 und 901. (Siehe: Mulchrone, Die Abfassungszeit . . .) – Es gibt ein früheres «Leben des hl. Patrick» von Muir-chú, der im 7. Jahrhundert schrieb.

Brigit

Bethu Brigite, edited by Donncha Ó hAodha.
Ó hAodha übersetzte eine Handschrift vom frühen 8. Jahrhundert. Es hatte im 7. Jahrhundert bereits ein «Leben der hl. Brigit» gegeben, verfaßt von Cogitosus. Die schottische Legende von Brigit stammt aus: Carmichael, Alexander, Carmina Gadelica, Vol I.

Kieran von Clonmacnoise

MacAlister, The Latin and Irish Lives of Ciaran.
Die vier verschiedenen, in dem Buch von MacAlister enthaltenen Vitae stammen aus dem 11. bis 15. Jahrhundert.

Brendan

Ch. Plummer, Lives of Irish Saints.
Sowohl das «Leben» wie die «Reise» des hl. Brendan sind wahrscheinlich um 900 entstanden.

Columcille

Adamnán, Life of Saint Columba Founder of Hy.
Adamnán war der neunte Abt des von Columcille gegründeten Klosters auf Iona. Das Leben seines Vorgängers schrieb Adamnán zwischen 685 und 688 auf.
O'Donnel, der sein Werk «Betha Colaim Chille» im Jahre 1532 beendete, benutzte wohl alle Quellen, die zu seiner Zeit existierten. Einige, die er nennt, sind heute nicht mehr bekannt. Gegenüber Adamnáns «Life» enthält O'Donnels Sammlung als besonders bemerkenswerte Hinzufügungen u. a. den ausführlichen Bericht über die große Versammlung von Drumceat.

BIBLIOGRAPHIE

Adamnán, Life of Saint Columba Founder of Hy. Edited and translated by William Reeves, Edinburgh 1874

Arbois de Jubainville, Henri d', Cours de littérature celtique, vol. II, Le cycle mythologique irlandais, Paris 1884

Betha Colaim Chille, Life of Columcille. Compiled by Manus O'Donnel in 1532. Edited and translated by A. O. Kelleher and G. Schoepperle, Chicago 1918

Bethu Brigite. Edited with Translation by Donncha Ó hAodha, Dublin 1978

Bieler, Ludwig, The Life and Legend of St. Patrick, Dublin 1949

Bury, J. B., The Life of St. Patrick, London 1905

Campbell, J. G., Celtic Tradition, Argyllshire Series No. IV. The Fians, London 1891

Carmichael, Alexander, Carmina Gadelica, Vol. I, Edinburgh London 1928

Dillon, Myles, Early Irish Literature, Chicago 1958

– (Editor) Early Irish Society, Dublin 1954

Ettlinger, Ellen, Les conditions naturelles des légendes celtiques. OGAM XII, pp. 101–112

Guyonvarc'h, Christian-J., Les Druides, CELTICUM 14, Rennes 1978

– Textes Mythologiques Irlandais I, vol. I, CELTICUM 11/1, Rennes 1980

– La conception de Conchobar, Version B, OGAM XII, pp. 235–240

– Na naissance de Conchobar, Version A, OGAM XI, pp. 56–65

– Le meurtre de Conchobar, OGAM X, pp. 129–138 (Siehe auch: Le Roux)

Hull, Eleanor, Pagan Ireland, Dublin 1923

Hyde, Douglas, Saints and Sinners, London Dublin and Belfast (o. J.)

Joyce, P. W., Old Celtic Romances, translated from the Gaelic, London 1879
Kenney, James F., The Sources for the Early History of Ireland: Ecclesiastical, Dublin 1929, Reprint 1979
Le Roux, Françoise, Études sur le festiaire celtique, OGAM XIII, pp. 471–472 et OGAM XIV, pp. 174–178
– Le guerrier borgne et le Druide aveugle. La cécité et la voyance. OGAM XIII, pp. 331–342
– Taranis, Dieu du ciel et de l'orage, OGAM X, pp. 35–39
– Fr. Le Roux et Chr. Guyonvarc'h, La civilisation celtique, CELTICUM 24, Rennes 1979
MacAlister, R.A.S., The Latin and Irish Lives of Ciaran, New York – London 1921
Meyer-Sickendiek, Ingeborg, Gottes gelehrte Vaganten, Stuttgart 1980
Mould, Daphne D. C. Pochin, Ireland of the Saints, London 1953
– The Irish Saints, Dublin 1964
Mulchrone, Kathleen, Die Abfassungszeit und Überlieferung der Vita Tripartita. Zeitschrift für keltische Philologie XVI (1926), S. 1–94
Murphy, G., Early Irish Lyrics, Oxford 1956
– Saga and Myth in Ancient Ireland, Dublin 1955
– The Ossianic Lore and Romantic Tales of Medieval Ireland, Dublin 1955
Patrick, St., The Writings of. Edited and translated by Ch. H. H. Wright, 3rd Edition Dublin (o. J.)
Plummer, Charles, Lives of Irish Saints, Vol. II, London 1968
Pokorny, Julius, Altkeltische Dichtungen, Bern 1944
O'Rahilly, Thomas F., Early Irish History and Mythology, Dublin 1957
Rinderraub, Der. Altirisches Epos (Táin Bó Cuailnge). Nach einer englischen Übertragung deutsch von Susanne Schaup. München 1976
Silva Gadelica. Edited and translated by Standish H. O'Grady. Edinburgh 1892
Sjoestedt, Marie-Louise, Dieux et héros des Celtes, Paris 1940
Steiner, Rudolf, Aus der Akasha-Chronik, Aufsätze von 1908/1909. Gesamtausgabe Nr. 11, Dornach 1973
– Rhythmen im Kosmos und im Menschenwesen. GA Nr. 350, darin: Vortrag vom 10. 9. 1923, Dornach 1980
– Initiationswissenschaft und Sternenerkenntnis, GA Nr. 228, darin: Vortrag vom 10. 9. 1923, Dornach 1964
– Die Schöpfung der Welt und des Menschen. Erdenleben und Sternenwirken. GA Nr. 354, darin: Vortrag vom 9. 7. 1924, Dornach 1969
– Die Weltgeschichte in anthroposophischer Beleuchtung, GA Nr. 233, Vorträge vom 27. und 29. 12. 1923, Dornach 1980
– Esoterische Betrachtungen karmischer Zusammenhänge, Bd. VI, GA Nr. 240, Vorträge vom 21. und 27. August 1924, Dornach 1977

Stokes, George T., Ireland and the Celtic Church, London 1886
Stokes, Whitley, The Tripartite Life of St. Patrick with other Documents relating to that Saint. Edited with Translation London 1887
– Lives of Saints from the Book of Lismore. Edited with a Translation. Oxford 1890
– The Colloquy of the two Sages, Revue Celtique XXVI, 1905, pp. 4–53
Thurneysen, Rudolf, Die irische Helden- und Königssage, Halle 1921
– Sagen aus dem alten Irland, Berlin 1901
de Vries, Jan, Keltische Religion, Stuttgart 1961

ZUR AUSSPRACHE DER IRISCHEN NAMEN

Dem deutschen Leser bereiten die meisten irischen Namen von ihrem Schriftbild her erhebliche Schwierigkeiten. Wie soll man auszusprechen suchen, was da an Buchstaben aneinandergereiht ist? Viel einfacher gestaltet sich die Sache auch dann nicht, wenn ein Kenner des Irischen die Namen vorspricht oder wenn man sie in phonetischer Schreibweise sieht.

Hier seien einige der Namen angeführt, so, wie sie ihrer Lautung nach im Deutschen etwa zu schreiben wären.
«Mac» in seiner Bedeutung «stammend von . . .» wird mit deutschem a-Laut gesprochen.
Wie im deutschen Wort «Docht» klingen «*offenes* o» und «*offenes* ch».
Demgegenüber lautet das «*geschlossene* ch» wie in «ich».
Ein sehr offenes ö klingt wie das auslautende e, etwa in «Sonne».
Ein offen zu sprechender Vokal, der zwischen a und o liegt, wird zur Verdeutlichung im Folgenden ao geschrieben. Der Akzent zeigt Betonung an.

	Aussprache
Aillen Mac Midhna	wie geschrieben, nur das dh ist wie englisches th zu behandeln
Beothach	Béfföch (wobei das ö so offen wie möglich gesprochen wird, das anschließende ch ebenfalls)
Bricriu	Brícru (mit Zungen-r)
Broichan	wie geschrieben (Zungen-r)
Broicsech	Brŏkschăch
Bruitnech	wie geschrieben
Caeilte	Koílze (offenes o)
Cennfaelad	Kennéileth (wie engl. th)
Cennmhar	Kénnwer (Zungen-r)

Cochae	wie geschrieben
Cluain Doimh	Cluän Däw
Conchobar	Cónkowaor (Zungen-r)
Cuchulainn	Cuchólen (offenes o)
Diarmuid	wie geschrieben
Diancecht	Díankächt (offenes ch)
Eirc	Ärk
Eochaid	Óche (offenes o)
Dubthach	Dúffoch (offenes o und offenes ch)
Ferchertne	wie geschrieben, betont auf der zweiten Silbe; (offenes ch)
Fiacha Mac Congha	Fiacha Mac Cónche (offenes ch, das e an offenes ö anklingend wie deutsch «Sonne»)
Finn Mac Cool	wie geschrieben, Cool nach englischer Aussprache
Fergus Mac Roig	Fergus Mac Roi (Zungen-r, offenes o)
Loegaire	Luíchere (geschlossenes ch, Zungen-r, unbetonte e)
Mac-Cuill	Mac Quill
Mog Ruith	Moch Rúith (Zungen-r, englisches th)
Muirne	wie geschrieben
Oengus	Oíntsches
Senchan Torpeist	Schanchon Tórpéischt (offenes ch in Schanchon)
Trefuilngid	Treólingeth (Zungen-r, offenes o, engl. th)
Tuatha De Danann	Túaha dsä Dánnon (offenes o)

Die Hinweise zur Aussprache gab freundlicherweise Mr. Ruairí Ó hUiginn, Sprachwissenschaftliches Institut der Universität Bonn.